Thomas Bourguignon

Strumpfbandnattern

Herkunft – Pflege – Arten

82 Farbfotos
11 Zeichnungen
33 Verbreitungskarten

Ulmer

Inhalt

Vorwort

Strumpfbandnattern sind eigentlich jedem Terrarianer oder herpetologisch Interessierten bekannt. Es sind diese recht kleinen, schwarzen Schlangen mit den drei gelben Längsstreifen, die in jedem Zoofachhandel für relativ wenig Geld zu haben sind. So die Meinung vieler, die diese Gattung nur aus den genannten Geschäften kennen. Glücklicherweise sind die Zeiten vorbei, wo Strumpfbandnattern zu hunderten in Zoofachgeschäften angeboten wurden. Allerdings ließ dadurch auch das Interesse vieler Terrarianer nach. Wenn auch in den letzten Jahren Strumpfbandnattern wieder vermehrt in den Terrarien zu finden sind, so ist es doch nur eine Handvoll Liebhaber, die sich intensiv mit diesen Tieren beschäftigt.

Sie gelten als ideale Schlangen für Anfänger oder werden, da die Nachzucht verhältnismäßig leicht und die Anzahl der Jungen mitunter recht groß ist, nicht selten als Futtertiere für Schlangen fressende Reptilien gehalten. Dabei ist dem Halter meistens nicht einmal bekannt, um welche Art – erst recht nicht, um welche Unterart – es sich handelt. Es sind halt einfach Strumpfbandnattern. Alleine dadurch ist eine optimale Pflege der Tiere ausgeschlossen.

Dieses Buch soll dem interessierten Leser einen Eindruck vermitteln, wie vielfältig die Gattung der Strumpfbandnattern ist, wie abwechslungsreich Färbung und Muster sind und dass es nicht nur schwarzgelbe Nattern gibt. Ebenfalls soll deutlich werden, dass die verschiedenen Arten unterschiedliche Ansprüche an den Pfleger stellen. Werden diese Ratschläge befolgt, stellt man sehr schnell fest, dass es sich hier um eine sehr interessante Gattung handelt, die mehr verdient, als nur Anfänger- und Futtertier zu sein.

Aus diesen Gedanken wuchs der Wunsch, ein Buch zu schreiben. Mein Dank gilt H. Bruchmann (Brilon), D. Desmond (Alexandria, Virginia, USA), D. Rigg (Lowell, Indiana, USA), Dr. D. A. Rossman (Baton Rouge, Louisiana, USA), F. van Stralen (Brielle, Niederlande) und Dr. R. G. Webb (El Paso, Texas, USA), die alles Erdenkliche taten, damit mein Wunsch Realität

wurde. Mein ganz besonderer Dank gilt Dr. Philippe Blais (Saint Lambert, Quebec, Kanada), J. Boundy (Baton Rouge, Louisiana, USA), Dr. H. Bosch (Düsseldorf), E. D. Brodie III. (Bloomington, Louisiana, USA), Dr. A. de Queiroz (Boulder, Colorado, USA), Dr. Constantino Macías Garcia (Mexico D. F., Mexiko) und meinem Freund Dr. Alan Francis (Bridlington, East Yorkshire, England), die alle viel Zeit und Arbeit investierten, um mir mit wertvollen Hinweisen weiterzuhelfen.

Dinslaken, Herbst 2002
Thomas Bourguignon

Systematik, Biologie und Anatomie

Die Strumpfbandnattern (Gattung *Thamnophis*) gehören zur Familie der Nattern (*Colubridae*) und werden dort der Unterfamilie der Wassernattern (*Natricinae*) zugeordnet (siehe Kasten unten), zu der auch unsere heimische Ringelnatter (*Natrix natrix*) gehört. Sie sind eng mit den nordamerikanischen Krebsnattern der Gattung *Regina* und den Wassernattern der Gattung *Nerodia* verwandt und werden von manchen Wissenschaftlern als deren Untergattung angesehen. *Thamnophis*-Arten sind gewöhnlich nicht so stark an das Wasser gebunden wie die Vertreter der Gattung *Nerodia* und die meisten Strumpfbandnattern unterscheiden sich von diesen durch ein ungeteiltes Analschild (siehe Abbildung unten). Aber auch dies ist kein eindeutiges gattungsspezifisches Merkmal, da bei einigen Arten (*Thamnophis elegans vagrans*, *Thamnophis rufipunctatus* und anderen) nicht selten geteilte Analschilder auftreten. Es werden weitere Untersuchungen notwendig sein, um die verwandtschaftlichen Verhältnisse genauer zu klären. So wurde zum Beispiel erst vor wenigen Jahren *Thamnophis validus* dieser Gattung zugeordnet (vorher *Nerodia validus*). Diese Art scheint ein Bindeglied der beiden Gattungen darzustellen.

Da in diesem Buch der Schwerpunkt hauptsächlich bei Pflege und Zucht der Nattern liegen soll, würde es doch den Rahmen sprengen, ausführlich die Biologie dieser Gattung zu besprechen. Deshalb soll hier nur ein kurzer und mehr allgemein gehaltener Überblick gegeben werden.

Strumpfbandnattern sind recht anpassungsfähige Schlangen, die mit fast 70 Arten und Unterarten ein Areal bewohnen, das von Kanada bis Costa Rica reicht (siehe Abbildung Seite 8). Ihre vertikale Verbreitung ist ebenfalls beeindruckend, reicht es doch von den Küsten bis in fast 4000 m Höhe und beinhaltet eine Vielzahl unterschiedlichster Lebensräume. Viele Arten bevorzugen die Nähe von Gewässern wie Seen, Teiche, Weiher und Tümpel oder Flüsse und Quellen, auch in Feuchtwiesen sind sie anzutreffen. Aber auch Viehtränken und Entwässerungsgräben können ebenfalls für Strumpfbandnattern einen geeigneten Lebensraum bilden. Einige Arten leben in Wäldern und Prärien, auch in Park- und Gartenanlagen von Städten sind sie nicht selten zu finden.

Einige Strumpfbandnatterarten führen eine stark aquatische Lebensweise, andere wiederum eine überwiegend terrestrische. Anhand dieser Feststellung lassen sich Rückschlüsse auf den Lebensraum und die Nahrungsquelle ziehen. Oft wird fälschlicherweise angenommen, dass aquatische Arten einen Großteil ihrer Zeit im Wasser verbringen. Sie sind zwar ständig in der Nähe von Wasser zu finden, aber dies wird von ihnen auch nur zum Beuteerwerb und als Fluchtweg genutzt. Werden sie am Ufer liegend gestört, flüchten sie pfeilschnell ins Wasser und verstecken sich am Bodengrund unter Steinen und Wurzeln oder im Pflanzendickicht. Die Nahrung

Rechte Seite:
Die Abajo Mountains (hier Monticello Lake) im San Juan Co., Utah, USA, Verbreitungsgebiet von Thamnophis elegans vascotanneri.

Darstellung eines ungeteilten (links) und eines geteilten (rechts) Analschildes.

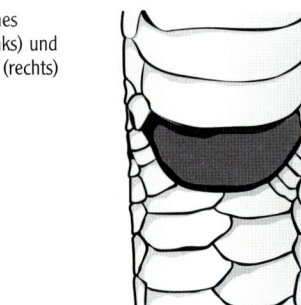 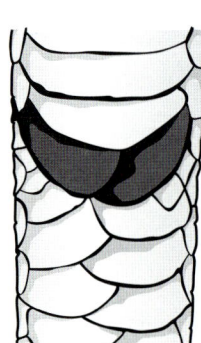

Systematik der Gattung der Strumpfbandnattern.

Systematische Einordnung der Strumpfbandnattern

Klasse: Reptilien (Reptilia)
    Ordnung: Schuppenkriechtiere (Squamata)
        Familie: Nattern (Colubridae)
            Unterfamilie: Wassernattern (Natricinae)
                Gattung: Strumpfbandnattern (*Thamnophis*)

Habitat von *Thamnophis couchii*.

Verbreitungsgebiet der Strumpfbandnattern. Die dunkle Linie ist eine gedachte Hilfslinie, die das Vorkommen in ein nördliches und südliches Verbreitungsgebiet *ohne* wissenschaftlichen Wert unterteilt. Sie dient lediglich als Hilfsmittel, um den Tieren bestmögliche Terrarienbedingungen zu schaffen (s. Pflege im Terrarium).

Verbreitungsgebiet der Gattung *Thamnophis*

Grenze zwischen nördlichem und südlichem Verbreitungsgebiet

der Strumpfbandnattern ist sehr vielseitig. Sie besteht aus Fischen, Amphibien und deren Larven, im Wasser lebenden Wirbellosen, Regenwürmern, Nacktschnecken, Spinnen, Insekten, Spitzmäusen und anderen kleinen Nagetieren, Vogeleiern und Jungvögeln. Auch kleine Echsen und Schlangen werden von einigen Arten nicht verschmäht. Sogar beim Verzehr von Aas wurden Strumpfbandnattern beobachtet.

Allerdings ist auch die Zahl der Tiere, die die Strumpfbandnattern selbst als willkommene Beute betrachten, nicht gering. Jungschlangen fallen nicht selten Fischen und Amphibien zum Opfer, wobei der bekannteste Jäger wohl der Ochsenfrosch (*Rana catesbeiana*) sein dürfte. Ebenso sind unter den Reptilien viele Arten zu finden, die sich unter anderem von diesen Nattern ernähren. Wenn auch die Lieblingsnahrung der Arizona-Korallenschlange (*Micruroides euryxanthus*) aus Blindschlangen (*Leptotyphlopidae*) besteht, verschmäht sie keinesfalls Strumpfbandnattern. Einer der bekanntesten Räuber ist sicherlich die Kettennatter (*Lampropeltis getulus*). Zu erwähnen wären noch die Harlekin-Korallenschlange (*Micrurus fulvius*), die Kiefernnatter (*Pituophis melanoleucus*) und die Schwarznatter (*Coluber constrictor*). Bei den Echsen sind besonders Leopardleguane (*Gambelia wislizeni*) und Ameiven (*Ameiva ameiva*) bekannt dafür, dass sie Schlangen verzehren.

Die Nattern stehen auch bei sehr vielen Vogelarten auf dem Speiseplan. Der berühmteste Schlangenjäger ist sicherlich der Rennkuckuck (*Geococcyx californianus*), der in Amerika „Roadrunner" genannt wird. Viele Habichte und Falken schlagen Schlangen, aber auch Eulen, wie der Fleckenkauz (*Strix occidentalis*). Ebenso zählen Rabenvögel zu den natürlichen Feinden. Von der Amerikanerkrähe (*Corvus brachyrhynchos*) ist bekannt, dass sie diese Nattern tötet und mit Vorliebe deren Leber verzehrt.

Bei den Säugetieren weiß man von Mardern, Dachsen, Waschbären, Kojoten, Luchsen und Wildschweinen, dass sie, wenn sich die Gelegenheit ergibt, Schlangen fressen. In der Nähe von Dörfern und Städten sind auch streunende Katzen und Hunde eine Gefahr für die Schlangen.

Die größte Gefahr für die Nattern geht aber vom Menschen aus. Noch heute werden viele Schlangen aus Unwissenheit erschlagen oder aus Profitdenken gesammelt und in alle Welt ausgeführt. Besonders katastrophale Auswirkungen hat die Biotopzerstörung. So ergab eine Untersuchung aus dem Jahre 1990, dass die Biotope der seit 1985 geschützten Riesen-Strumpfbandnatter (*Thamnophis gigas*) zu 98 % zerstört sind.

Wenn auch den Strumpfbandnattern nicht dieser gruselige und unheimliche Mythos wie den Klapperschlangen, Kobras oder den südamerikanischen Anakondas anhängt, so ist es doch einem Vertreter der Gattung *Thamnophis* gelungen zur Touristenattraktion zu werden. Denn jedes Jahr im späten Mai reisen Tausende von Touristen nach Westkanada, um ein einmaliges Naturschauspiel zu beobachten – die Paarung der Rotseitigen Strumpfbandnatter *Thamnophis sirtalis parietalis*. Wenn dieses Paarungsverhalten auch nicht für alle *Thamnophis*-Arten typisch ist, so ist es doch sicherlich das bekannteste. Wissenschaftlich gesehen ist es besonders interessant, da ein genauer Zeitplan dahinter steckt: Lediglich drei Monate bleiben den Tieren, sich nach der Winterruhe zu erholen, zu vermehren und Kräfte für den nächsten Winterschlaf zu sammeln, denn bereits im September kehrt der Winter zurück. Daher ist es nicht verwunderlich, dass die meisten Weibchen bereits eine halbe Stunde nach Verlassen des Winterquartiers von den Männchen begattet worden sind. In geeigneten Quartieren können bis zu zehntausend Tiere überwintern. Zuerst kommen dann die Männchen hervor. Sie werden die nächste Zeit hier verbringen, obwohl es noch keine Nahrung gibt. Sie verbringen ihre Zeit mit Sonnenbaden und warten darauf, dass auch die Weibchen ihre Quartiere verlassen. Sobald sie erscheinen, beginnt ein für den Beobachter beeindruckendes Spektakel. Ein einzelnes Weibchen wird von hunderten Männchen verfolgt und umworben, aber nur einem Männchen gelingt die Paarung. Die erfolglosen Männchen ziehen sich zurück und warten auf die nächsten Weibchen. Nach der Paarung kehrt auch das erfolgreiche Männchen zurück und wartet wie die anderen auf seine nächste Chance, während das begattete Weibchen nun unbehelligt seinen Weg in die bis zu 15 Kilometer entfernten Sommerquartiere fortsetzt. Die Paarungszeit ist beendet, wenn alle Weibchen fort sind. Diese schwankt zwischen drei Tagen und drei Wochen. Anschließend folgen die Männchen den Weibchen in die Sommerquartiere. Im Frühherbst bringen die Weibchen ihre Jungen zur Welt und kehren anschließend ohne ihren Nachwuchs in die Winterquartiere zurück. Wo junge Strumpfbandnattern überwintern, ist immer noch nicht genau geklärt. Jedoch wurde schon mehrmals eine große Anzahl Jungschlangen in Ameisenbauten entdeckt.

Anatomie

Anatomisch unterscheiden sich Strumpfbandnattern nur wenig von anderen Nattern, daher soll hier auch nur kurz darauf eingegangen werden. Eine ausführliche Beschreibung würde den Rahmen dieses Buches sprengen. Dem Liebhaber, der sich aber dennoch dafür interessiert und sich damit beschäftigen will, dem ist das Buch „Mit gespaltener Zunge" von ENGELMANN & OBST (1981) zu empfehlen.

Sicherlich haben viele Menschen schon einmal irgendwo das Skelett einer Schlange gesehen. Ein Bild, das jedem unvergesslich bleibt: ein Schädel und eine Vielzahl von Rippen – das war's. Bei einer etwas genaueren Betrachtung lassen sich aber schon drei Abschnitte erkennen: Zuerst der Kopf, dann folgt ein Abschnitt mit Wirbeln, die Rippen tragen. Und dann noch ein Abschnitt, der nur aus Wirbeln besteht.

Besonders interessant ist natürlich der Schädel, da man hier sehr deutlich erkennen kann, warum Schlangen in der Lage sind, so große Beutestücke zu verschlingen. Abgesehen davon, dass Muskeln, Bänder und Sehnen sehr dehnbar sein müssen, muss auch der Schädel eine „Vorrichtung" besitzen, die eine solche extreme Dehnbarkeit erlaubt. Dies ist in Form des Quadratums gegeben. Durch diesen Knochen zwischen Unterkiefer und Schädel ist praktisch ein zweites Kiefergelenk entstanden, das den Tieren erlaubt, dermaßen „weit das Maul aufzureißen".

Weiterhin sind alle Schädelknochen, mit Ausnahme der starren Gehirnkapsel, nur durch Knorpel und Sehnen verbunden. Dadurch sind sie so beweglich, dass sie sich sowohl seitlich als auch nach vorne und hinten verschieben lassen. Die beiden Unterkieferhälften sind an ihren Enden nicht zusammengewachsen. Sie sind ledig-

9

Röntgenbild einer
*Thamnophis sirtalis
parietalis.*

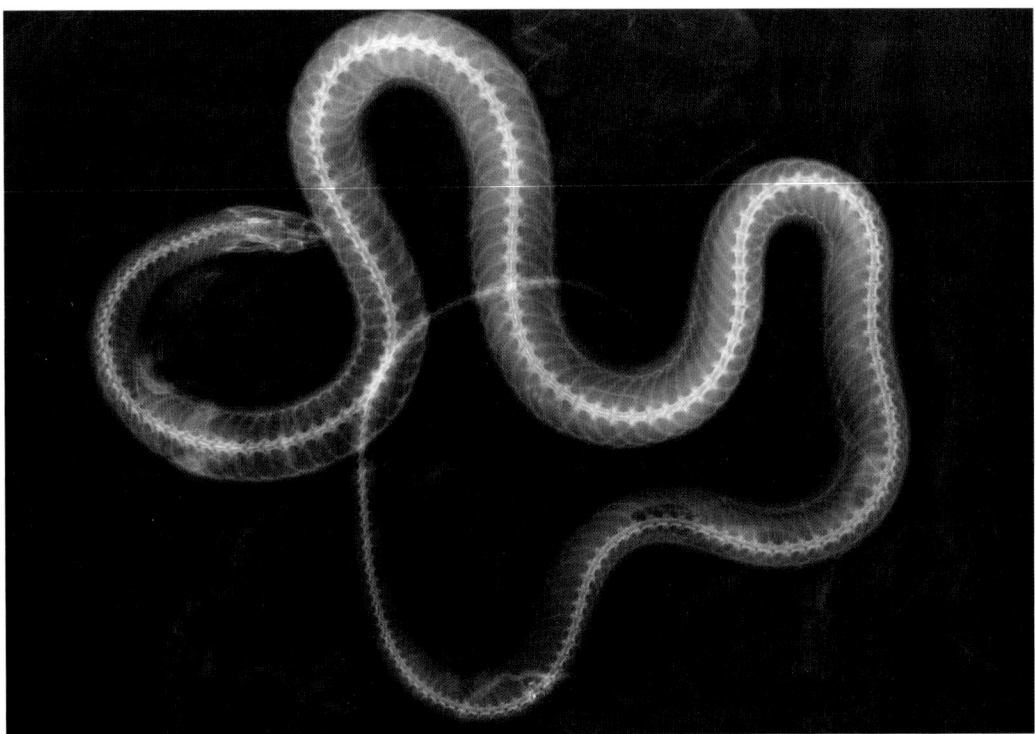

Röntgenbild einer *Thamnophis sirtalis parietalis*.

lich durch Sehnen verbunden und können daher recht unabhängig voneinander bewegt werden.

Interessant sind auch noch die Zähne, die im Oberkiefer auf dem Maxillare und im Unterkiefer auf dem Dentale stehen. Die glatten (aglyphen) Zähne sind sehr schlank und ähneln einem nach hinten gebogenen Haken. Sie sind nicht im Kiefer eingewachsen, sondern sitzen lediglich seitlich auf dem etwas abgeschrägten Kieferninnenrand. Dies nennt man pleurodonte Zähne und ist für alle Schlangen typisch. Die Anzahl der Zähne ist von Art zu Art unterschiedlich. Mitunter können daran sogar Unterarten identifiziert werden (z. B. *Thamnophis marcianus*). ROSSMAN & STEWART (1987) berichten, dass anhand der Anzahl der Zähne die Lebensweise bestimmt werden kann. Je mehr Zähne vorhanden sind, desto aquatischer ist die Lebensweise der Natter. Dies ist sehr gut zu verstehen, da bei aquatischen Strumpfbandnattern Fische einen großen Nahrungsanteil stellen. Um diese flinke und glitschige Beute im Maul festhalten zu können, ist eine größere Anzahl von Zähnen sehr hilfreich. Hierfür ein Beispiel: *Thamnophis elegans elegans* führt gewöhnlich eine überwiegend terrestrische Lebensweise und besitzt im Durchschnitt 16 bis 17 Zähne auf der Maxillare und 17 auf der Dentale. Bei *Thamnophis atratus hydrophilus* – eine recht aquatische Strumpfbandnatter – sind durchschnittlich 23 bis 24 Maxillarzähne und 27 bis 28 Dentalzähne zu finden (MUTSCH-

MANN 1995). Wie bei allen Reptilien werden ausgefallene Zähne ständig durch neue ersetzt.

Betrachtet man die Wirbelsäule, fällt auf, dass die ersten beiden Wirbel keine Rippen tragen. Diese beiden Wirbel, Atlas und Epistropheus genannt, stellen die Gelenkung zwischen Schädel und Wirbelsäule her. Diese Verbindung ermöglicht es der Natter, den Kopf in allen Richtungen zu bewegen. Bis zum Schwanzanfang tragen alle noch folgenden Wirbel lange Rippen, die beweglich angeordnet sind und frei enden, das heißt sie sind nicht durch ein Brustbein verbunden. An den Schwanzwirbeln befinden sich keine Rippen.

Da Schlangen keine Gliedmaßen zur Fortbewegung besitzen, ist die Muskulatur entsprechend kompliziert. Sie verläuft in so genannten Muskelketten und besteht aus Muskelfasern, die in Sehnen auslaufen. Jeder Muskelzug überspannt mehrere Wirbel. Ebenfalls sehr kompliziert ist die Anordnung der Kiefermuskulatur, auf die hier aber nicht weiter eingegangen werden soll.

Das Gehirn bildet mit dem Rückenmark das zentrale Nervensystem. Schlangen werden als so genannte „Zwischenhirntiere" (MUTSCHMANN 1995) bezeichnet, weil das Zwischenhirn bei ihnen relativ hoch entwickelt ist. Dort befinden sich Epiphyse (Zirbeldrüse) und Hypophyse (Hirnanhangdrüse). Sie beeinflussen maßgeblich Aktivität und Stoffwechsel der Schlange. Das Vorderhirn dagegen ist relativ klein. Das dem

Zwischenhirn folgende Mittelhirn übernimmt Funktionen, die bei Säugetieren vom Großhirn ausgeführt werden. Unter anderem entsendet es Sehnerven, die besonders bei Strumpfbandnattern gut entwickelt sind. Das Kleinhirn ist winzig und geht in das Rückenmark über. Dieses reicht bis in die Schwanzspitze und entsendet in den Zwischenwirbelabschnitten Nerven zur Versorgung des jeweiligen Körperabschnittes (MUTSCHMANN 1995).

Kopfdrüsen variieren bei Schlangen sehr in Entwicklung, Form und Größe sowie in Anzahl. Gut ausgebildet sind bei Strumpfbandnattern die Supralabialdrüsen (Oberlippendrüsen) und die Sublabialdrüsen (Unterlippendrüsen). Dabei handelt es sich um Speicheldrüsen, die entlang der Ränder der Ober- und Unterkiefer liegen. Ihre Aufgabe ist es, die Beutetiere, die unzerkleinert verschlungen werden müssen, gut einzuspeicheln. Dadurch wird die Beute gleitfähiger und lässt sich für die Natter leichter verschlingen. Ebenfalls gut entwickelt ist die sogenannte Duvernoy'sche Drüse. Das Sekret dieser Drüse ist giftig. Da aber bei Strumpfbandnattern keine Verbindung der Drüse mit einem Giftzahn vorhanden ist (der Ausfuhrgang der Drüse endet im Oberkiefer hinter den Maxiallarzähnen), ist der Umgang für den Menschen mit den Schlangen ungefährlich. Dennoch kommt es in seltenen Fällen zu Vergiftungserscheinungen bei gebissenen Menschen in Form von Rötungen und Schwellungen. Auch beim Beuteerwerb scheint diese Drüse keine Rolle zu spielen. Vermutlich dient das Sekret zur Abtötung von Keimen, die den Beutetieren anhaften (JANSEN, 1983).

Die gespaltene Zunge, für viele Menschen Sinnbild für Verlogenheit und Verschlagenheit, ist für die Schlange ein äußerst feines Werkzeug für den hoch entwickelten nasovomeralen Sinn. Die im Durchschnitt runde Zunge ist lang und gegabelt. Eine recht komplizierte Muskulatur ermöglicht ihr eine große Beweglichkeit in allen Richtungen. Durch einen kleinen Spalt im Oberkiefer kann die Schlange auch mit geschlossenem Mund züngeln. Die Zunge nimmt Duftpartikel auf, die dann durch die zwei Vomeronasalkanäle im Mundhöhlendach an das Jacobson'sche Organ weitergegeben werden. Einst wurde angenommen, dass nur die Zungenspitzen Geruchspartikel aufnehmen und diese dann gezielt den Vomeronasalkanälen zuführen. Dies konnte jedoch von HALPERN & BORGHJID (1997) widerlegt werden.

Das Jacobson'sche Organ ist durch den Vomeronasalnerv mit dem Großhirn verbunden. Im Gegensatz zum Jacobson'schen Organ ist die Bedeutung der Nase als Geruchsorgan untergeordnet. Sie ist überwiegend zur Atmung wichtig.

Viele Strumpfbandnattern besitzen, wie hier *Thamnophis elegans vagrans*, eine rote Zunge, die an der Spitze schwarz gefärbt ist. Bei manchen Arten ist sie aber auch komplett schwarz.

Strumpfbandnattern haben große Augen. Die Pupille ist rund. Durch die seitliche Position der Augen haben sie ein sehr großes Sehfeld. Dies geht allerdings zu Lasten des räumlichen Sehens, da sich die Sehfelder der beiden Augen nur wenig überschneiden. Dennoch besitzen Strumpfbandnattern im Vergleich zu vielen anderen Schlangen eine relativ gute Sehschärfe, besonders die aquatischen Arten. *Thamnophis couchii* zum Beispiel kann ihre Pupillen um bis zu zwei Drittel verkleinern, um sich auf die Verhältnisse unter Wasser einzustellen (MUTSCHMANN 1995). SCHAEFFEL & DEQUEIROZ (1990) berichten von einer erstaunlichen Leistung zu der *Thamnophis melanogaster* fähig ist. Diese Strumpfbandnatter ist in der Lage, die Brechkraft ihrer Augen um bis zu 100 Dioptrien zu erhöhen, das ist das Fünffache von dem was ein Mensch kann. ENGELMANN & OBST (1981) berichten von Grün- und Rotrezeptoren, die bei Wassernattern im Auge festgestellt wurden. Das deutet darauf hin, dass sie zu einem Farbensehen befähigt sind.

Kurz erwähnt werden soll auch noch der Tastsinn, der bei Strumpfbandnattern gut entwickelt ist. Dafür verantwortlich sind Rezeptoren, die besonders zahlreich am Kopf und an den Rändern der Bauchschilder auftreten. *Thamnophis*-Arten besitzen ebenfalls einen Temperatursinn, der allerdings nicht so gut entwickelt ist wie bei manchen anderen Schlangen (zum Beispiel die Grubenottern der Unterfamilie *Crotalinae*). Die Wahrnehmung der Temperatur erfolgt über Thermorezeptoren die über den ganzen Körper verteilt sind.

Terrarium und Einrichtung

Die Beschaffung eines geeigneten Terrariums stellt heute kein Problem mehr dar, denn der Fachhandel bietet ein großes Sortiment an. Auch Sonderwünsche können von spezialisierten Anbietern berücksichtigt werden. Mit etwas handwerklichen Geschick ist es dem Liebhaber auch möglich, seine Terrarien selbst zu bauen. Diese können aus den unterschiedlichsten Materialien wie Holz, Metall oder Kunststoff hergestellt werden. Am besten bewährt haben sich jedoch Terrarien aus Glas.

Das Terrarium

Wichtig bei der Anschaffung des Beckens ist vor allem die richtige Größe, da sie entscheidend von den darin gehaltenen Tieren abhängt. So sollte bereits von Anfang an feststehen, welche Art mit wie vielen Exemplaren darin gepflegt werden möchte.

Die Anzahl der zu vergesellschaftenden Tiere in einem Terrarium sollte drei Exemplare nicht übersteigen, weil Strumpfbandnattern wie alle Schlangen, außer zur Winterruhe und zur Paarungszeit Einzelgänger sind. Dabei hat der Verfasser die Erfahrung gemacht, dass drei Tiere, bestehend aus zwei Männchen und einem Weibchen, die beste Lösung ist. Paarungswillige Männchen können allerdings sehr hartnäckig sein und die Partnerin über Tage und Wochen im Terrarium verfolgen. Dies kann durchaus eine ernsthafte Entkräftung des Weibchens zur Folge haben und manche Terrarianer mussten dadurch schon den Verlust des Tieres beklagen. Mitunter müssen die Tiere nach einer Paarung getrennt werden. Aus diesen Gründen ist es ratsam, stets ein Reserve-Terrarium bereit zu halten, damit man schnell eingreifen und dem Weibchen die erforderliche Ruhe gewährleisten kann.

Zur Klärung der optimalen Terrariengröße wurde im Auftrag des Bundesministeriums für Ernährung, Landwirtschaft und Forsten, Referat Tierschutz, von einigen Verbänden – unter anderem der Deutschen Gesellschaft für Herpetologie und Terrarienkunde (DGHT) (Adresse siehe Seite 118) – ein Gutachten erstellt, welches die Mindestanforderungen an die Reptilienhaltung darstellen soll. In diesem „Gutachten über Mindestanforderungen an die Haltung von Reptilien vom 10. Januar 1997" heißt es in „Kapitel 4. Mindestanforderungen an die Haltung von Schlangen": „Die Maße sind auf die gesamte Körperlänge (Kopf bis Schwanzspitze) bezogen. Sie sind lediglich Richtwerte, die im speziellen Fall durchaus um etwa 10% unterschritten werden können. Sie gelten in der Regel für maximal zwei etwa gleich große Tiere. Für jedes weitere Tier sind etwa 20% des Terrarium-Volumens unter Beibehaltung der geforderten Terrarienproportionen zuzugeben. Unabhängig vom Ergebnis der Maßberechnungen wird die Maximalhöhe der Schlangenterrarien auf 2,0 m begrenzt."

Für Strumpfbandnattern werden folgende Werte angegeben: Gehegegröße (bezogen auf Gesamtlänge): $L \times B \times H$: $1{,}25 \times 0{,}75 \times 0{,}5$.

Da in diesem Buch aber von einem Besatz von drei Tieren ausgegangen wird, muss das Gesamtvolumen des Terrariums dementsprechend um 20% vergrößert werden.

Dieses Gutachten wird noch zu vielen Diskussionen führen. Auf der einen Seite könnte es kritisiert werden, da zwar die Terrarienlänge und -breite für Strumpfbandnattern mit 125% bzw. 75% der Gesamtlänge als Minimum recht großzügig bemessen wurde, jedoch die Höhe mit 50% nach Erfahrungen des Verfassers auch als Mindestmaß viel zu gering angesetzt wurde. Strumpfbandnattern nehmen angebotene Klettermöglichkeiten im Terrarium gerne an, und das ist auf jeden Fall bei der Höhe zu berücksichtigen. Aber andererseits ist das Gutachten sicherlich ein Schritt in die richtige Richtung, um Missstände bei der Pflege von Terrarientieren zu reduzieren.

Grundsätzlich ist bei Terrarien darauf zu achten, dass sie nicht zu kleine Belüftungsstreifen haben und für ausreichenden Luftaustausch gesorgt wird, denn Strumpfbandnattern reagieren auf die Dauer recht empfindlich auf zu hohe Luftfeuchtigkeit. MUTSCHMANN weist darauf hin, dass zum Beispiel in Terrarien gepflegte *Thamnophis scalaris* sehr anfällig auf zu feuchte Haltungsbedingungen reagierten.

Das Paludarium

Zur Pflege von aquatilen Strumpfbandnattern sind auch Paludarien hervorragend geeignet. Ein Paludarium ist ein Sumpfaquarium mit hoher Luftfeuchtigkeit – gewöhnlich eine Kombination

Oben: Kleine Zuchtanlage für Strumpfbandnattern.
Unten: Auch Paludarien eignen sich zur Pflege von Strumpfbandnattern. Hier ein Paludarium für mittelamerikanische *Thamnophis marcianus*.

gelingt, indem man Steine und Wurzeln so am Landteil befestigt, dass sie in das Wasser hineinreichen. Optisch viel ansprechender ist es natürlich, wenn man versucht, ein Stück Ufer zu gestalten. Anregungen zur Gestaltung kann man sich in Büchern, Zoos oder öffentlichen Aquarien holen, oder noch besser, in der freien Natur.

Wenn das Paludarium groß genug ist, kann man versuchen, eine dritte Zone, eine Sumpfzone, einzubauen (siehe Abbildung unten).

Wer die Möglichkeit hat, ein großes Paludarium aufzustellen, sollte diese Gelegenheit nutzen. Zu beobachten mit welcher Eleganz sich Strumpfbandnattern auf und unter dem Wasser bewegen, entschädigt schnell für den Mehraufwand, den Paludarien gegenüber normalen Terrarien bereiten.

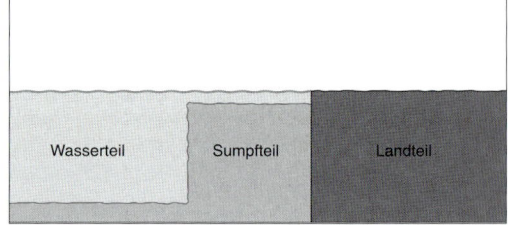

Schematische Darstellung der einzelnen Zonen in einem Paludarium.

Bei den im Artenteil angegebenen Terrariengrößen handelt es sich weitestgehend um handelsübliche Maße, bei denen die erforderlichen Mindestwerte des Gutachtens berücksichtigt werden. Jedoch wurde die Terrarienhöhe nach eigenen Erfahrungen entsprechend großzügiger berechnet.

Eine besonders in Amerika beliebte Methode ist die relativ sterile Haltung in Plastikboxen. Diese Plastikboxen haben einen abnehmbaren Deckel. In den Seiten werden Belüftungsgaze eingesetzt. Als Bodengrund dient gewöhnlich Zeitungspapier oder Wellpappe. Ein kleines Trinkwassergefäß sowie ein umgestülpter Blumentopf als Versteck, bei dem eine Ecke herausgebrochen wird, vervollständigen die Einrichtung. Allerdings ist die Pflege von recht aquatischen Strumpfbandnattern in diesen Behältern jedoch nicht möglich. Außerdem ist es ohnehin recht fragwürdig diese „Amerikanische Methode" zur Pflege von adulten Schlangen zu nutzen. Recht empfehlenswert ist sie allerdings zur Aufzucht der Jungschlangen in den ersten Lebensmonaten, da auf kleinstem Raum relativ viele dieser stapelbaren Behälter untergebracht werden können. Ebenso ist ein gründliches Reinigen schnell und einfach möglich.

von Aquarium und Terrarium – das ursprünglich zur Pflege tropischer Urwaldpflanzen und -tiere genutzt wurde. Paludarien sind in den letzten Jahren sehr beliebt geworden und daher in jedem gut sortierten Fachhandel fertig zu kaufen. Aber auch der Eigenbau bereitet keine allzu großen Probleme. Es gibt mittlerweile einige gute Bücher, die sich mit diesem Thema befassen (siehe Literaturverzeichnis). Zu beachten aber ist, weil Strumpfbandnattern – wie bereits erwähnt – auf Dauer keine allzu hohe Luftfeuchte vertragen, dass eine ausreichende Belüftung des Paludariums garantiert ist. Deshalb sollte beim Kauf oder beim Bau darauf geachtet werden, dass die Paludarien zusätzlich mit Ventilatoren ausgestattet sind.

Für die Einrichtung gilt beim Paludarium das gleiche wie bei einem normalen Terrarium. Wichtig ist, dass die Schlangen problemlos vom Wasser aus den Landteil erreichen können. Das

Die Haltung von Schlangen in Plastikboxen ist besonders in der USA sehr beliebt.

Terrarientechnik

Beleuchtung

Das Licht ist sowohl für Tiere als auch für Pflanzen ein lebenswichtiger Faktor. Wenn auch Strumpfbandnattern im Gegensatz zu einigen anderen Terrarientieren keine allzu hohen Ansprüche daran stellen, sollte man doch bemüht sein, eine möglichst natürliche Beleuchtung zu finden. In der Natur ist die Sonne die Lichtquelle. Das natürliche Sonnenlicht ist mehr als einfach nur Licht. Es bietet neben Helligkeit auch Wärme. Durch Wärme und Helligkeit werden viele Verhaltensweisen wie Ruhephasen und Beuteerwerb, aber auch Beginn und Ende des Winterschlafes oder die Fortpflanzung gesteuert. Ebenso ist das Licht bei Wachstum und bei der Behandlung und Vorbeugung von Krankheiten von Bedeutung.

Das Licht spielt bei der Pflege von Tieren und Pflanzen in Gefangenschaft eine unterschiedlich große Rolle, jedoch ist es immer erforderlich. Daher soll hier etwas genauer darauf eingegangen werden. Licht ist eine elektromagnetische Wellenstrahlung im Bereich der Wellenlängen von etwa 100 nm (1 Nanometer = 1 Milliardstel Meter) bei UV-Licht bis zu ungefähr 3 Millimeter bei Infrarot-Licht. Sowohl die UV- als auch die Infrarot-Strahlung sind für das menschliche Auge unsichtbar.

Zwischen diesen beiden Strahlungen liegt der Bereich des sichtbaren Lichtes (380 bis 780 nm), der sich wie folgt zusammensetzt:

380 nm bis 436 nm	violett
436 nm bis 495 nm	blau
495 nm bis 566 nm	grün
566 nm bis 589 nm	gelb
589 nm bis 627 nm	orange
627 nm bis 780 nm	rot

Von der Sonne wird das gesamte Spektrum kontinuierlich und recht gleichmäßig abgegeben. Daher erscheint das Licht dem menschlichen Auge weiß. Erst wenn ein Objekt einen gewissen Spektralbereich reflektiert, erscheint es uns in der entsprechenden Farbe. Schön wäre es, wenn es Leuchtkörper gäbe, die das Sonnenlicht komplett nachbilden könnten. Dies ist aber nicht der Fall. Manche Leuchten haben sogar nur einen ganz schmalen Spektralbereich (z. B. Natriumdampflampen), die für terraristische Zwecke völlig ungeeignet sind. Aber es gibt auch Leuchtmittel, die die für die Terraristik notwendigen Anforderungen recht ordentlich erfüllen. Im Fachhandel wird eine Vielzahl unterschiedlicher Lampen und Röhren angeboten. Um es dem Terrarianer, besonders den Anfängern etwas zu erleichtern, sollen hier verschiedene Leuchtmittel

15

– sowohl geeignete als auch ungeeignete – vorgestellt werden.

Der wohl bekannteste Leuchtkörper, der in jedem Haushalt vielfach vorhanden ist und den man heute für ein paar Groschen in nahezu jedem Geschäft erhält, ist die **Glühlampe**. Das Funktionsprinzip ist relativ einfach: Ein schwer schmelzbarer Draht wird in einem mit Gas gefüllten Licht durchlässigen Kolben eingesetzt und mit elektrischem Strom so erhitzt, dass er zu leuchten beginnt. Allerdings strahlen diese Fäden überwiegend im langwelligen Bereich (rot und infrarot). Der kurzwelligere Bereich mit der Farbe Blau ist fast nicht vorhanden. Je langwelliger das Licht ist, desto mehr Wärme gibt es ab. Daher werden Glühlampen auch sehr heiß. Im Terrarium werden Glühlampen sehr effektiv als örtliche Wärmequelle eingesetzt. Als einzige Beleuchtungsquelle im Terrarium sind sie nur bedingt geeignet, etwa in kleinen Terrarien zur Jungenaufzucht, dort kann sie Licht- und Wärmequelle darstellen. Die Lebensdauer ist bei einem täglichen Einsatz von bis zu 14 Stunden ziemlich gering. Weiterhin sind die Stromkosten der Lampe im Vergleich zu anderen Leuchtkörpern relativ hoch. **Halogenlampen** funktionieren wie Glühlampen. Die Lampen werden sehr heiß. Die Birnen sind zwar preiswert, doch ist die Lebensdauer für einen sinnvollen Einsatz als Terrarienbeleuchtung sehr gering. **Quecksilberdampf-Hochdrucklampen (HQL)** sind bedingt für den Einsatz imTerrarium geeignet. Sie enthalten nur wenige Lichtfarben in sehr starkem Ausmaß. Andere Farben des Spektrums fehlen komplett. Sie haben mitunter einen hohen UV-Anteil und werden außerdem sehr heiß. Daher ist bei einem Einsatz unbedingt auf den vorgegebenen Mindestabstand zu achten. Gewöhnlich handelt es sich dabei um Hängelampen, dadurch ergibt sich im Terrarium nur eine punktförmige Lichtquelle. Durch den notwendigen Mindestabstand ist auch die Lichtausbeute gering, deshalb müssen mitunter zwei oder mehrere Lampen eingesetzt werden. Weiterhin ist das hohe Gewicht des Vorschaltgerätes sehr nachteilig. Die Lampen sind sehr langlebig aber auch sehr teuer. **Halogen-Metalldampflampen (HQI)** sind eine Weiterentwicklung der HQL-Lampen. Sie erzeugen bei gleicher Leistung fast doppelt so viel Licht wie HQL-Lampen, ebenso ist ihre Farbwiedergabe deutlich besser. Das Spektrum ist dem Tageslicht sehr ähnlich. Allerdings ist auch hier die Lichtquelle (Hängelampe) nur punktförmig. Sie wird ebenfalls sehr heiß und ist in der Anschaffung teuer. Wichtig ist, dass sich beim Einsatz von HQL- und besonders HQI-Lampen ein Filter, z.B. eine Glasscheibe, zwischen Lampe und Nattern befindet (unbedingt die Betriebsanweisungen beachten). Diese Lampen strahlen neben UV-A und UV-B das gefährliche UV-C ab (siehe UV-Licht).

Auch die **Natriumdampflampe** soll noch genannt werden. Sie sind wie schon erwähnt völlig ungeeignet für die Terraristik. Sie sollen auch nur genannt werden, um Irrtümer zu vermeiden, da diese Lampen genau wie die HQL- und HQI-Lampen zu den Metalldampflampen gehören. Ihr schmaler Spektralbereich liegt bei etwa 590 nm, das Licht ist gelborange. Es wird zum Beispiel zur Bahnhofs- und Straßenbeleuchtung benutzt.

Das sowohl in der Terraristik als auch in der Aquaristik verwendete Leuchtmittel ist die **Leuchtstoffröhre**. Das Angebot dieser Röhren alleine im Zoofachgeschäft ist für den Laien nahezu unüberschaubar geworden. Es sollen hier kurz drei verschiedene Röhrentypen vorgestellt werden. Nicht selten kommen so genannte Pflanzenröhren (z.B. Osram 77-L-Fluora oder Sylvania Gro-Lux) sowohl in der Terraristik als auch in der Aquaristik zum Einsatz, vor allem wenn in den Becken Pflanzen gepflegt werden. Das Spektrum der Röhren ist den Anforderungen der Pflanzen angepasst, das bedeutet der Schwerpunkt liegt im roten und blauen Spektralbereich. Das Licht dieser Röhren wirkt für das menschliche Auge rot-violett. Aufgrund dieser unnatürlichen Farbgebung sollte dieser Typ nur in Kombination mit den folgenden Röhrentypen benutzt werden. Das größte Angebot im Handel stellen die so genannten Dreibandenröhren dar (z.B. Osram Lumilux). Diese werden dann noch in weiteren Klassen unterteilt, wie Daylight oder Tageslicht, Kalt- und Warmton, Neutralweiß etc. Sie haben alle eine hohe Lichtausbeute. Der Schwerpunkt der Strahlung liegt im blauen, grünen und roten Spektralbereich, wobei dies von Typ zu Typ unterschiedlich ist. Diese Röhren sind alle sehr gut für die Pflege von Strumpfbandnattern geeignet, so dass es eigentlich im Ermessen des Terrarianers liegt, welche Röhren verwendet. Ratsam ist der Einsatz mehrerer Röhren, da der Terrarianer sich dann eine ihm zusagende Lichtqualität zusammenstellen kann. Eine Weiterentwicklung der Dreibandenröhren sind die Vollspektrumröhren (z.B. Osram 32, bis 930 Lumilux de Luxe). Sie haben eine sehr ausgewogene Farbverteilung über das ganze Spektrum und geben ein dem Sonnenlicht sehr ähnliches Licht ab, allerdings ist die Lichtausbeute niedriger als bei den Dreibandenröhren.

Neben dem sichtbaren Licht ist auch das unsichtbare Licht in der Terraristik von großer Bedeutung, besonders das **UV-Licht** (ultraviolettes Licht). Das UV-Licht ist kurzwelliger als das sichtbare Licht und liegt im Wellenlängenbereich von 100 nm bis 380 nm. Das ultraviolette Licht wird in UV-A, UV-B und UV-C unterteilt. UV-C (100 nm bis 280 nm) ist die energiereichste und mit Abstand die gefährlichste UV-Strahlung. Sie zerstört sowohl Proteine als auch das Erbgut (DNA) von Zellen. In der Natur wird die UV-C-Strahlung jedoch vollständig von der Atmosphäre absorbiert und dringt nicht bis zur Erdoberfläche vor. Wie schon erwähnt ist beim Einsatz von HQL- und besonders HQI-Lampen Vorsicht geboten, weil diese Lampen bis in den UV-C-Bereich Strahlungen abgeben. Solche Lampentypen dürfen daher nur mit einem entsprechenden Filter eingesetzt werden. Die UV-B-Strahlung (280 nm bis 315 nm) kann ebenfalls sehr gefährlich sein, spielt aber andererseits zur Bildung des Vitamins D3 eine wichtige Rolle, wirkt also antirachitisch. Weiterhin fördert es den Skelettaufbau. UV-B wird zum größten Teil in der Atmosphäre durch das Ozon absorbiert. Die UV-A-Strahlung (315 nm bis 380 nm) erreicht dagegen nahezu vollständig die Erdoberfläche. Sie ist zum Beispiel beim Menschen für die Bräunung der Haut verantwortlich. Die UV-A-Strahlung fördert bei Reptilien unter anderem die Hautreproduktion. Tiere, die regelmäßig UV-A-Licht erhielten häuteten sich regelmäßiger und problemloser als Exemplare, die nicht bestrahlt wurden.

Die genaue Wirkung des UV-Lichtes auf Reptilien und Amphibien ist aber immer noch nicht ausreichend geklärt. Ob eine UV-Bestrahlung für Strumpfbandnattern nötig ist, ist ein umstrittenes Thema. Die einen behaupten, sie sei erforderlich, die anderen sagen, bei entsprechender Vitaminversorgung der Tiere sei sie überflüssig. Der Einsatz von UV-Licht ist recht kompliziert und nicht ganz ungefährlich für die Schlangen. Es gehört eine Menge Fingerspitzengefühl dazu, die richtige Strahlungsdauer, -entfernung und -intensität herauszufinden. So empfiehlt zum Beispiel die Firma Osram beim Vitalux 300 Watt-Strahler dreimal 30 Minuten pro Woche bei einem Abstand von 80 bis 100 cm. Und hier ergibt sich für die meisten Terrarianer das Problem. Glasscheiben absorbieren UV-Strahlen, das bedeutet, dass die Lampe im Terrarium untergebracht werden muss. Die wenigsten Terrarianer besitzen allerdings ein so hohes Terrarium. Einige Terrarianer bestrahlen ihre Tiere aus weniger als 50 cm, und auch nicht nur dreimal die Woche, sondern täglich für zwanzig Minuten, und das mit angeblich positiven Erfahrungen. Der Verfasser rät von solchen Experimenten ab, weil dies sicherlich auf Dauer nicht gesundheitsfördernd für die Schlangen ist. Eine wesentlich ungefährlichere und einfachere Methode wäre es, die Tiere dem **direkten Sonnenlicht** auszusetzen. Wer einen Garten oder einen Balkon besitzt,

sollte sich einen Gazekäfig für Draußen bauen. Ein einfacher Holzrahmen mit einem feinmaschigen Gitter bespannt, der auf einer abwaschbaren Holzplatte montiert wird und sich oben öffnen lässt, stellt auch für den weniger geübten Handwerker kein großes Problem dar. In diesem Behelfskäfig kann man die Tiere dann in den Sommermonaten vormittags einige Stunden der Sonne aussetzen. Unbedingt zu beachten ist allerdings, dass eine Hälfte des Behälters im Schatten steht, so dass die Schlangen sich jederzeit dahin zurückziehen können. Weiterhin muss ein ausreichend großes Trink- und Badegefäß zur Verfügung stehen. Ein Kletterast und ein Rindenstück oder eine kleine Wurzel als Versteckmöglichkeit vervollständigen die Einrichtung.

Heizung

Neben der Beleuchtung muss auch für eine entsprechende Erwärmung der Terrarien gesorgt werden. Als Terrarienheizung dienen Heizmatten, Heizkabel und seit einigen Jahren auch die aus den USA stammenden Heizsteine. **Heizmatten** gibt es in verschiedenen Größen und Leistungen. Sie können sowohl unter als auch in das Terrarium gelegt werden, weil sie sich gewöhnlich nicht über 40 °C erwärmen. Die Heizmatten sind wasserdicht und sollen auch in nasser Umgebung betrieben werden können. Der Verfasser hat dies allerdings selber nie ausprobiert. Geeigneter als Heizmatten sind allerdings **Heizkabel**. Sie erlauben dem Terrarianer beim Verlegen unterschiedliche Temperaturzonen zu schaffen. Wird das Kabel an einer Stelle im Terrarium in engen Schlingen verlegt, so erhält man dort eine recht „heiße Zone". Anschließend wird das Kabel in losen Schlingen verlegt, dort schafft man dann eine „warme Zone". An einer dritten Stelle sollte dann ganz auf das Verlegen verzichtet werden, dort entsteht eine „kühle Zone". Die Schlangen können dann nach Belieben die ihnen zusagende Zone aufsuchen.

Die Heizkabel gibt es ebenfalls in verschiedenen Leistungen und Längen. Sie können wie die Heizmatte sowohl im als auch unter dem Terrarium verlegt werden. Wird das Kabel im Terrarium verlegt, muss verhindert werden, dass die Isolation des Heizkabels beschädigt werden kann. Einige Autoren empfehlen, das Kabel in ein Betonbett zu giessen. Dies hat einen Vorteil: Das Kabel erwärmt das Betonbett, dieses wiederum gibt die Wärme gleichmäßig an das Substrat ab. Nachteilig ist allerdings, dass das Heizkabel nicht mehr in anderer Form verlegt werden kann, weil es einzementiert ist. Sinnvoller ist es, die Heizkabel in Kabelkanälen aus Hartplastik zu verlegen. Diese sind sehr widerstandsfähig und

17

recht günstig in Baumärkten zu bekommen. **Heizsteine** gibt es ebenfalls in verschiedenen Größen und Leistungen. Diese Mini-Kunstfelsen sind Wasser abweisend. Die Oberfläche ist abwaschbar und daher gut zu desinfizieren. Sie sind aber wegen ihrer Felsenform mehr für Echsen als für Schlangen geeignet. Für Schlangen wären flache „Steinplatten" besser.

Eine lokale Wärmequelle ist in der Regel unabdingbar. Besonders geeignet sind dafür Glühlampen (siehe Beleuchtung). Gewöhnlich sind Lampen mit einer Leistung von 25 bis 60 Watt je nach Terrariengröße ausreichend, bei besonders hohen Terrarien kommen auch 100-Watt-Birnen zum Einsatz. Es ist darauf zu achten, dass die Lampen so abgesichert sind, dass die Tiere nicht mit ihnen in Kontakt kommen.

Neben dem UV-Licht (siehe Beleuchtung) ist auch das langwellige IR-Licht (Infrarot-Licht) für die Terraristik interessant. Auch dies wird in drei Bereiche geteilt:

IR-A	780 nm bis 1 400 nm
IR-B	1 400 nm bis 3 000 nm
IR-C	3 000 nm bis 1 mm

Bei Infrarot redet man auch von Wärmestrahlung. In der Terraristik findet sie in Form von Ellsteinstrahlern Einsatz. Sie dienen nicht zum Beleuchten der Terrarien sondern zum Heizen. Ellsteinstrahler sind nicht aus Glas sondern aus Keramik. Sie dürfen auf keinen Fall in Plastik- oder Metallfassungen geschraubt werden, sondern ausschließlich in Keramikfassungen. Je nach Leistung können diese Lampen an der Oberfläche eine Temperatur von bis zu 400 °C (!) erreichen. Falls diese Lampen zum Einsatz kommen, müssen sie unbedingt für die Tiere unerreichbar und gut geschützt (auch für den Terrarianer) sein. Bei Berührung kann es zu schwersten Verbrennungen kommen.

Bei der Installation ist darauf zu achten, dass die Lampe einen Abstand von etwa 10 cm zu Glas und Holz hat. Ist der Abstand zu gering, kann das Glas wegen der extremen Wärme in unmittelbarer Nähe der Lampe springen. Bei Holz besteht sogar Brandgefahr. Ungeachtet dieser nicht zu unterschätzenden Gefahren lehnt der Verfasser den Einsatz dieser Lampen bei Strumpfbandnattern grundsätzlich ab, weil die langwelligen Infrarot-Strahlen durch die Haut in den Körper eindringen. Bei unsachgemäßen Einsatz kann es zu schwersten inneren Verletzungen bei den Nattern kommen.

Terrarieneinrichtung

Die Einrichtung eines Terrariums sollte einerseits verständlicherweise für den Beobachter optisch sehr ansprechend sein und andererseits aber auch zum Wohlbefinden der Pfleglinge beitragen.

Wenn man ein Terrarium einrichtet, beginnt man mit der Gestaltung der **Rückwand**. Hier haben sich Korkplatten bewährt, die überall im Fachhandel erhältlich sind. Eine hübsche, aber aufwendigere Methode ist das Mauern der Rückwand, wofür nahezu alle Gesteinsarten in Frage kommen. Besonders geeignet ist allerdings Lavagestein, das etliche Vorteile hat: Es ist in allen Größen im Zoofachgeschäft preiswert erhältlich, es ist leicht und ziemlich rau, was den Strumpfbandnattern bei der Häutung eine gerne angenommene Hilfe ist. Weiterhin ist es sehr weich und daher gut zu bearbeiten. Man kann beispielsweise einen großen Stein aushöhlen, um dort die Glühbirne, die ja als lokale Wärmequelle dient, zu verstauen. Dies hat wiederum zwei große Vorteile. Einmal wird die Optik des Terrariums nicht mehr durch eine an der Decke hängende Glühbirne gestört und außerdem wird eine nicht zu unterschätzende Gefahrenquelle für die Schlangen beseitigt. Bei ihren Klettertouren kommt es immer wieder einmal vor, dass ein Tier den Halt verliert und auf die Glühbirne abrutschen kann. Dabei ist es schon häufig zu schlimmen Verbrennungen gekommen. In einem passend hergerichteten Stein ist die Birne dagegen von einem dicken Mantel umgeben, der sich wiederum nur leicht erwärmt und somit keine Gefahr mehr für die Tiere darstellt.

Auch aus Styropor lässt sich sehr einfach eine ansprechende Rückwand gestalten. Dazu werden die Platten und Blöcke mit einem Messer in die

Eine aus Lavastein gemauerte Terrarienrückwand.

gewünschte Form gebracht. Anschließend sollten sie mit Silikon auf die Rückwand des Terrariums geklebt werden. Mit einem Heißluftfön bekommt das Styropor nun seine endgültige Form. Um der Styroporrückwand eine natürliche Oberfläche zu geben, trägt man am besten mit einem flachen Pinsel verdünnten Fertigzement auf, dem man je nach Geschmack schon eine entsprechende Abtönfarbe beigibt. Anschließend lässt man die Zementsschicht 24 Stunden trocknen und trägt erneut eine dünne Schicht auf. Je nach Vorstellung und Geschmack muss dieser Vorgang mehrmals wiederholt werden. Sollte dann die Felsrückwand noch nicht die gewünschte Farbe haben, gibt es dafür eine Reihe von Effektlacken aus der Sprühdose im Baumarkt, die ganz akzeptabel diverse „Steinfarben" imitieren. Auf jeden Fall sollte aber zum Abschluss eine Schicht stoß- und waserfester Klarlack – nehmen Sie ungiftigen – aufgetragen werden.

Aufgrund möglicher gesundheitlicher Schäden sind PU-Schaum und Polyester zur Rückwandgestaltung sehr umstritten.

Unter dem Terrarium sollte man eine etwa 1 cm dicke Styroporplatte legen, auf der das Heiz-

kabel verlegt wird. Zudem werden durch das Styropor leichte Unebenheiten ausgeglichen, so dass einem Glasbruch vorgebeugt werden kann. Anschließend kann das Wasserbecken eingesetzt werden. Unter dem Wasserbecken, das je nach Terrariengröße und *Thamnophis*-Art (terrestrisch oder aquatisch) ein Fünftel bis ein Drittel der Grundfläche einnehmen und 5 bis 10 cm tief sein sollte, legt man eine 1 cm dicke Schicht Bo-

In einem ausgehöhlten Lavastein lässt sich problemlos eine Glühbirne als lokale Wärmequelle einbauen. Der „Steinmantel" bietet den Schlangen Schutz vor Verbrennungen.

Bei der Rückwandgestaltung mit Lavagestein geht man wie folgt vor:

- Zuerst wird der Stein, der für die Glühbirne vorgesehen ist, ausgehöhlt, dann werden Fassung und Birne eingesetzt. Anschließend überprüft man, ob sich die Birne leicht auswechseln lässt. Ist dies nicht der Fall, muss der Stein noch ein wenig mehr ausgehöhlt werden.
- Dann wird die Fassung mit Silikon in den Stein festgeklebt. Das Stromkabel, das aus dem Stein ragt, wird durch einen dicken Aquarienschlauch verlegt. Dadurch hat man später die Möglichkeit, bei einem eventuellen Defekt das Kabel wieder aus dem Mauerwerk herauszuziehen.
- In das Belüftungsgitter wird ein kleines Loch gebohrt, durch welches das Stromkabel nach außen verlegt wird.
- Als nächstes nimmt man eine Holzplatte oder ein Stück Pappe, deren Größe die der Rückwand entspricht, und legt die Steine darauf. Diese können nun solange umgesetzt werden, bis die gewünschte Form gefunden ist.
- Nun wird das Terrarium auf die Rückwand gelegt, der Stein mit der Glühbirne in die gewünschte Position gerückt und das Stromkabel durch das vorgebohrte Loch in der Rückwand gezogen. Mit Hilfe von Klebestreifen wird der Aquarienschlauch auf die Rückwand geklebt und in der vorgesehenen Stellung gehalten. Nun kann der Spezialkleber aufgetragen werden, und zwar, je nach Größe und Gewicht der Steine, 0,5-2 cm dick. Bewährt hat sich hier HF80 Flex Special von BCU, der in Baumärkten und Fliesenfachgeschäften zu bekommen ist. Anschließend brauchen die Steine nur noch in den Kleber eingedrückt werden.
- Durch das Eindrücken bilden sich zwischen den Steinen graue Kleberwülste, die die Optik stören. Abhilfe kann leicht geschaffen werden, indem man den noch feuchten Kleber mit Lavastaub bestreut. Durch Aneinanderreiben zweier Steine oder Schmirgeln und Schleifen erhält man genügend feinen Lavastaub, um die Rückwand damit zu bestreuen.
- Drei bis fünf Tage sollte der Kleber aushärten. Anschließend kann das Terrarium gereinigt und auf seinen vorgesehenen Platz gestellt werden.

Von links oben nach rechts unten:
Die im Text beschriebene Methode der Rückwandgestaltung mit Styropor und Zement, hier am Beispiel einer Holztür in einem Großraumterrarium.
Die Holztür wird in das bereits fertige Großraumterrarium eingebracht.
Die mit einem Messer vorgeformten Styroporstücke werden mit Silikon auf die Türe geklebt und zusätzlich verschraubt.
In mehreren Schichten wird mit Pinsel und Schwamm der stark verdünnte Zement aufgetragen.
Die Türe muss jetzt noch farblich der restlichen Rückwand angepasst werden.

dengrund aus. Diese soll ebenso wie die Styroporplatte unter dem Terrarium Unebenheiten ausgleichen und einen möglichen Glasbruch verhindern.

Als **Bodengrund** eignen sich vor allem Rindenmulch, Moos, Torf, Wald- und Blumenerde; letztere natürlich nur ohne chemische Zusätze. Diese Materialien sollten nach Möglichkeit vorher ausgekocht und anschließend getrocknet werden, weil nicht selten allerlei Ungeziefer darin zu finden ist. Der im Zoofachhandel erhältliche Aquarienkies wird gewöhnlich in Körnungen von 1 bis 5 mm angeboten und ist nicht empfehlenswert, denn Strumpfbandnattern schleifen häufig ihr Futter über den Boden. Dem Verfasser ist von einer *Thamnophis sirtalis parietalis* bekannt, dass sie zusammen mit der Nahrung einen recht großen und scharfkantigen Kiesel verschluckte, sich innere Verletzungen zuzog und daran einging. Die Körnung in Terrarien mit Jungtieren sollte also mindestens 10 mm oder besser 20 mm betragen. Bei halbwüchsigen oder ausgewachsenen Exemplaren ist eine Körnung ab 40 mm empfehlenswert. Sehr beliebt sind auch Buchenspäne, die mittlerweile in jedem guten Zoofachgeschäft in verschiedenen Körnungen erhältlich sind. Sie sind nicht nur billiger als Kies sondern auch erheblich leichter. Anschließend wird der restliche Bodengrund eingestreut. Er sollte unterschiedlich hoch sein (zwischen 2 und 10 cm), denn dadurch schafft man mehrere Bereiche mit verschiedenen Bodentemperaturen, die die Schlangen später je nach Bedarf aufsuchen können.

Zum Abschluss werden Wurzeln und Äste als Versteck- und Klettermöglichkeiten aufgestellt. Sie müssen so befestigt sein (z. B. durch Verschrauben, Verkleben oder Zementieren), dass sie nicht umfallen oder zusammenbrechen können. Im Bereich der lokalen Wärmequelle sollte noch ein flacher Stein auf den Boden gelegt werden. Dieser wird von den Schlangen oft in den

Abendstunden nach Abschalten der Heizung auf-gesucht.

Zur **Bepflanzung** sind selbst robuste Pflanzen, wie *Scindapsus*-Ranken, nur bedingt geeignet (z. B. bei Jungtieren), da sie von den Strumpf-bandnattern gerne als Kletter-und Versteckmög-lichkeiten genutzt werden. Textil- und Kunst-stoffpflanzen sind zwar eine Frage des Ge-schmacks, aber dennoch wesentlich besser geeignet. Sie lassen sich problemlos reinigen und desinfizieren. Die künstlichen Pflanzen sind in den meisten Gartenfachgeschäften erhältlich. Mittlerweile halten auch viele Zoofachgeschäfte eine entsprechende Auswahl bereit.

Temperatur und Licht

Bereits bei der Einrichtung des Terrariums wurde darauf geachtet, Monotonie zu vermeiden. Wichtig ist dies auch bei Temperatur und Be-leuchtung. Dabei ist hier nicht allein die Tempe-raturschwankung zwischen Tag und Nacht ge-meint. Vielmehr sollten wir uns bei der Pflege unserer Schlangen an den natürlichen Verhält-nissen im Biotop orientieren. Auch dort finden wir nicht jeden Tag zur selben Zeit die selben Temperaturen und Lichtverhältnisse vor. Ein be-wölkter Himmel an einem Sommertag lässt die Temperatur um einige Grade sinken und die Hel-ligkeit ist ebenfalls wesentlich geringer. Insbe-sondere ändern sich die klimatischen Verhält-nisse natürlich im Verlauf eines Jahres. Es sollte versucht werden, diese Schwankungen auch im Terrarium umzusetzen. Aus diesem Grund ist es ratsam, Klimadiagramme aus dem Verbreitungs-gebiet der zu pflegenden Art zu beschaffen und sich an den dort angegebenen Werten zu orien-tieren. Allerdings gelingt dies nicht immer. Des-halb wird hier eine Möglichkeit dargestellt, wie

man auch ohne genaue Kenntnisse des Vorkom-mens eine gute Pflege der Tiere garantiert. Dazu teilen wir das Verbreitungsgebiet der Strumpf-bandnattern grob in zwei Bereiche auf: das nörd-liche und das südliche Verbreitungsgebiet (siehe Abbildung Seite 8). Diese Grenzlinie ist natür-lich nur eine von uns gedachte Hilfslinie ohne wissenschaftlichen Wert. Anhand der Grafiken (siehe Abbildungen unten) stellt man sehr leicht fest, dass Tiere aus dem Norden andere Ansprü-che stellen als Exemplare aus dem Süden.

Für die **nördlichen Strumpfbandnattern** sollten die Temperaturen von Mai bis August

Links:
Ein ausgehöhlter Lavastein kann in einem größeren Wasserbecken auch als „Mini-Wasser-fall" dienen.

Rechts:
Eine *Thamnophis sirtalis parietalis* verschlingt ei-nen Stint. Deutlich ist der feine Kies am Maul zu erkennen.

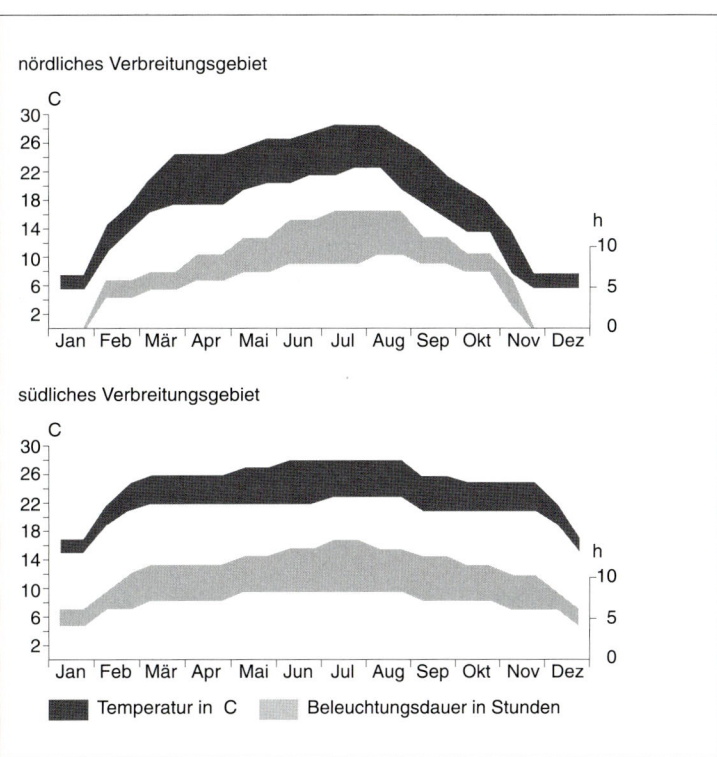

nördliches Verbreitungsgebiet

südliches Verbreitungsgebiet

Temperatur in C   Beleuchtungsdauer in Stunden

Haltungsansprüche (Tages- und Nachttemperatur sowie Beleuchtungsdauer) für Arten aus dem nördlichen Verbreitungsgebiet

Monat	Nördliches Verbreitungsgebiet								
	Tagestemperatur (°C)			Nachttemperatur (°C)			Beleuchtungsdauer (h)		
	min.	max.	x	min.	max.	x	min.	max.	x
Januar	6	8	2	6	8	2	0	0	0
	6	8	2	6	8	2	0	0	0
Februar	11	15	4	11	15	4	4	6	2
	14	18	4	11	15	4	4	6	2
März	17	22	5	15	20	5	5	7	2
	18	25	7	15	20	5	5	7	2
April	18	25	7	15	20	5	6	9	3
	18	25	7	15	20	5	6	9	3
Mai	20	26	6	18	20	2	7	11	4
	21	27	6	18	20	2	7	11	4
Juni	21	27	6	18	20	2	8	13	5
	22	28	6	19	21	2	8	13	5
Juli	22	29	7	19	22	3	8	14	6
	23	29	6	19	22	3	8	14	6
August	23	29	6	19	22	3	9	14	5
	20	27	7	19	20	1	9	14	5
September	18	25	7	15	20	5	8	11	3
	16	22	6	13	18	5	8	11	3
Oktober	14	20	6	11	16	5	7	9	2
	14	18	4	11	15	4	7	9	2
November	8	14	6	8	14	6	3	6	3
	6	8	2	6	8	2	0	0	0
Dezember	6	8	2	6	8	2	0	0	0
	6	8	2	6	8	2	0	0	0

x = Schwankungsbreite

zwischen 20 °C und 29 °C schwanken und die Beleuchtung zwischen 7 und 14 Stunden in Betrieb sein. Anschließend werden Temperatur und Beleuchtungsdauer gesenkt (siehe Tabelle oben), um die Tiere dann Mitte November in den Winterschlaf zu schicken, wo sie bis Ende Januar bei Dunkelheit und Temperaturen zwischen 6 und 8 °C bleiben. Im Februar werden die Temperaturen allmählich erhöht und die Beleuchtung wird wieder für 4 bis 6 Stunden eingeschaltet (die hier angegebene Winterruhe von 2 1/2 Monaten dient nur als Beispiel. Genauere Angaben für jede Art sind im Kapitel Artenteil zu finden). Dies steigern wir in den Folgewochen, um sie dann im Mai wieder an sommerliche Temperaturen gewöhnt zu haben. Außer während des Winterschlafes sollten die Temperaturen nachts 5 bis 10 °C unter denen am Tag liegen.

Im Bereich der lokalen Wärmequelle sollten die Temperaturen im Frühjahr und im Herbst 25 bis 28 °C und im Sommer 35 °C betragen. Es ist durchaus empfehlenswert, gelegentlich tagsüber Heizung und Beleuchtung für ein paar Stunden auszuschalten, wodurch man zum Beispiel kühlere und bewölkte Sommertage simulieren kann.

Wie aus der Tabelle Seite 23 zu ersehen ist, ist die Pflege der **südlichen Arten** weniger kompliziert. Sie können das ganze Jahr über bei Temperaturen zwischen 20 und 28 °C gepflegt wer-

den. Die Nachttemperaturen liegen zwischen 18 und 22 °C. Die Beleuchtungsdauer beträgt 6 bis 14 Stunden täglich. Aber auch für diese Arten ist eine kurze Ruhephase vorteilhaft. Dazu senkt man im Dezember die Temperaturen auf 19 bis 22 °C und reduziert die Beleuchtungsdauer auf 6 bis 8 Stunden, um sie anschließend für ungefähr 6 Wochen auf 15 bis 17 °C und 4 bis 6 Stunden Beleuchtung zu bringen. Im Februar werden dann Temperatur und Beleuchtungsdauer wieder auf die normalen Werte angehoben. Auch hier sollte man ab und zu tagsüber ein paar Stunden Heizung und Beleuchtung abschalten.

Aufgrund der klimatischen Bedingungen sind einige südliche Arten zu einer dämmerungs- oder auch nachtaktiven Lebensweise übergegangen (wie relativ häufig bei *Thamnophis marcianus*). Hier ist es ratsam, den Tieren die Nacht zum Tag zu machen. Dies bedeutet, dass die Terrarienbeleuchtung nachts brennen sollte, während tagsüber keine zusätzliche Beleuchtung eingeschaltet wird. Das in das Zimmer eindringende Tageslicht ist gewöhnlich ausreichend. Sollte das Terrarium allerdings an einem sehr dunklen Ort stehen (zum Beispiel im Keller) ist eine Lampe oder Neonröhre mit blauem Licht empfehlenswert. Solche sind mittlerweile in jedem gut sortierten Zoofachgeschäft erhältlich.

Dieses blaue Licht sollte auch für die Pflege von Albinos eingesetzt werden, denn ihre Haut und vor allem ihre Augen sind wesentlich empfindlicher als die der normal gefärbten Exemplare.

Nun mag man sich die Frage stellen, wie diese Bedingungen erreicht werden sollen. Natürlich gibt es technische Hilfsmittel, mit denen diese realisiert werden können. Wochenzeitschaltuhren und Temperaturregler mit Nachtabsenkung, sogar mit Kühlsystem, lösen diese Aufgaben. Allerdings kosten sie viel Geld, was sicherlich etliche Liebhaber abschreckt. Dieser ganze technische Aufwand ist aber auch gar nicht unbedingt erforderlich. Die einfachste und zugleich auch zuverlässigste Methode ist die „Handarbeit". Beleuchtung und Heizung werden einfach per Hand ein- und ausgeschaltet. Und zwar nicht jeden Tag pünktlich zur selben Zeit, sondern etwas unregelmäßig.

Hierbei steht uns eine nicht unbeträchtliche Schwankungsbreite zur Verfügung (siehe Tabellen Seite 22 und 23), die wir in den angegebenen Rahmen auch nutzen sollten. Diese muss natürlich nicht jeden Tag voll ausgeschöpft werden. Geringe Schwankungen oder auch konstante Bedingungen über mehrere Tage sind keinesfalls tragisch. Aber es ist dennoch ratsam, öfters einmal die Temperatur- und Beleuchtungsbedingungen an die angegebenen Mindest- und Höchstwerte heranzuführen, denn es wurde immer wieder festgestellt, dass Tiere, die unter monotonen Bedingungen gehalten wurden, sehr empfindlich auf Veränderungen reagierten (Wechsel in ein anderes Terrarium, Abgabe an einen anderen Terrarianer, usw.), und teilweise an Erkältungen und Lungenentzündungen erkrankten, sogar Todesfälle sind bekannt. Tiere dagegen, die unter den oben genannten Temperatur- und Beleuchtungsschwankungen gehalten wurden, erwiesen sich als wesentlich robuster.

Abschließend zu den klimatischen Erfordernissen sei noch erwähnt, dass bei allen *Thamnophis*-Arten die **relative Luftfeuchtigkeit** über einen längeren Zeitraum 65 % nicht überschreiten sollte.

Nicht selten stellt sich bei Terrarianern die Frage der **Urlaubsvertretung**. Dies bereitet bei den Strumpfbandnattern für 2 bis auch 3 Wochen – wie bei gut allen Schlangen – glücklicherweise keine Probleme. Der Pflegeaufwand für den stellvertretenden Pfleger beschränkt sich auf ein Minimum. Lediglich das Trinkwasser muss je nach Behältergröße und -art alle ein bis zwei Tage gewechselt werden. Ist das Wasserbecken recht groß und wird über einen Filter gereinigt, ist eine Reinigung nur alle drei bis vier Tage notwendig (oder noch seltener). Der Kot muss regelmäßig entfernt werden. Sollte das Terrarium an einem Ort stehen, an dem Tageslicht einfällt, kann während der Urlaubszeit auf eine Beleuchtung verzichtet werden. Die Tiere müssen während der Zeit auch nicht gefüttert werden. Vorteilhaft ist es, wenn der Stellvertreter sich ein wenig mit Schlangen auskennt. So kann er bei seinen Pflegebesuchen auch den allgemeinen Zustand der Tiere kontrollieren.

Haltungsansprüche (Tages- und Nachttemperatur sowie Beleuchtungsdauer) für Arten aus dem südlichen Verbreitungsgebiet

| Monat | Südliches Verbreitungsgebiet | | | | | | | | |
| | Tagestemperatur (°C) | | | Nachttemperatur (°C) | | | Beleuchtungsdauer (h) | | |
	min.	max.	x	min.	max.	x	min.	max.	x
Januar	15	17	2	15	17	2	4	6	2
	15	17	2	15	17	2	4	6	2
Februar	19	22	3	18	20	2	6	8	2
	21	25	4	18	20	2	6	10	4
März	22	26	4	18	20	2	7	11	4
	22	26	4	18	20	2	7	11	4
April	22	26	4	20	22	2	7	11	4
	22	26	4	20	22	2	7	11	4
Mai	22	27	5	20	22	2	8	12	4
	22	27	5	20	22	2	8	12	4
Juni	22	28	6	20	22	2	8	13	5
	22	28	6	20	22	2	8	13	5
Juli	23	28	5	20	22	2	8	14	6
	23	28	5	20	22	2	8	14	6
August	23	28	5	20	22	2	8	13	5
	23	28	5	20	22	2	8	13	5
September	21	26	5	18	20	2	7	12	5
	21	26	5	18	20	2	7	12	5
Oktober	21	25	4	18	20	2	7	11	4
	21	25	4	18	20	2	7	11	4
November	21	25	4	18	20	2	6	10	4
	21	25	4	18	20	2	6	10	4
Dezember	19	22	3	18	20	2	6	8	2
	15	17	2	15	17	2	4	6	2

x = Schwankungsbreite

Pflege im Terrarium

Hygiene im Terrarium

Sauberkeit und Hygiene sind besonders wichtig zur Gesunderhaltung der Nattern. Viele Krankheiten sind Folgen mangelnder Hygiene. Futterreste und Ausscheidungen der Tiere werden sofort aus dem Terrarium entfernt. Trink- und Badewasser in kleineren Behältern müssen täglich erneuert werden. Bei großen Wasserbehältern genügt ein Wechsel alle zwei bis drei Tage, vorausgesetzt, sie wurden von den Schlangen nicht verschmutzt. Eine komplette Reinigung des Terrariums muss je nach Größe des Beckens und Anzahl der Tiere alle zwei bis drei Monate vorgenommen werden. Das Terrarium wird dazu vollständig leergeräumt, gereinigt und anschließend desinfiziert. Wurzeln, Steine und Äste werden mit kochend heißem Wasser abgewaschen und ebenfalls desinfiziert. Der alte Bodengrund wird durch neuen ersetzt. Bei der Wahl des Desinfektionsmittels sollte man darauf achten, dass es auf Peroxid- oder Alkoholbasis ist. Einige andere Mittel enthalten Phenole, die auf Reptilien eine toxische Wirkung haben können (KÖHLER, 1994).

Freilandhaltung

Besonders reizvoll sind Freilandanlagen. Viele Arten der Strumpfbandnattern lassen sich während der Sommermonate dort pflegen, einige wie *Thamnophis butleri*, *Thamnophis ordinoides*, *Thamnophis radix* sowie verschiedene Unterarten von *Thamnophis sauritus* und *Thamnophis sirtalis* können sogar das ganze Jahr über im Freien bleiben. Für sie müssen dann geeignete Überwinterungsplätze eingerichtet werden.

Vor dem Bau einer Freilandanlage sollten einige grundsätzliche Dinge in Betracht gezogen werden. Die Anlage muss so gelegen sein, dass sie verschiedene Anforderungen der Tiere erfüllt. Sie sollte ruhig und geschützt liegen, trotzdem aber von der Morgen- und Abendsonne beschienen werden.

Die Größe einer Freilandanlage sollte mindestens 5 bis 6 m² betragen, um einen halbwegs natürlichen Lebensraum darzustellen. Die Grundfläche wird 120 bis 150 cm tief ausgehoben (siehe Abbildung unten). Dabei sollte die Grube zu einer Seite hin schräg abfallen. Darauf wird eine etwa 30 cm hohe Schicht Kies geschüttet, die als Drainage dient. Ohne diese Drainage würde die Gefahr bestehen, dass die Anlage bei starken Regenfällen regelrecht überflutet wird, weil die Umrandung ein Ablaufen des Wassers verhindert. Um sicher zu gehen, dass dies nicht passiert, kann man zusätzlich noch Drainagerohre in die Kiesschicht verlegen und/oder eine Sickergrube anlegen. Dazu wird an der tieferen Seite der Anlage das Erdreich nochmals um ungefähr 1 m ausgehoben und mit verschiedenen Materialien wie Kies und Ziegelsteinbrocken aufgefüllt, das grobere Material nach unten. Zur Umfriedung der Anlage ist Beton sicherlich das geeignetste Material, denn es ist sehr dauerhaft. Die Einschalung sollte ungefähr 100 bis 120 cm tief und 20 cm dick sein und ungefähr 10 cm aus dem Erdreich herausragen. Für die überirdische Umzäunung eignen sich Materialien wie Eternitplatten, Kunststoff, Glas, wobei Glas sicherlich die optisch ansprechendste Lösung darstellt. Die Anlage wird nun etwa 1 m hoch mit Mutterboden aufgefüllt. Ein Teich sollte in einer Freilandanlage auf keinen Fall fehlen. Dabei ist es frei gestellt, ob man ihn selbst anlegt oder einen kleinen Fertigteich aus dem Fachhandel bezieht. Wichtig ist später vor allem, dass der Wasser-

Rechte Seite:
Thamnophis atratus atratus.

Schematische Darstellung einer Freilandanlage.

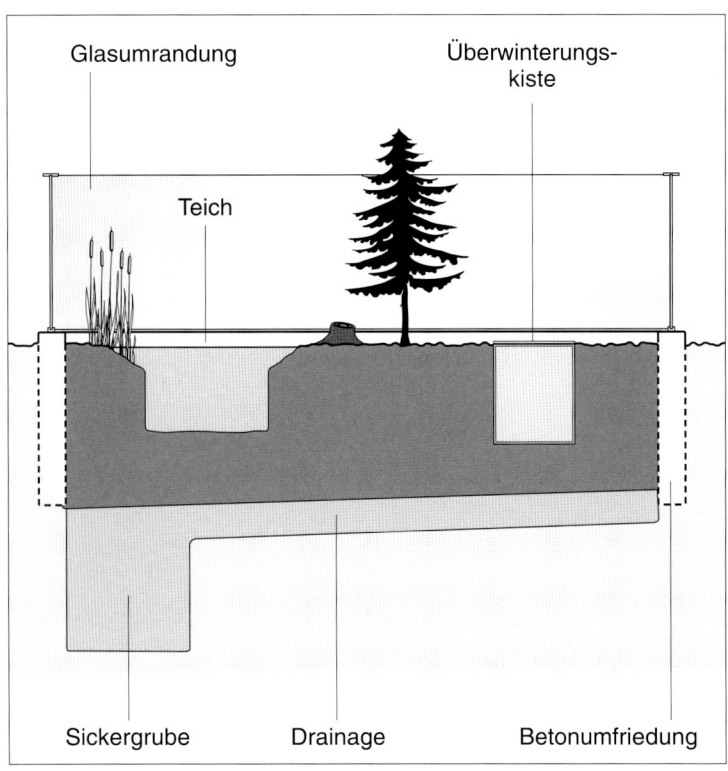

Glasumrandung   Überwinterungskiste

Teich

Sickergrube   Drainage   Betonumfriedung

Links:
Gut eingewöhnte
Strumpfbandnattern
nehmen das Futter, hier
ein Stint, auch von der
Pinzette.
Rechts:
Bei Vitamin E- oder Jod-
mangel kann es zu
Kropfbildungen kom-
men.

spiegel immer bis zum oberen Teichrand reicht
und einige Äste oder Wurzeln in den Teich ra-
gen, um schwimmenden Strumpfbandnattern einen leichten Ausstieg zu ermöglichen.

Werden in der Freilandanlage Arten gepflegt,
die das ganze Jahr dort verbringen sollen, müssen **Überwinterungsplätze** geschaffen werden.
Dafür eignen sich Kisten, die eine Höhe von einem Meter und eine Grundfläche von 50×50 cm
haben. Diese werden in den Boden eingelassen
und mit Walderde, Torfmull, kleinen Ästen,
Laub, Moos usw. locker aufgefüllt. Das Überwin-
terungsquartier wird mit Steinaufbauten oder
Baumstümpfen abgedeckt. Diese müssen so ge-
sichert sein, dass sie nicht einstürzen können. Je
nach Größe der Anlage und Anzahl der Tiere
sollten ein oder zwei Winterquartiere zur Verfügung stehen.

Die Gestaltung der Anlage mit Wurzeln, Baum-
stämmen und Felsbrocken als Versteck- und
Klettermöglichkeiten sowie Schattenplätzen
bleibt dem individuellen Geschmack überlassen.
Gleiches gilt für die Bepflanzung. Allerdings sollten die Büsche und Sträucher nicht höher werden als die Umrandung der Anlage selbst. Außerdem müssen sie soweit von ihr entfernt sein,
dass die Schlangen nicht auf diesen Weg entwei-
chen können. Die ganze Anlage sollte von oben
mit einem Vogelschutznetz abgedeckt werden,
welches in Fachgeschäften für Gartenbedarf erhältlich ist.

Ernährung

Eine abwechslungsreiche Ernährung ist neben
Sauberkeit und Hygiene sowie abwechslungsreicher Gestaltung des Terrariums sicherlich von
größter Bedeutung zur Gesunderhaltung und
Zucht der Schlangen. Da die Nahrungspalette
der Nattern sehr groß ist, ist es nicht schwierig,
ständig geeignetes Futter bereitzustellen.

Die Hauptnahrung im Terrarium bildet sicherlich Fisch. In der Regel nehmen Strumpfbandnattern sowohl lebenden als auch toten Fisch. Es
ist ratsam, ganze Fische in entsprechender
Größe zu verfüttern, da die Gräten und Innereien
wichtige Vitamine und Mineralien liefern. Aber
auch Fischfleischstreifen können hin und wieder
angeboten werden, allerdings müssen bei häufiger Verfütterung Vitamin- und Mineralpräparate
zugegeben werden.

Als Futter eignen sich viele Zier- und Speisefi-
sche. Von den Zierfischen sind besonders kleine
Buntbarsche und lebend gebärende Zahnkar-
pfen, wie Guppys (*Poecilia reticulata*), Mollys
(*Poecilia sphenops*), Platys (*Xiphophorus macula-
tus*) und Schwertträger (*Xiphophorus helleri*) zu
empfehlen. Darüber hinaus haben sich bei den
Speise- und Wildfischen besonders Arten aus
der Unterordnung der Lachsähnlichen (*Salmo-
noidei*) bewährt. Dazu zählen Lachse und Forellen der Gattung *Salmo* oder auch die Regen-
bogenforelle (*Oncorhynchus mykiss*), Saiblinge
(Gattung *Salvelinus*) und Äschen (Gattung *Thy-
mallus*). Ein leicht zu beschaffenes Futter stellen
die Stinte (*Osmeridae*) dar. Man kann sie in jedem guten Zoofachgeschäft tiefgefroren und in
Beuteln abgepackt in Größen zwischen 2 und
10 cm erwerben. Allerdings können bei einseiti-
ger Ernährung mit Stinten Vitamin E- und Jod-
mangelerscheinungen auftreten. Ebenfalls vorsichtig muss man bei der Verfütterung von Weiß-
oder Karpfenfischen (*Cyprinidae*) sein. Zu dieser
Familie zählen viele unserer europäischen Fische, wie Karpfen (*Cyprinus carpio*), Rotauge
(*Rutilus rutilus*), Rotfeder (*Scardinius erythroph-
thalmus*), Elritzen (Gattung *Phoxinus*), Ukelei
(*Alburnus alburnus*), Moderlieschen (*Leucapsius
delineatus*), Schneider (*Alburnoides bipunctatus*), Brachse (*Abramis brama*), Schleie (*Tinca
tinca*) usw., aber auch der Goldfisch (*Carassius
auratus*). Ihr Fleisch enthält ein Enzym namens
Thiaminase, welches das Vitamin B_1 abbaut. Dar-

auf reagieren Strumpfbandnattern recht empfindlich. Allerdings ist dieses Enzym hitzeempfindlich und kann zerstört werden, indem man die Fische oder das Fischfleisch für fünf Minuten bei 80 °C in den Backofen legt (SWART, 1975). Ebenfalls bewährt hat sich die Beigabe von einigen Tropfen eines Vitamin B-Komplexes auf das Fischfleisch. Werden Karpfenfische zu häufig ohne entsprechende Behandlung verfüttert, kann es zu schweren Krankheitsschäden kommen. Die Fische sind oft von Fadenwürmern (Nematoden) befallen. Diese Würmer greifen den Magen-Darm-Trakt der Nattern an (siehe „Krankheiten"). Um dies zu verhindern, müssen die Würmer abgetötet werden. Dies erreicht man durch Einfrieren der Fische. Zur Fütterung werden dann die entsprechenden Portionen wieder aufgetaut.

Ein ebenfalls gutes Futter stellen Frosch- und Schwanzlurche und deren Larven dar. Aus Gründen des Naturschutzes ist eine Verfütterung einheimischer Arten allerdings abzulehnen. Ratsam ist es, die überschüssigen Nachzuchttiere anderer Terrarianer zu erwerben, wobei es sich in erster Linie um Laubfrösche (Familie Hylidae) handeln wird. Nicht selten stellt sich zum Leidwesen der Froschzüchter heraus, dass die Kaulquappen die so genannten Streichholzbeinchen entwickeln. Diese Tiere sind gewöhnlich nicht lebensfähig und werden früher oder später verenden. Diese Tiere können ohne Bedenken an die Nattern verfüttert werden.

Regenwürmer werden von den meisten Strumpfbandnattern angenommen. Das Sammeln nach Regenschauern oder Ausgraben aus der Erde ist nicht unbedingt zu empfehlen, weil die Böden fast alle gedüngt oder mit Schädlingsbekämpfungsmitteln behandelt sind. Die Chemikalien sind dann in hoher Konzentration in den Würmern zu finden und können bei häufiger Verfütterung zu ernsthaften Erkrankungen bei den Schlangen führen.

Da Strumpfbandnattern ihre Nahrung hauptsächlich mit dem Jacobson'schen Organ (siehe Kapitel „Anatomie") wahrnehmen – er wurde einst als Teil des Geruchssinnes betrachtet, mittlerweile jedoch als eigener Sinn angesehen – ist auch das Verfüttern von Würmern aus Komposthaufen nicht angebracht. Dabei handelt es sich um den Kompostwurm (*Eisenia foetida*), der häufig einen strengen Geruch absondert, der die Nattern vom Fressen abhält. Die einfachste Möglichkeit ist der Kauf von Würmern in Anglerfachgeschäften. Hier werden Laub- und Tauwürmer der Gattung *Lumbricus* angeboten, so dass fast immer das passende Futter vorrätig ist. Bei häufiger Verfütterung ist die Zugabe eines Calcium-Präparates erforderlich.

Laub- und Tauwürmer werden von den meisten Strumpfbandnattern gerne angenommen.

Nacktschnecken stehen ebenfalls auf dem Speiseplan der Nattern. Hier haben sich Ackerschnecken der Gattung *Deroceras* und die kleineren Arten der Wegschnecken der Gattung *Arion* bewährt. Die wahrscheinlich bekannteste Art, die Rote Wegschnecke (*Arion rufus*), die man häufig bei Spaziergängen antreffen kann, ist aufgrund ihrer Größe von bis zu 15 cm als ausgewachsenes Exemplar weniger geeignet. Nacktschnecken sollten besser von der Pinzette verfüttert werden. Ansonsten würden die Schnecken, die nicht sofort gefressen werden, das Terrarium mit ihren Schleimbändern überziehen.

Junge Mäuse werden nicht von allen Strumpfbandnattern gefressen, sind aber aufgrund ihres Skeletts ein guter Kalklieferant. Rinderherz – in entsprechend große Streifen geschnitten – kann ebenfalls angeboten werden. Es wird aber auch nicht von allen Tieren gefressen und sollte bei häufiger Fütterung mit Vitamin- und Kalkpräparaten versehen werden.

Gefüttert werden die Schlangen alle drei bis vier Tage. Bei Jungtieren sollte der Abstand zwischen der Fütterung nur zwei Tage betragen.

Von vielen Strumpfbandnattern wird der hausgemachte „Fischeintopf" gerne gefressen. Hierzu wird etwa ein Kilogramm Fisch, nach Möglichkeit von mehreren Arten, in kleine Stücke geschnitten (große Fische müssen vorher filetiert werden) und leicht erwärmt. In der Zwischenzeit werden vier bis fünf Blatt Gelatine in etwas kaltem Wasser gelöst und dann unter die erwärmten Fischstückchen gerührt.

Das ganze wird dann in dünnen Platten in Alufolie im Gefrierschrank eingefroren und kann portionsweise abgebrochen und aufgetaut werden.

27

Neugeborene werden in den ersten zwei bis drei Monaten täglich gefüttert. Schlangen fressen individuell unterschiedlich viel. Untersuchungen in den USA ergaben, dass Strumpfbandnattern wöchentlich ungefähr 15 bis 20 % ihres eigenen Körpergewichtes an Nahrung aufnehmen. FRANCIS (pers. Mitt., 2000) füttert seine Fisch fressenden Strumpfbandnattern zweimal pro Woche. Dabei können sie dann soviel fressen, wie sie wollen. Die Exemplare, die Mäuse fressen, werden dagegen nur einmal pro Woche gefüttert. Bei ausgewogener Ernährung ist eine Beigabe von Kalkpräparaten nicht erforderlich (mit Ausnahme, beim Verfüttern von Rinderherz, Regenwürmern und Fischfleisch ohne Gräten und Innereien). Jungtieren wird alle zwei Wochen zusätzlich ein Mineralstoffpräparat über das Futter gestreut, das dem Skelettaufbau förderlich ist.

Mitunter gibt es Strumpfbandnattern, die jede Art von Futter verweigern oder nur eine einzige Sorte fressen. Diese Erfahrungen hat der Verfasser öfters bei Tieren aus Zuchtfarmen gemacht. Die Schlangen wurden möglicherweise aus Kosten- und Zeitgründen lediglich mit Fischfleisch gefüttert und lehnten dann jede andere Art von Nahrung ab.

Hin und wieder kommt es vor, dass Strumpfbandnattern jegliche Nahrung verweigern. Die Tiere magern dann nach einiger Zeit ab und der Pfleger ist gezwungen, entsprechende Maßnahmen zu ergreifen. Bevor diese Tiere nun zwangsernährt werden, sollte erst einmal eine andere Methode ausprobiert werden. Strumpfbandnattern sind recht futterneidisch und können beim Fressen Artgenossen gegenüber sehr aggressiv werden. Deshalb sollte der Pfleger während der Fütterung grundsätzlich die Tiere beaufsichtigen, um sie notfalls, falls sie sich ineinander verbissen haben, zu trennen und dadurch ernsthaftere Verletzungen zu vermeiden. Diesen Futterneid kann man aber auch nutzen, wenn ein Tier nicht fressen will. Solche Exemplare sollte man versuchsweise zu anderen setzen, die regelmäßig ihre Nahrung aufnehmen. Nicht selten kommt es vor, dass der Futterverweigerer vom Neid übermannt wird und die angebotene Nahrung von da an frisst.

Eine weitere Möglichkeit ist die so genannte Verwitterung. Sollten die Tiere beispielsweise bisher nur Fisch angenommen haben, kann man andere Futtersorten in ein Glas mit Fischfleisch legen und sie dort einige Zeit belassen. Wenn das Futter den Fischgeruch angenommen hat, kann man es den Tieren anbieten. Hat man Glück, wird es von den Nattern gefressen, aber dies gelingt bedauerlicherweise nicht immer.

Bleiben alle Bemühungen ergebnislos, muss das Tier zwangsernährt werden. Zur Zwangsernährung eignen sich kleine Stücke Fisch-, Frosch- oder Mäusefleisch sowie Rinderherz. Dieses Zwangsstopfen ist nicht ungefährlich und sicherlich auch nicht schmerzfrei für die Tiere. G. ROTHFUCHS nannte 1982 eine interessante Alternative, die man sicherlich in einer solchen Situation nicht unversucht lassen sollte: die Zwangsernährung mit Hühnereigelb. Dazu benötigt man eine Plastikspritze und einen Gummi- oder Plastikschlauch. Der Schlauch wird auf die Spritze aufgesteckt. Das andere Ende wird mit einer Feile etwas abgerundet, um Verletzungen zu vermeiden. Die Spritze wird mit Hühnereigelb gefüllt. Die Schlange selbst muss nun so festgehalten werden, dass der Körper langgestreckt herunterhängt, wobei die Hilfe einer zweiten Person notwendig sein kann. Nun versucht man vorsichtig den Schlauch an der Seite des Kopfes unterhalb des Auges ins Maul zu schieben. Bereits jetzt sollte man einige Tropfen des Eigelb in das Maul drücken. Die schleimige Lösung erleichtert das Vordringen des Schlauches durch den Rachen in die Speiseröhre. Dort kann dann das restliche Eigelb vorsichtig und langsam ausgedrückt werden. Ein leichtes Massieren der Natter vom Kopf zum Bauch lässt das Eigelb in den Magen gleiten. Hühnereigelb scheint für solche Fälle eine gute Ersatznahrung zu sein, da es Fett, Eiweiß, Mineralien und die Vitamine A, B und D enthält.

Winterschlaf

Obwohl Strumpfbandnattern aus den nördlichen Verbreitungsgebieten oft viele Jahre ohne Winterschlaf im Terrarium gepflegt wurden, ist eine Ruheperiode auf jeden Fall ratsam, insbesondere in Erwartung einer erfolgreichen Nachzucht. Im Herbst wird die Fütterung eingestellt, damit die Tiere sich vollständig entleeren können. Sollten im Verdauungstrakt noch Futterreste vorhanden sein, würden sie während des Winterschlafes in Fäulnis übergehen und zum Tod des Tieres führen. Um eine Darmentleerung zu fördern, sollten die Tiere mehrmals in lauwarmen Wasser gebadet werden. Die Schlangen werden in den meisten Fällen träge und bewegungsunlustig. Nach etwa zwei Wochen werden die Temperaturen auf 14 bis 18 °C und die Beleuchtungsdauer auf 7 bis 9 Stunden reduziert (siehe Tabelle Seite 22). Innerhalb der nächsten zwei Wochen wird die Temperatur nochmals auf 6 bis 8 °C gesenkt. Die Schlangen verbringen dann bei Dunkelheit ihren Winterschlaf.

Die wenigsten Terrarianer haben die Möglichkeit, die Schlangen in ihren Terrarien zu belassen und den ganzen Raum auf die entsprechende

Temperatur abzusenken. Daher ist eine spezielle **Überwinterungskiste** (siehe Abbildung rechts) erforderlich, die man in einem ungeheizten Raum (Keller, Garage) unterbringen kann. Eine Holzkiste, die sich dicht verschließen lässt, erfüllt diese Zwecke. Die Innenwände der Kiste werden mit Styroporplatten isoliert, damit Temperaturschwankungen nicht bis in das Substrat, in dem die Nattern liegen, durchdringen. Gebohrte oder gesägte Belüftungslöcher oder -schlitze werden mit nichtrostender Drahtgaze bespannt. Als Substrat eignen sich Walderde, Moos und Laub, womit die Kiste locker aufgefüllt wird. Das Substrat sollte leicht feucht, aber nicht nass, sein. Darauf werden ein paar Rindenstücke oder flache Steine gelegt. Ein kleines Gefäß mit ständig frischem Trinkwasser muss den Tieren zur Verfügung stehen, weil auch im Winter mit Wärmeeinbrüchen zu rechnen ist, so dass die Temperaturen auf über 10 °C steigen, wodurch die Schlangen anfangen sich zu regen und gewöhnlich erst einmal ausgiebig trinken. Sollten sich Strumpfbandnattern trotz niedriger Temperaturen nicht wieder in das Substrat verkriechen, sollte für sie die Winterruhe abgebrochen werden. Sie sind möglicherweise krank und müssen genau beobachtet werden. Das Gleiche gilt auch für Tiere, die von Anfang an keinen Winterschlaf halten wollen und nur unruhig in der Überwinterungskiste hin und her kriechen.

Die Überwinterungskiste muss mindestens einmal pro Woche kontrolliert werden. Dabei wird frisches Trinkwasser gegeben und schimmelndes Substrat erneuert. Auf die Feuchtigkeit des Substrats muss ebenfalls geachtet werden. Sollte es zu trocken werden, kann es zu Erkrankungen (Infektion der Atemwege) der Tiere führen, eventuell sogar zum Tod.

Nach Beendigung der Winterruhe wird die Temperatur allmählich angehoben. Bei Erreichen von 15 °C werden die Tiere wieder in das noch unbeheizte Terrarium umgesetzt. Jetzt sollte für 4 bis 6 Stunden die Beleuchtung zugeschaltet werden. Innerhalb von 2 bis 3 Wochen wird die Temperatur auf 25 °C gesteigert, um die Tiere in Fortpflanzungsstimmung zu bringen. Untersuchungen an *Thamnophis sirtalis parietalis* ergaben, dass die meisten Männchen erst bei Temperaturen von mindestens 25 °C mit der Paarung begannen. Nur sehr wenige Männchen versuchten es bei Temperaturen von unter 20 °C. Weiterhin ergaben die Untersuchungen, dass die Tiere mindestens für sieben Wochen einer Temperatur von unter 10 °C ausgesetzt sein sollten. Während dieser Phase sollte die lokale Wärmequelle 5 bis 7 °C höhere Temperaturen bieten.

Strumpfbandnattern aus dem südlichen Verbreitungsgebiet müssen nicht in dieser Form

Darstellung einer Überwinterungskiste wie im Text beschrieben.

überwintert werden. Allerdings ist auch für sie eine kurze Ruhephase vorteilhaft. Dazu werden die Temperaturen für vier bis sechs Wochen auf 15 bis 17 °C und die Beleuchtungsdauer auf täglich vier bis sechs Stunden reduziert.

Bei kranken, alten und schwachen Tieren sollte man auf einen Winterschlaf verzichten, denn dieser Prozess ist doch sehr Kräfte zehrend für die Schlangen. Werden bereits geschwächte Tiere in den Winterschlaf geschickt, überleben sie es in den meisten Fällen nicht. Ob Jungtiere einen Winterschlaf halten sollen, darüber teilen sich die Meinungen. Einige Terrarianer schicken sie bereits im ersten Lebensjahr in den Winterschlaf. Sie nehmen eventuelle Verluste hin, haben aber mit den überlebenden Nachwuchs kräftige und abgehärtete Tiere. Andere lehnen einen Winterschlaf im ersten Lebensjahr ab. Beim Verfasser wird den Jungtieren aller Arten eine Ruhephase geboten. Hier wird wie bei den Tieren aus dem südlichen Verbreitungsgebiet die Temperatur auf 15 bis 17 °C und die Beleuchtung auf vier bis sechs Stunden reduziert. Die Ruhepause ist ebenfalls für ungefähr sechs Wochen gedacht, wird aber je nach Verhalten der Jungtiere entsprechend verkürzt oder auch verlängert. Ähnliches gilt für trächtige Weibchen. Aus der Natur weiß man, dass es bei verschiedenen Arten noch zu Herbstpaarungen kommt und die Weibchen trächtig überwintern. Im Terrarium wurden aber überwiegend schlechte Erfahrungen bei der Überwinterung trächtiger Weibchen gemacht, häufig sind sie gestorben. Es ist ratsam, die Weibchen bei „sommerlichen" Temperaturen zu pflegen. Bei einer gezielten Zucht sollte darauf geachtet werden, dass die Weibchen spätestens im Herbst ihre Jungen zur Welt bringen, damit sie genügend Kraft sammeln können für den bevorstehenden Winterschlaf. Auf eine Verpaarung im Herbst sollte verzichtet werden.

29

Zucht

Sicherlich hat schon so mancher Liebhaber von Strumpfbandnattern darüber nachgedacht, seine Pfleglinge gezielt nachzuzüchten, weil ihm vielleicht das eine Weibchen besonders gut gefällt und ein ganz bestimmtes Männchen sehr kräftig gefärbt ist. Dazu müssten dann die beiden Tiere von den anderen getrennt ein eigenes Terrarium beziehen. Und wenn man mehrere besonders schöne Weibchen und Männchen besitzt, hat man das Problem, wo man die Tiere zur Zucht nun unterbringt. Terrarien sind im Handel nicht gerade billig. Bei Zuchtanlagen mit vier, sechs oder noch mehr Terrarien handelt es sich häufig auch noch um Größen, die nicht im Sortiment sind und dann speziell angefertigt werden müssen, was die Sache dann erst recht verteuert. Weiterhin sind bei einer Zuchtanlage mehrere Terrarien übereinander angebracht, was voraussetzt, dass auch ein entsprechend stabiles Gestell vorhanden ist.

Bau einer Zuchtanlage

Bei den Überlegungen, eine Zuchtanlage zu konstruieren, die einerseits sehr preisgünstig, andererseits aber auch alle Ansprüche von Pfleger und Pfleglingen erfüllt, kam der Verfasser auf eine Idee, die bei ihm nun schon seit einigen Jahren erfolgreich zu Zuchtzwecken genutzt wird: Eine Zuchtanlage aus Regalsystemen. Diese Anlage hat die weiteren großen und äußerst praktischen Vorteile, dass sie zerlegbar, leicht zu transportieren ist und sich je nach Bedarf vergrößern oder verkleinern lässt.

Regalsysteme aus Metall gibt es in verschiedenen Größen sehr günstig im Baumarkt zu kaufen. Der Zusammenbau ist einfach. Und damit ist das Skelett für die Zuchtanlage bereits fertig. Für die Seiten- und Rückwände lässt man sich im Baumarkt beschichtete Hartfaserplatten in 3 mm Stärke zurechtschneiden. In den Rückwänden müssen noch entsprechend große Rechtecke ausgeschnitten werden, in denen Lochbleche oder feine Drahtgaze für die Belüftung eingesetzt werden. Anschließend werden Rück- und Seitenwände mit dem Regal verschraubt.

Aus Vierkantholz wird ein Rahmen gebaut in den ebenfalls Lochblech oder Drahtgaze eingesetzt wird. Dieser wird dann mit dem Bodenblech in Front des zukünftigen Terrariums verschraubt. Auf dem Rahmen wird ein Doppel-U-Profil aus Plastik oder Metall geklebt. Ein Doppel-U-Profil wird nun ebenfalls auf einer Holzleiste geklebt und an der Decke des Terrariums verschraubt. Damit ist das eigentliche Terrarium bereits fertig. Nun müssen noch die Scheiben in die Führung (Doppel-U-Profil) eingesetzt werden. Bewährt haben sich hier 5 mm dicke Scheiben aus Glas oder Plexiglas.

Zum Schluss wird noch eine Beleuchtung in die Terrarien installiert. Aus einen schmalen Metallstreifen biegt man sich einen Winkel, daran wird mit Silikon eine Glühbirnenfassung geklebt. Nach dem Trocknen kann diese einfache Terrarienbeleuchtung ebenfalls mit Silikon an die Decke des Terrariums geklebt werden. Durch ein vorgebohrtes Loch in der Seiten- oder Rückwand wird das Stromkabel nach außen gelegt. Nun muss nur noch der Stecker selbst verkabelt werden und das Zuchtterrarium ist fertig. Hieraus ergibt sich noch ein weiterer Vorteil dieser Metallterrarien: die Glühbirne des einen Terrariums fungiert gleichzeitig als Bodenheizung für das darüber liegende Becken. Allerdings sollte regelmäßig die Temperatur kontrolliert werden, um eine eventuelle Überhitzung der Terrarien zu vermeiden.

Geschlechtsunterschiede

Voraussetzung für eine erfolgreiche Nachzucht ist das Zusammensetzen von geschlechtsreifen Männchen und Weibchen. Dies ist nicht immer einfach, da es nur bei sehr wenigen Schlangenarten eine geschlechtsspezifische Färbung gibt. Aber männliche Strumpfbandnattern sind gewöhnlich viel kleiner als Weibchen, dadurch treten bei ihnen auch weniger Bauchschilder auf. Im Gegensatz dazu ist der Schwanz im Verhältnis zur Rumpflänge länger als bei den Weibchen, weil er die eingezogenen Hemipenes aufnehmen muss. Daher besitzen Männchen mehr Schwanzschilder als Weibchen. Weiterhin besitzen die Weibchen eine breitere Schwanzwurzel, und der Schwanz setzt sich deutlich vom Rumpf ab, während sich dieser bei den Männchen allmählich verjüngt.

Die sicherste Methode zur Bestimmung der Geschlechter ist die Untersuchung mit einer

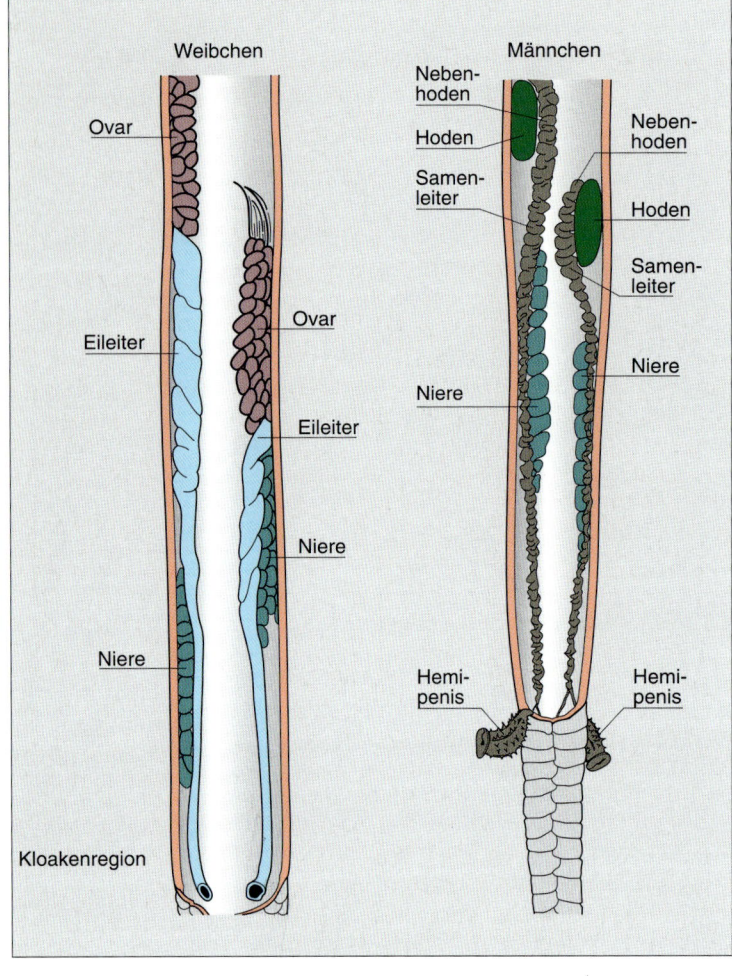

Weibchen

Ovar

Eileiter

Niere

Kloakenregion

Männchen

Nebenhoden

Hoden

Samenleiter

Nebenhoden

Hoden

Samenleiter

Ovar

Niere

Eileiter

Niere

Niere

Hemipenis

Hemipenis

Oben:
Urogenitalbereich einer männlichen und einer weiblichen Strumpfbandnatter.

Rechts:
Thamnophis marcianus marcianus bei der Paarung.

Knopfsonde. Dies sollte aber erfahrenen Pflegern vorbehalten sein und nur an adulten Tieren praktiziert werden, denn bei Jungtieren oder bei ungeübter Anwendung besteht ein zu großes Verletzungsrisiko. Die Knopfsonde wird vorsichtig in die Kloake eingeführt. Man kann von außen an den Schwanzschildern erkennen, wie weit die Sonde eingeführt werden konnte. Bei Weibchen geht dies gewöhnlich nicht über das dritte Schwanzschild hinaus, während es bei Männchen oft das Vielfache ist. Selbstverständlich sollte die Sonde vor der Anwendung desinfiziert werden.

Die Geschlechtsreife erreichen Strumpfbandnattern in freier Natur im dritten Lebensjahr. Terrariennachzuchten sind aber meistens schon im zweiten Lebensjahr geschlechtreif. Laborversuche haben gezeigt, dass Männchen der dritten Inzuchtgeneration schon mit sechs Monaten geschlechtsreif waren.

Strumpfbandnattern können im Terrarium ein Alter von zehn bis zwölf Jahren erreichen (die älteste dem Verfasser bekannte Strumpfbandnatter war eine *Thamnophis ordinoides* mit fast 16 Jahren). Sowohl Männchen als auch Weibchen sollte man im Alter von acht Jahren aus der Zucht ausnehmen. Beim Verfasser gebaren Weibchen in diesem Alter nur noch wenige Jungtiere, die häufig recht klein und auch sehr anfällig gegenüber Krankheiten waren. Solche Tiere pflegt man dann in eigenen Terrarien unter ihresgleichen und nach Geschlechtern getrennt.

Paarung

Eine erfolgreiche Paarung wird nicht selten durch eine vorhergegangene Winterruhe ausgelöst. (siehe Kapitel „Winterschlaf"). So berichtet D. SCHMIDT in seinem Buch „Schlangen" (1989) von Versuchen, in denen nachgewiesen wurde, dass sich niedrige Temperaturen und Dunkelheit auf das Wachstum der Follikel auswirken und Paarungsbereitschaft auslösen. Es wurden drei Gruppen mit Versuchstieren gebildet. Die beiden ersten Gruppen wurden bei einem 12 Stunden-Hell-Dunkel-Rhythmus für 20 Wochen bei Temperaturen von 4 bzw. 17 °C gehalten. Die dritte Gruppe jedoch wurde beim gleichen Beleuchtungsrhythmus warm gehalten. Das Ergebnis war, das bei den Weibchen der beiden ersten Gruppen die Eierstöcke eine normale Größe aufwiesen, während sie bei den Weibchen der dritten Gruppe zurückgebildet waren.

Ihre Paarungsbereitschaft signalisieren die Weibchen den Männchen durch einen Lockstoff, einem Pheromon. Dies wurde von D. CREWS und

W. R. GARSTKA untersucht. Sie kamen zu dem Ergebnis, dass die Hirnanhangdrüse (Hypophyse) mit dem Hormon Gonadotropin die Follikel der Eierstöcke anregt, Östrogen auszuschütten. Dieses wiederum veranlasst im Schlangenbauch die abdominalen Fettkörper (abdomen = zum Unterleib gehörig), phosphathaltige Fettmoleküle (Phospholipide) freizusetzen. Die Phospholipide werden in der Leber, ebenfalls unter Kontrolle von Östrogen, zum Aufbau von Vitellogenin verwendet. Das Vitellogenin (dieses Protein dient zur Bildung des Eidotters und zur Ernährung des heranwachsenden Embryos) gelangt mit anderen Fetten durch das Blut in die Haut, wo es in den unteren Schichten abgelagert wird. Nach Ansicht der Autoren gelangt somit ein Teil des Stoffes auf den Rücken des Weibchens, wo es als Sexuallockstoff wirkt. In mehreren Versuchen konnte nämlich nachgewiesen werden, dass die Schlangenhaut Fettmolekülen (Lipiden) den Durchtritt erlaubt.

Ein paarungswilliges Männchen verfolgt das Weibchen sehr intensiv und hartnäckig. Es züngelt sehr heftig und beginnt, mit dem Kinn am Rücken und an den Seiten des Weibchens entlang zu reiben. Anschließend gleitet es über das Weibchen und schmiegt sich den Windungen seiner Partnerin an. Dann versucht es, seinen Schwanz unter den des Weibchens zu bringen, indem seine Muskeln Kontraktionen erzeugen, die seinen ganzen Körper wie Wellen durchzucken. Liegen beide Tiere mit den Kloakenspalten aufeinander, kann das Männchen mit der Begattung beginnen. Es drückt den Schwanz des Weibchens nach oben und führt einen Hemipenis ein. Während der Begattung verharrt das Männchen völlig regungslos und lässt sich vom Weibchen mitziehen. Die Kopulation kann bis zu einer Stunde dauern. Nach der Paarung wird vom Männchen ein Gelatinepfropf in die weibliche Kloake abgesetzt. Dieser Pfropf wird von den Nieren abgesondert und verklebt bei den Weibchen die Eileiteröffnungen. In diesem Gelatinepfropf macht ein Pheromon das begattete Weibchen für andere paarungswillige Männchen unattraktiv. Die Beständigkeit dieses Pfropfes ist temperaturabhängig. Bei höheren Temperaturen löst er sich bereits nach wenigen Tagen auf, bei niedrigen Temperaturen erst nach etwa zwei Wochen. Gelegentlich wird das Weibchen in den nächsten Tagen und Wochen weiterhin von den Männchen heftigst verfolgt. Sollten die Verfolgungen zu stark werden, so dass das Weibchen keine Ruhe mehr findet, müssen die Tiere getrennt werden.

In den südlichen Verbreitungsgebieten, wo die jährlichen Temperaturschwankungen nicht so groß sind, paaren sich die Strumpfbandnattern mehrmals im Jahr.

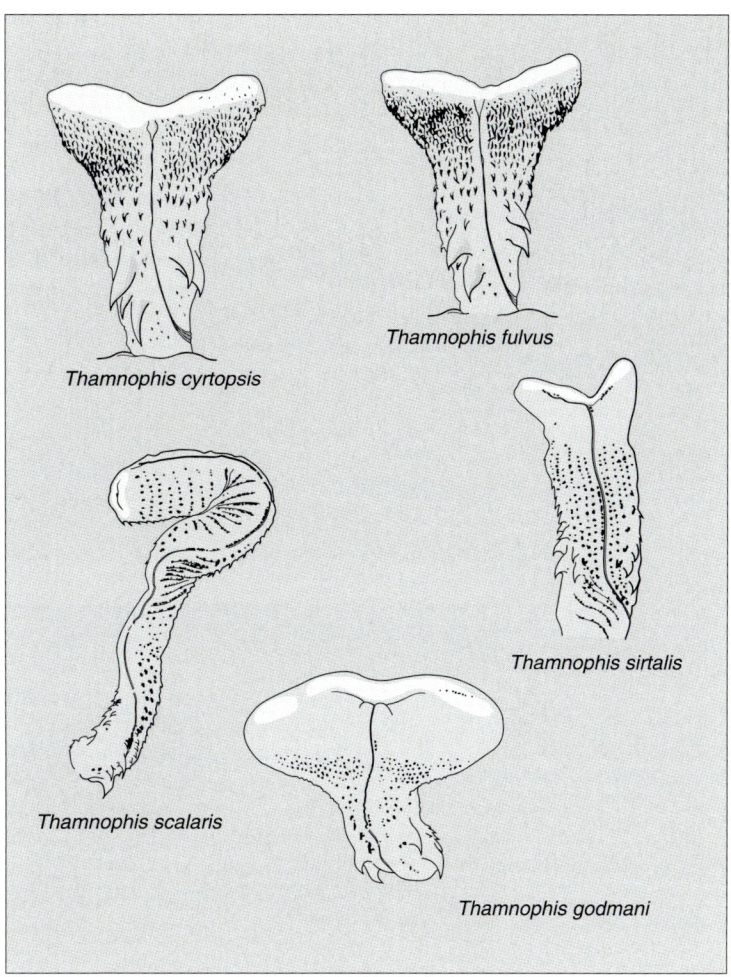

Thamnophis cyrtopsis

Thamnophis fulvus

Thamnophis sirtalis

Thamnophis scalaris

Thamnophis godmani

Oben:
Verschiedene Hemipenisstrukturen einiger Strumpfbandnatterarten.

Mitte:
Thamnophis elegans vagrans bei der Paarung.

Unten:
Nach der Paarung wird vom Männchen ein gelatineartiger Pfropf in die weibliche Kloake eingesetzt, der das trächtige Weibchen für andere Männchen uninteressant macht. Der Pfropf löst sich aber bereits wenige Tage nach der Paarung auf.

33

Hochträchtiges *Thamnophis elegans vagrans*-Weibchen.

Geburt einer *Thamnophis elegans vagrans*.

Neugeborene *Thamnophis elegans vagrans*.

Neugeborene *Thamnophis elegans vagrans* schlüpft aus dem Eihäutchen.

Trächtigkeit

Die Trächtigkeit des Weibchens lässt sich bereits recht früh durch Abtasten (Palpation) feststellen. Dazu lässt man das Tier zwischen Daumen und Zeigefinger hindurch kriechen. Je nach Trächtigkeitszustand des Weibchens sind dann die Embryonen auf der Bauchseite als linsen- bis erbsengroße Kugeln fühlbar. Kurz vor der Geburt der Jungtiere können diese Kugeln ungefähr kirschgroß sein.

Manche Schlangenarten stellen während der Trächtigkeit die Nahrungsaufnahme ein, Strumpfbandnattern oftmals nicht. Viele von ihnen fressen bis wenige Tage vor der Geburt. Im Laufe der Trächtigkeit nimmt auch der Leibesumfang deutlich zu. Das Weibchen rollt sich nicht mehr eng zusammen, sondern liegt nur noch in lockeren Schlingen oder ganz ausgestreckt. Bei einigen Weibchen nimmt auch die Aggressivität deutlich zu.

Kriechen sie nervös und scheinbar ziellos durch das Terrarium oder halten sie sich wesentlich länger in Verstecken auf als gewöhnlich, steht die Geburt der Jungtiere kurz bevor. Zu diesem Zeitpunkt sollten nach Möglichkeit die anderen Mitbewohner aus dem Terrarium entfernt werden, damit diese das Weibchen nicht bei der Geburt stören oder sogar die Jungschlangen fressen. Wenn aus Platz- oder Zeitgründen das trächtige Weibchen in ein anderes Terrarium gesetzt werden muss, sollte dies allerdings schon einige Zeit vorher geschehen, damit es sich im neuen Terrarium eingewöhnen kann.

Aufzucht der Jungen

Strumpfbandnattern sind lebend gebärend. Die Jungtiere, die je nach Art 10 bis 25 cm groß sind, häuten sich bereits direkt nach der Geburt und sehen aus wie die adulten Schlangen; wenn sie gewöhnlich auch etwas kräftiger gefärbt sind. Sie werden am besten direkt nach der Geburt in kleine Aufzuchtterrarien umgesetzt. Natürlich wäre für die Aufzucht eine Einzelhaltung am besten. Aber da die Weibchen je nach Art bis zu 80 Jungtiere zur Welt bringen können, scheidet dies aus Platzgründen aus. Gute Aufzucht- und Kontrollmöglichkeiten bieten kleine Terrarien mit den Maßen 40 × 25 × 25 cm (L × H × B) oder entsprechend große Plastikboxen (siehe Kapitel „Das Terrarium"), in denen man jeweils maximal fünf Jungtiere aufzieht. Bei dem Zusammensetzen der Jungen sollte man darauf achten, dass die Tiere von etwa gleicher Größe sind, da kleinere und schwächere Exemplare sonst Schwierigkeiten haben, genügend Futter zu bekommen.

Die Aufzuchtterrarien sollten so eingerichtet sein, dass man alle Versteckplätze kontrollieren kann. Es kommt gelegentlich vor, dass sich schwache oder kranke Jungtiere dorthin zurückziehen und verenden. Sollte dies in einem für den Pfleger unzugänglichen Schlupfwinkel geschehen, könnte es unangenehme Folgen haben, denn neben einer möglichen Geruchsbelästigung durch das verwesende Tier können auch Krankheiten auftreten, weil die Todesursache des Jungtieres ja nicht bekannt ist.

Ein bis zwei Tage nach der Geburt nehmen die Nattern bereits das angebotene Futter an. Den Jungen kann man zerteilte Regenwürmer, mit Vitaminpräparaten angereichertes Rinderherz und Fisch reichen. Probleme gibt es mitunter bei der Beschaffung kleiner Fische. Alternativ kann man größere Fische in entsprechende Portionen teilen. Allerdings sollten die Gräten die erste Zeit herausgenommen werden, weil sie oft noch zu hart für die kleinen Schlangen sind und zu ernsthaften inneren Verletzungen führen können. Bei der Verfütterung von Fisch ist auch bei den Jungtieren auf die bereits besprochenen Aspekte zu achten (siehe Kapitel „Ernährung").

Ein Terrarianer berichtete, dass seine jungen *Thamnophis sirtalis parietalis* auch aufgetaute Rote Mückenlarven fraßen. Daher kann man den Jungschlangen durchaus verschiedene Futtersorten aus der Aquaristik, die im Fachhandel tiefgefroren oder auch lebend angeboten werden, anbieten. Gefüttert werden die Jungtiere in den ersten zwei bis drei Monaten täglich. Anschließend reicht eine Fütterung jeden zweiten Tag aus. Alle zwei Wochen sollte ein Mineralstoffpräparat hinzugegeben werden.

Wenige Tage alte Thamnophis sirtalis parietalis frisst kleine Stinte.

Besonders bei *Thamnophis sirtalis* (hier Hybriden zwischen *Thamnophis sirtalis sirtalis* und *Thamnophis sirtalis semifasciatus*) sind so große Würfe keine Seltenheit.

Bei der Zucht von Strumpfbandnattern ist es ratsam, sich bereits vor den Zuchtbemühungen Gedanken über den späteren Verbleib der Nachzuchten zu machen. Manche Arten wie *Thamnophis sirtalis* können durchaus 80 und mehr Junge gebären. Bei solch großen Würfen ist dann schnell die Kapazität einer Zuchtanlage erschöpft. Oft haben befreundete Terrarianer auch nicht die Möglichkeit, die Jungtiere zu nehmen. Hier ist es dann notwendig, dass man einen größeren Liebhaberkreis ansprechen kann. Dies geht am besten durch eine Mitgliedschaft in einem Verein. Hier ist vor allem die DGHT (Deutsche Gesellschaft für Herpetologie und Terrarienkunde, Adresse Seite 118) zu nennen. Sie ist die weltweit größte Vereinigung für Terrarianer und herpetologisch Interessierte. In den vierteljährlich erscheinenden Anzeigenjournalen können Mitglieder kostenlos ihre Tiere anbieten. Außerdem gibt es die EGSA (European Garter Snake Association), die sich auf Pflege und Zucht von Strumpfbandnattern spezialisiert hat. In diesen Vereinen hat man sehr gute Chancen seine liebevoll aufgezogenen Jungtiere an sachkundige Terrarianer weiterzugeben.

35

Krankheiten

Viele Krankheiten von Strumpfbandnattern sind auf falsche Haltung und Ernährung zurückzuführen, die bei sachgemäßer Pflege und abwechslungsreicher Ernährung zu vermeiden gewesen wären. Doch leider sind Erkrankungen und auch Todesfälle, trotz Beachtung aller Regeln, nie ganz auszuschließen. Häufige Krankheiten und Problemfälle werden hier kurz genannt. Auf Hinweise zur Behandlung mit bestimmten Präparaten und deren Dosierung wird allerdings bewusst verzichtet, ausgenommen die Behandlung bei Milbenbefall, da diese gewöhnlich individuell verschieden ist (Größe, Gewicht, Allgemeinzustand des Tieres) und dem sachkundigen Tierarzt vorbehalten bleiben sollte.

Nicht alle Tierärzte sind mit Reptilienkrankheiten vertraut, so sollte man sich schon vor der Anschaffung der Schlangen bemühen, einen Tierarzt zu finden, der Erfahrungen mit Reptilienkrankheiten besitzt. Begibt man sich erst auf die Suche, wenn das Tier bereits erkrankt ist, kann es möglicherweise für eine erfolgreiche Behandlung schon zu spät sein. Auch sollte sich der Tierhalter frühzeitig danach erkundigen, welche Tierkliniken, Universitäten oder Tierärzte Kotuntersuchungen durchführen, um dann im Notfall einen reibungslosen und schnellen Ablauf zu gewährleisten.

Wer seine Tiere regelmäßig beobachtet und ihre „Gewohnheiten" kennt, wird schnell an einem veränderten Verhalten feststellen, dass einer seiner Pfleglinge möglicherweise erkrankt ist. So kann die Schlange einerseits völlig apathisch sein, oder andererseits auch den ganzen Tag das Terrarium nervös durchstreifen. Sie kann kraftlos sein und das Futter verweigern oder auch eine starke Aggressivität sowohl den Mitbewohnern als auch dem Pfleger gegenüber zeigen. Folgende Verhaltensweisen wurden oft an erkrankten Tieren beobachtet, sind aber keine sicheren Beweise. Sie sollen aber dennoch aufgeführt werden, um eine Diagnose eventuell zu erleichtern und eine Behandlung zu beschleunigen:

- Aggressives Abwehr- und Beißverhalten bei den geringsten Berührungen im unteren Bauchbereich können eine entzündliche bakterielle Erkrankung anzeigen.
- Fressunlust, vermehrte Flüssigkeitsaufnahme und Teilnahmslosigkeit sind oft ein Zeichen für parasitäre Darmerkrankungen.
- Tiere, die sich ständig an rauen Gegenständen reiben oder sich oft und außergewöhnlich lange im Wasserbecken aufhalten, sind häufig von Außenparasiten befallen.
- Ein ständig leicht bis weit geöffneter Rachen, oft mit zähen Schleimfäden „dekoriert", lässt auf Maul-, Rachen-, Luftwege- oder Lungenerkrankungen schließen.
- Verklebte Nasenlöcher, Augen und Maulränder deuten auf Erkältungskrankheiten hin.
- Bewegungsunlust oder auffallend lange Bewegungslosigkeit lassen Brüche oder Verrenkungen vermuten.

Ebenso kann das äußere Erscheinungsbild eines Tieres wichtige Anhaltspunkte über seinen Gesundheitszustand geben. Kranke Strumpfbandnattern besitzen oft eine stumpfe und fahle Haut. Die Farben sind verblasst. Oft sind bei erkrankten Tieren die Augen trübe und glanzlos, was jedoch nicht mit der Augentrübung vor einer Häutung verwechselt werden darf. Haben die Tiere eingefallene Muskelpartien an der Schwanzwurzel, faltige, eingefallene Flanken, wirkt der Kopf auffällig vom Körper abgesetzt, dann handelt es sich meistens schon um eine fortgeschrittene innere Erkrankung. Ein sofortiger Behandlungsversuch durch den Tierarzt ist notwendig. Das gleiche gilt, wenn das Tier die Nahrung erbricht oder breiigen, schleimig dünnen und halbverdauten Kot absetzt.

Manchmal hat ungewohntes Verhalten eines Tieres aber auch harmlosere Ursachen. Beispielsweise kann eine Nahrungsverweigerung die Folge davon sein, dass das Tier von einem stärkeren Artgenossen am Fressen gehindert wird, dass zuviel Unruhe im oder in der Umgebung des Terrariums herrscht, oder dass das angebotene Futter nicht mehr das Richtige ist (letzteres kann auch bei Tieren vorkommen, die schon über lange Zeit dieses Futter annehmen, und es dann von heute auf morgen verweigern). Stellt man diese Ursachen ab, indem man die Tiere trennt, für mehr Ruhe im und am Terrarium sorgt und das Futterangebot wechselt, geht die Schlange in den meisten Fällen wieder recht bald an das Futter. Sollte sie es jedoch auch dann noch verweigern, ist die Schlange in der Regel erkrankt. Auch auf Veränderungen im Terrarium oder einen Wechsel in ein anderes Terrarium kann ein Tier mitunter empfindlich reagieren.

Ein stark getrübtes Auge bei *Thamnophis marcianus marcianus*, ein deutliches Anzeichen für eine bevorstehende Häutung.

Erblindetes Auge, infolge einer Infektion bei *Thamnophis radix*. Augeninfektionen treten in der Regel nur dann auf, wenn die Abwehrkräfte der Schlange durch unsachgemäße Pflege, etwa durch falsche Ernährung (z. B. nur Fischfleisch), herabgesetzt sind.

Zusammenfassend sei gesagt, dass jede Veränderung im Verhalten eine Untersuchung des Tieres erforderlich macht. Befürchtet man, dass das Tier erkrankt ist, sollte man eine Kotuntersuchung durchführen lassen. Dazu eignet sich am besten frisch abgesetzter, noch feuchter Kot, den man umgehend in einen gut schließenden, unzerbrechlichen und feuchtigkeitshaltenden Behälter (zum Beispiel Filmdosen) an ein entsprechendes Institut oder zum Tierarzt schickt.

Selbstverständlich müssen erkrankte Nattern aus dem Terrarium herausgenommen und in einem sterilen Quarantänebecken gepflegt werden. Das Terrarium muss in der Zeit gründlich gereinigt und desinfiziert werden. Die alten Einrichtungsgegenstände sollten nach Möglichkeit nicht wieder verwendet werden. Wenn die erkrankte Schlange mit anderen vergesellschaftet war, sind diese ebenfalls gut zu beobachten. Auf keinen Fall dürfen diese Tiere mit Schlangen aus anderen Terrarien in Berührung kommen. Eine Kotuntersuchung aller Tiere, auch der vermeintlich gesunden Schlangen ist auch hier sehr empfehlenswert.

Ist die kranke Schlange nun im Quarantänebecken und die Diagnose gestellt, kann man mit der Behandlung beginnen. Dies bereitet mitunter große Probleme. Das Verabreichen von Medikamenten ist oft mit Schwierigkeiten verbunden. Relativ einfach hat man es, wenn die Schlange trotz ihrer Erkrankung weiterhin frisst. Man kann die Medikamente, sofern sie oral eingenommen werden, mit dem Futter verabreichen. Verweigert das Tier jedoch die Nahrungsaufnahme, muss es zwangsernährt werden (siehe Kapitel „Ernährung"). Wichtig ist, die Schlange während des Behandlungszeitraumes unter Umständen wärmer zu halten. Eine höhere Temperatur bewirkt eine Beschleunigung des Kreislaufes und eine Erhöhung des Stoffumsatzes, wodurch für eine schnellere Verteilung des Medikamentes im Körper gesorgt wird. Müssen mehrere Medikamente verabreicht werden, ist auf jeden Fall die Verträglichkeit der Medikamente untereinander festzustellen (Tierarzt). Auf weitere Behandlungsmethoden, wie kloakale Applikationen (Verabreichung) oder Injektionen, soll hier nicht eingegangen werden, weil sie auf jeden Fall von einem Tierarzt durchgeführt werden müssen.

Verbände zum Beispiel bei offenen Wunden zum Schutz vor Infektionen empfehlen sich bei Schlangen nicht. Schon das Anlegen eines solchen „rutschfesten" Verbandes würde bei einer Schlange wegen ihrer Körperform Schwierigkeiten bereiten und durch ihre kriechende Lebensweise würden die meisten Verbände ohnehin nicht lange halten. Bessere Heilungschancen hat man bei trockenen Wundheilungen mit antibiotischen Pudern. Heftpflaster kann zu schweren Infektionen führen.

Trotz aller Mühe kommt es doch immer wieder vor, dass ein Tier stirbt. Kann man die Todesursache äußerlich nicht feststellen, ist es auf jeden Fall ratsam, die Schlange sezieren zu lassen, um so eine eventuell ansteckende Krankheit festzustellen und verbliebene Tiere behandeln zu können. Das tote Tier wird zum nächsten tierärztlichen Untersuchungsamt oder zu Institutionen, die sich auf Reptilienkrankheiten und -sektionen spezialisiert haben, geschickt. Hierbei ist Folgendes zu beachten: Verweste, stark beschädigte oder eingetrocknete Tiere können nicht mehr untersucht werden. Ein eindeutiger Befund ist auch bei eingefrorenen Tieren nicht mehr möglich. Es ist also ratsam, verstorbene Tiere noch am selben Tag per Express zu versenden. Dazu legt man das Tier, möglichst nur in mehreren Lagen Zeitungspapier verpackt, in einen Styroporkarton. Einen Plastikbeutel, mit Eiswürfeln gefüllt, oder ein Kühlelement kann den Verwesungsprozess während des Transports bremsen. Es ist wichtig, ein Begleitschreiben beizufügen. Dieses sollte enthalten: Art, Geschlecht und Alter (soweit bekannt), wie lange das Tier gepflegt wurde und die Nahrung. Hat sich das Tier sich vor seinem Tod ungewöhnlich verhalten, sollte dies unbedingt vermerkt werden.

Ektoparasiten

Bei Ekto- oder Außenparasiten handelt es sich um Parasiten, die auf der Körperoberfläche (auf der Haut oder leicht zugänglichen Körperhöhlen wie Ohren, Nase etc.) ihres Wirtes leben und ihn dort schädigen. Zu den Ektoparasiten zählen zum Beispiel Zecken, Milben, Läuse, Flöhe und Blutegel, aber auch verschiedene Pilze und Bakterien.

Milben (Ordnung Acari)

Milben gehören wie auch die Zecken zur Ordnung *Acari* und damit zur Klasse der Spinnentiere (*Arachnida*). Bei Reptilien wurden bisher fast 250 verschiedene Milbenarten gefunden. Bei Schlangen ist aber die Schlangenmilbe *Ophionyssus natricis* der am häufigsten auftretenden Milbenparasit. Die kleinen rötlich braunen bis schwarzen Schädlinge saugen Blut und können Hautschäden verursachen und sie übetragen auch gefährliche Krankheitserreger. Bei milbenfreundlichen (feuchtwarmen) Bedingungen können sie sich in kürzester Zeit massenhaft vermehren und vor allem bei jungen Tieren durch den „Aderlass" leicht zum Tode führen.

Scheuern die Strumpfbandnattern sich häufig an rauen Gegenständen, liegen sie unnatürlich viel im Wasserteil und/oder sind nach dem Baden auf der Wasseroberfläche dunkle „Pünktchen" (die Milben) zu finden, ist dies ein sicheres Zeichen für Milbenbefall. Zur Bekämpfung gibt es viele Methoden. Eine der einfachsten dürfte das Einreiben des Tieres mit Lebertransalbe sein. Danach legt man das Tier für einige Stunden in ein weißes Leinensäckchen. Dies muss täglich wiederholt werden, und zwar so lange, bis weder am Tier noch im Leinensäckchen Milben zu finden sind. Dass täglich ein neues und sauberes Leinensäckchen benutzt werden muss, dürfte selbstverständlich sein. Ebenso können die Tiere mit Neguvon© (Bayer) behandelt werden. Dazu wird ein Leinensäckchen in eine 0,2 bis 0,5 %ige Lösung getaucht und anschließend getrocknet. Die Schlangen müssen dann bei Zimmertemperatur je nach Befallsstärke Stunden bis Tage in dem Leinensack verbringen. Während der Behandlung muss das Terrarium gründlich gereinigt und desinfiziert werden (die gesamte Einrichtung sollte durch eine neue ersetzt werden).

Die Lebenserwartung einer Milbe beträgt etwa ein Jahr. Sie durchlebt in ihrem Leben fünf Stadien: Ei, Larve, Protonymphe, Deutonymphe, adulte Milbe. Die Schlangenmilbe legt bis zu 400 Eier, die je nach Temperatur nach einem bis vier Tagen schlüpfen. Als Larve ist sie für die Schlangen allerdings recht ungefährlich, weil sie nichts frisst und sich auch kaum bewegt. Nach ein bis zwei Tagen wird die Larve durch eine Häutung zur Protonymphe, dieses Stadium dauert drei bis 14 Tage. Die Protonymphe benötigt mindestens eine Blutmahlzeit um sich zur Deutonymphe häuten zu können. Gelingt ihr dies nicht, stirbt sie nach 14 Tagen. Protonymphen kann man als winzige blassweiße Punkte auf dem Natternkörper wandern sehen. Nach einer Mahlzeit sind sie dunkelrot gefärbt. Ungefähr einen Tag nach ihrer Mahlzeit häuten sie sich dann und werden zur Deutonymphe. Wie auch die Larve frisst die Deutonymphe nicht und bewegt sich auch kaum. Nach bereits einem Tag häutet sich die Nymphe in die adulte Milbe. Geht man von den günstigsten Bedingungen für die Milben aus, so dauert es sechs Tage bis aus einem Ei eine fortpflanzungsfähige Milbe wird. Dies bedeutet, dass nach spätestens fünf Tagen die Behandlung wiederholt werden muss, damit sich die Milben nicht weiter vermehren können. Ist die Schlange von ihren Plagegeistern befreit, kann sie, bevor sie in ihr sauberes und gut gelüftetes Terrarium kommt, in ein lauwarmes Kamillenbad gesetzt werden. Ebenfalls sollte man kontrollieren, ob das Tier entzündete Milben-Bissstellen aufweist. Diese müssen dann mit einer Antibiotikasalbe behandelt werden.

Zecken (Ixodida)

Die Zecken gehören zoologisch zu den Milben (*Acari*). Sie unterscheiden sich von denen unter anderem durch die Lage der Atmungsorgane (Tracheen). Die Tracheen liegen bei den Zecken auf dem Bauch zwischen dem dritten und vierten Beinpaar. Man unterscheidet bei den Zecken drei Familien: Schildzecken (*Ixodidae*), Lederzecken (*Argasidae*) und die monotypische Familie *Nuttalliellidae*.

Zecken können weder beißen noch stechen. Sie graben mit ihren Mundwerkzeugen ein Loch in die Haut ihres Wirtes. In ihrem Speichel befinden sich Stoffe, die die Blutgerinnung hemmen. Außerdem wurden Substanzen nachgewiesen, die betäubend auf den Wirt wirken, damit dieser den Parasiten nicht bemerkt. Weiterhin gibt es einen Stoff im Speichel, die so genannte Zementsubstanz, die zusammen mit den Widerhaken der Mundwerkzeuge dafür sorgt, dass die Zecke derart fest in der Haut sitzt. Dieses gegrabene Loch füllt sich mit Blut und dies wird von den Parasiten aufgesogen. Ihre äußere Hülle (Cuticula) ist äußerst dehnbar und der Darm sehr elastisch. Daher sind Zecken in der Lage, für ihre Körpergröße außergewöhnlich große Mengen Blut aufzusaugen. Sie sind viel größer als Milben, schädigen aber das Wirtstier in der gleichen Weise durch Blutentzug und/oder Übertragung von Krankheitserregern. Ist die Schlange von Zecken befallen, kann man diese mechanisch entfernen oder auch eine zähe Vaseline oder Öl auf den Zeckenkörper auftragen. Oft fallen die so erstickten Zecken nach Tagen von alleine ab oder lassen sich leicht entfernen. Die Bissstellen sollten mit einer vom Tierarzt verordneten Antibiotikasalbe behandelt werden.

Endoparasiten

Endo- oder auch Innenparasiten sind Schmarotzer, die im Innern ihre Wirtes leben und dort zu erheblichen gesundheitlichen Schäden führen können. Hierzu gehören Einzeller und Würmer.

Amöbiasis

Die Amöbeninfektion, auch Amöbenruhr oder Darmfäule genannt, gehört immer noch zu den schlimmsten Erkrankungen von Terrarientieren. Sie kann unter für die betroffenen Schlangen ungünstigen Bedingungen schon nach kurzer Zeit zum Tode des Amöbenträgers führen und auch ganze Bestände auslöschen. Amöben treten in zwei Formen auf:
- Zysten: unbewegliche, resistente Dauerstadien, die im Kot ausgeschieden werden,
- Trophozoiten: bewegliche, fressende und sich vermehrende Amöbenstadien im Schlangenwirt.

Die Tiere nehmen die Zysten über Trinkwasser oder Futtertiere auf. Im Darmtrakt schlüpfen aus ihnen die beweglichen Stadien (Trophozoiten), die – bei hoher Befallsdichte – die Darmschleimhaut angreifen und lokal zerstören. Darmentzündungen und kleinere Amöbengeschwüre sind die Folge der ersten Schädigungen. Können sich die Amöben ungehindert weiter vermehren, dringen sie über die Blutbahn in andere Organe, vor allem Leber und Nieren werden schwer beschädigt.

Durch Amöben (nur die Art *Entamoeba invadens*) erkrankte Tiere nehmen vermehrt Flüssigkeit auf und liegen fast nur noch apathisch und lang gestreckt im Terrarium. Die Farben verblassen und dunkeln ab. Die Nahrung wird erbrochen und weitere verweigert. Weiterhin ist der Kot übelriechend schleimig, oft blutig. Hier haben wir es dann schon mit schwersten Entzündungen zu tun.

Amöben können von Spezialisten in Enddarm-Abstrichen oder im schleimig-blutigen Kot nachgewiesen werden. Ist eine Natter an Amöbiasis erkrankt, muss umgehend eine Behandlung im Quarantänebecken versucht werden. Das Tier wird tagsüber bei einer Temperatur von 30 bis 32 °C und nachts bei 26 bis 28 °C gehalten. Bei diesen Temperaturen muss immer für ausreichend frisches Trinkwasser gesorgt sein (mehrmals täglich wechseln).

Behandelt wird dann genau nach Anordnung des Tierarztes. Die meisten Tierärzte verschreiben bei Amöbiasis das Medikament Clont (Bayer), das sich bei der Bekämpfung der Krankheit sehr gut bewährt hat. Nach einigen Wochen lässt man dann einen Kontrollabstrich machen. Beim Umgang mit an Amöbiasis erkrankten Nattern ist peinlichste Hygiene und strengste Isolation aller in Frage kommenden Tiere oberstes Gebot.

Trichomonaden-Infektion

Trichomonaden sind Flagellaten (Geißeltierchen) und gehören zur Darmflora von Schlangen. Normalerweise sind sie harmlos und leben im Gleichgewicht mit anderen Darmorganismen. Eine Erkrankung kann eintreten, wenn sie sich massenhaft vermehren und in einem veränderten Darmmilieu leben. Es kann dann zu Schleimhautzerstörungen kommen, die durch schleimig-eitrigen Kot angezeigt wird. Auch hier muss man zum Tierarzt und und das Tier im Quarantänebecken behandeln. Eine Trichomoniasis kann wie eine Amöbiasis therapiert werden. Die Temperatur sollte wie bei der Amöbiasis-Behandlung auf bis zu 32 °C am Tag und 28 °C bei Nacht angehoben werden. Präparate mit dem Wirkstoff Metronidazol versprechen gute Heilchancen.

Wurmerkrankungen

Um eine Wurmerkrankung erfolgreich behandeln zu können, muss zuerst festgestellt werden, um welche Würmer es sich handelt. Häufig trifft man auf folgende Bewohner:
- Fadenwürmer (Nematoden)
- Bandwürmer (Cestoden)
- Saugwürmer (Trematoden)

40

Bestimmt werden kann die Wurmgruppe nur durch eine mikroskopische Kotuntersuchung, da sich im Kot wurmbefallener Schlangen in der Regel Wurmeier befinden anhand derer die Art bestimmt werden kann. Diese Kotuntersuchungen sollten im Übrigen regelmäßig durchgeführt werden und nicht nur wenn der Verdacht eines Wurmbefalls besteht.

Fadenwürmer sind die am häufigsten vorkommenden Würmer bei Reptilien. Dazu gehören unter anderem Hakenwürmer, Madenwürmer, Spulwürmer und Trichinen. Fadenwürmer befallen als Erwachsene überwiegend den Magen-Darmtrakt und die Lunge, können sich aber zum Beispiel als Larven in allen Organen ansiedeln. Obwohl auch stark befallene Nattern weiterhin Nahrung aufnehmen, werden sie körperlich schwächer, ihre Farben verblassen und sie verhalten sich apathisch. Mitunter fallen auch die Augenhöhlen und Muskelpartien ein. Je nach Fadenwurmfamilie und Befallsstärke ist Durchfall dabei nicht selten. Bei frühzeitigem Erkennen eines Befalls des Magen-Darmtraktes oder der Lungen (regelmäßige Kotuntersuchung!) kann das Tier mit einem entsprechenden, vom Tierarzt verschriebenen Entwurmungsmittel erfolgreich behandelt werden. Zu spätes Erkennen, aber auch ein Massenbefall sind für die Schlangen oft tödlich. Schwieriger zu behandeln sind Nematoden, die Blut- und Lymphgefäße (Filarien) oder die Leibeshöhle und Gewebe (Dracunculiden) parasitieren. Sie sind nur sehr schwer nachweisbar (zum Beispiel im Blut) und werden oft erst dann bemerkt, wenn sie der Schlange schon schwere Schäden zugefügt haben oder wenn sie gestorben ist durch die Sektion des Tieres.

Bandwürmer schädigen die Schlange zum einen, indem sie ihr im Darm wertvolle Nährstoffe entziehen. Sie können Verursacher von Darmschleimhaut-Entzündungen oder bei schwerem Befall auch von Darmverstopfungen sein. Gefährlicher als dieser Nahrungsentzug sind aber die Verletzungen an der Darmwand, die die Bandwürmer mit ihren Saugnäpfen, Haken und Dornen verursachen. Dies kann zu schweren Entzündungen führen. Besonders bei geschwächten Tieren oder bei Massenbefall können sie auch tödlich sein. Mitunter kommt es vor, dass ein Tier jahrelang von Bandwürmern befallen ist, ohne dass irgendwelche Schädigungen erkennbar sind. Eine Bekämpfung der Bandwürmer (Tierarzt) sollte aber trotzdem nach ihrer Entdeckung durchgeführt werden.

Wesentlich problematischer sind Bandwurmlarven. Die im Darm geschlüpften Bandwurmlarven bohren sich durch die Darmwand und wandern dann in Muskulatur, Leber, Nieren, Herz oder Gehirn. Dort angekommen kapseln sie sich ein oder werden von durch die körpereigene Abwehr der Natter eingekapselt und bilden Zysten. Da hier oft nicht von äußeren Veränderungen auf einen Befall mit Bandwurmlarven geschlossen werden kann, ist eine Diagnose und eine entsprechende Behandlung kaum möglich. Je nach Schädigung der Organe führt dies zum Tod der Tiere. Unter der Haut angesiedelte Bandwurmlarven können operativ entfernt werden.

Saugwürmer können bei Reptilien in den Blutgefäßen, in Nieren, Leber, Lunge, Harn- und Gallenblase und im Verdauungstrakt vorkommen. Eine Bekämpfung ist ziemlich schwierig, aber bisher sind größere Erkrankungen durch Saugwürmer vor allem bei Riesenschlangen bekannt geworden, weniger bei den Strumpfbandnattern.

Bakterielle Infektionen

In der Regel geht einer durch Bakterien verursachten Erkrankung ein Stressfaktor voraus wie falsche Ernährung, unzureichende Pflege, Verletzungen sowie Fang und Transport. Wird eine Bakterieninfektion rechtzeitig erkannt, kann man sie in den allermeisten Fällen mit Antibiotika erfolgreich behandeln.

Maulfäule

Die Maulfäule (*Stomatitis ulcerosa*) gehört zu den gefürchtetsten Krankheiten in der Schlangenpflege. Die Bakterien, die sie verursachen, siedeln sich in der Mundschleimhaut an und führen zu einer Entzündung, zu Schwellungen und zähem Ausfluss. Maulfäule beruht fast ausschließlich auf Sekundärinfektionen, die durch Verletzungen, schlechten physischen Zustand und falsche Pflege hervorgerufen werden können.

Einer Maulfäule geht fast immer eine Maulschleimhautentzündung voraus. Man erkennt sie daran, dass die Natter schaumigen Speichel aus dem leicht geöffneten Maul presst. Öffnet man ihr vorsichtig das Maul, so entdeckt man an den Schleimhäuten der Zahnreihen und an den Lippenrändern im Unterkiefer eine intensive Rötung. Zu diesem frühen Zeitpunkt kann die Erkrankung fast immer erfolgreich behandelt werden.

Bis zur vollständigen Heilung werden die erkrankten Stellen mehrmals täglich mit Hilfe eines Wattestäbchens mit einem Rachen- und Munddesinfektionsmittel eingepinselt. Ein vom Tierarzt verschriebenes und oral verabreichtes Antibiotikum kann die Behandlung unterstützen. Dabei ist es am einfachsten, ein Futterstück

41

(gefrorenen Fisch oder Rinderherz) mit dem Medikament zu präparieren. Ist das Tier allerdings schon zu schwach zum Fressen, sollte das Präparat mit Eigelb vermengt und dem Tier mit einem Schlauch eingeflößt werden (siehe Zwangsernährung, Seite 28).

Wird die Schleimhautentzündung nicht behandelt, geht sie schnell in die eigentliche Maulfäule über. Dabei sind Ober- und Unterkiefer mit kleinen (etwa stecknadelkopfgroßen), stark geröteten, mit hellen Kopf versehenen Pusteln besetzt, die überwiegend an den Zahnreihen und Lippenrändern auftreten. Die Maulschleimhaut selbst ist sehr blass. Bei fortgeschrittener Erkrankung werden aus den Pusteln eitrige, offene Abszesse und Geschwüre, die eine Nahrungsaufnahme unmöglich machen.

Das Tier versucht, falls es nicht schon zu sehr entkräftet ist, an rauen Gegenständen im Terrarium die eitrigen Beläge abzureiben. Im weiteren Verlauf werden die Kieferknochen und Zahnwurzeln so stark geschädigt, dass die Zähne ausfallen.

Eine Untersuchung vom Tierarzt oder von einem veterinärmedizinischen Untersuchungsamt ist zwingend notwendig. Dort kann festgestellt werden, um welche spezielle Erregerart es sich handelt und welche Medikamente wirksam sind. Zur Behandlung müssen folgende Maßnahmen befolgt werden:
– Eitrige und nekrotische Beläge im Maul müssen täglich mit einem Wattestäbchen entfernt werden. Anschließend wird die Schleimhaut mit einer vom Arzt verschriebenen Suspension ausgetupft. Weiterhin kann ein Antibiotikum mit Vitamin A- und C-Gaben oral verabreicht werden.
– Werden die Medikamente verweigert oder ausgebrochen, müssen sie vom Tierarzt injiziert werden.

Während der Behandlungszeit ist es wichtig, dass die Schlange viel Flüssigkeit zu sich nimmt. Geht das Tier noch an das Futter, sollte man nur kleinere Mengen verfüttern, dafür aber häufiger. Wird die Nahrung wieder erbrochen, kann sie zu einen Brei zerkleinert und die Schlange damit zwangsernährt werden. Oft liegt gleichzeitig auch eine Magen-Darmerkrankung vor. Hier hat sich eine Behandlung mit Supronal in Verbindung mit der Injektion eines Vitaminkomplexes bewährt. Während der Behandlungszeit helfen unter Umständen Infrarotbestrahlungen und Kamillenbäder.

Diese Maßnahmen zur Stärkung des körpereigenen Immunsystems sind bei Maulfäule ebenso empfehlenswert wie bei den nun folgenden Krankheitsbildern.

Entzündungen der Magen- und Darmschleimhäute

Symptome für Entzündungen der Magen- und Darmschleimhäute sind das Erbrechen von halbverdauter Nahrung und das Absetzen von übel riechendem breiigen Kot. Mitunter treten auch Blutbeimengungen auf. Tastet man die Schlange vorsichtig im Magen-Darmbereich ab, kann man einen starken Abwehrreflex der Bauchmuskulatur feststellen. Eine bakteriologische Untersuchung des Kots durch den Tierarzt ist nötig. Dazu massiert man die kranke Schlange von der Bauchmitte bis zur Kloake. Durch die Massage angeregt, setzt das Tier meistens genügend Kot oder Schleimhaut für eine Untersuchung ab.

Lungenentzündung

Lungenentzündungen sind nicht selten eine Folgeerscheinung von Maulfäule oder bakteriellen Magen-Darmerkrankungen. Sie können aber auch durch plötzlichen Temperaturabfall, starke Auskühlung oder allgemeine Schwäche hervorgerufen werden. Eine schwere Lungenentzündung äußert sich durch ein pfeifendes bis röchelndes Geräusch bei leicht geöffnetem Maul, Nasenausfluss, Mattigkeit und mangelnder Fresslust. Ist die Krankheit bereits fortgeschritten, ist die Atmung sehr flach, die Atemfrequenz sehr kurz und das Tier presst mitunter übel riechenden Schaum aus dem Maul.

Bei einer Lungenentzündung besteht die Gefahr, dass Fibrinpropfen (Fibrin: ein für die Blutgerinnung wichtiger Eiweißstoff im Blut) entstehen, die die Atemwege und die Luftröhre verstopfen. Dadurch werden große Teile der Lunge funktionslos, was zum Ersticken des Tieres führt.

Um die Lungenentzündung behandeln zu können, sollte die Schlange bei etwa 30 °C und geringer Luftfeuchtigkeit gehalten werden. Antibiotika, unter Umständen Eukalyptusdämpfe sowie die Verabreichung eines Multivitaminkomplexes und Bestrahlung mit Infrarotlicht versprechen gute Heilungserfolge.

Abszesse

Abszesse sind abgekapselte Eiteransammlungen, deren Konsistenz von wässrig-dünn bis käsig-borkig reichen kann. Sie sind meist die Folge einer sekundären bakteriellen Infektion, hervorgerufen durch Hautverletzungen, wie Bisswunden, Saugtätigkeit von Zecken und Milben, zu feuchte Haltung oder auch falsche Ernährung. Solche Abszesse beschränken sich meistens auf die verschiedenen Hautschichten, können aber auch innere Organe angreifen.

Alle Abszesse müssen geöffnet, ausgeräumt und durch Antibiotikaspülungen ausgewaschen werden. Die eiterbildende (pyogene) Membran ist zu entfernen. Die Wunde bleibt unter Luftzutritt offen und wird täglich ausgespült, mit Verbandsmull oder medizinischen Tampons ausgefüllt und mit einem antibiotischen Puder trocken ausgeheilt. Ist der Abszessinhalt fest, muss er mit einem „scharfen Löffel" ausgeräumt werden. Anschließend wird die Wunde bis zur vollständigen Schließung wie beschrieben trocken ausgeheilt.

Pilzerkrankungen

Werden Strumpfbandnattern zu feucht und zu warm gepflegt, können sich leicht Pilzerkrankungen (Mykosen) ausbreiten. Die Erkrankung beginnt oft auf der Bauchseite und ist im Anfangsstadium an den abgespreizten und braungefleckten Bauchschuppen zu erkennen. Wird nicht bald eingegriffen, bilden sich großflächige nässende Wunden.

Zur wirksamen Behandlung muss die Pilzart vom Tierarzt bestimmt und mit einem entsprechenden Antimykotikum behandelt werden. Die pilzerkrankte Schlange wird in ein Quarantänebecken (auf Zeitungspapier) gesetzt und bei trockener Wärme gepflegt.

Hat das Tier bereits offene Wunden, muss es zusätzlich mit Antibiotika behandelt werden, um Sekundärinfektionen zu verhindern. Die befallenen Stellen dürfen nicht abgedeckt werden, weil die Wunden austrocknen müssen.

Sind innere Organe von Pilzen befallen, ist die Prognose schlecht, da die Pilzerkrankungen vom Tierarzt erst im fortgeschrittenen Stadium erkannt werden. Ein Heilungserfolg ist recht gering. Das Terrarium der erkrankten Schlange muss sehr gründlich gereinigt und desinfiziert und mit Antimykotika behandelt werden, denn Pilzsporen sind äußerst widerstandsfähig.

Ernährungs- und Haltungsfehler

Immer wieder erkranken oder verletzen sich Strumpfbandnattern durch unsachgemäße Pflege oder Ernährung. Hält der Pfleger sich an die Ratschläge, die in diesem Buch oder auch in anderen gegeben werden, lassen sich solche Erkrankungen und Verletzungen weitgehend vermeiden. Dennoch sollen hier die häufigsten Fehler sowie deren Behandlung aufgeführt werden.

Überfütterung

Nicht selten sterben im Terrarium gehaltene Strumpfbandnattern an Verfettung. Dies liegt an einer zu einseitigen Ernährung oder auch an zu häufiger Fütterung. Die Überschüsse werden in Fettdepots angelegt. Sind die Überschüsse zu groß, lagert sich das Fett nicht nur in den Fettdepots, sondern auch in oder an Organen ab, die dadurch in ihrer Funktionsfähigkeit eingeschränkt werden. Leberverfettung, Herz- und Aorteneinschlüsse durch Kalkablagerungen, Verkalkung der Nieren und Nierenkanäle, Nieren- und Blasensteine, Harnsäure-Ablagerungen in Leber und Nieren (Gicht) sind, so wurde festgestellt, zu 95 % Folgen einer nicht artgerechten Ernährung. Ein Erkennen dieser diversen ernährungsbedingten Krankheitsbilder ist sehr schwierig und eine erfolgreiche Behandlung kaum möglich. Daher ist es besonders wichtig, mäßig zu füttern und die im Kapitel „Ernährung" aufgeführten Hinweise einzuhalten.

Vitaminmangel (Hypovitaminose)

Vitamine sind lebenswichtige Stoffe, die der Organismus jedoch überhaupt nicht oder aber nicht in ausreichender Menge herstellen kann und daher über die Nahrung aufgenommen werden müssen. Falsche oder einseitige Ernährung führen daher oft zu Vitaminmangelerkrankungen.

Vitamin A-Mangel führt zu Trübungen und Schwellungen der Augen und Hautentzündungen. Vitamin D-Mangel verursacht Zahnausfall, Rachitis und Knochenerweichung. Wie bereits erwähnt, sind Strumpfbandnattern sehr empfindlich gegenüber Vitamin B-Mangel. Dies erkennt man daran, dass die Nattern an Gleichgewichtsstörungen leiden und Schwierigkeiten bei der Häutung haben. Ein Mangel an Vitamin B fördert die Anfälligkeit von Infektionen und schlimmstenfalls sogar die Entwicklung von Maulfäule.

Im Frühstadium erkannt, lassen sich Vitaminmangelerkrankungen noch verhältnismäßig leicht behandeln, indem über einen längeren Zeitraum genau dosierte Vitamingaben verabreicht werden. Bei Vitamin B-Mangel können Vitamin B-Komplexe, oral verabreicht oder injiziert, eine Heilung bewirken. Knochenerweichung oder Rachitis durch Vitamin D-Mangel lässt sich mit genau dosierten Vitamin D- und Kalziumgaben sowie UV-Licht heilen. Trotzdem sollte der Einsatz von UV-Licht sollte sehr vorsichtig geschehen. Da auch hier das Vorbeugen weitaus einfacher als das Heilen ist, sollten die im Kapitel Ernährung gegebenen Ratschläge beachtet werden.

43

Diese Narbe bei *Tham-nophis marcianus marcianus* zeigt, dass es bei der Natter in der Vergangenheit beträcht-liche Häutungsprobleme gab. Oft sterben die Schwanzspitzen bei Schlangen ab oder ver-kümmern.

Vitaminüberschuss (Hypervitaminose)

Zu viele Vitamine können genauso schädlich sein wie zu wenige. Vitamin D verursacht im Über-schuss beispielsweise eine Verkalkung der Arte-rien und zuviel Vitamin A führt zu Leberschäden und unkontrollierbaren Blutungen in den inne-ren Organen. Eine Hypervitaminose „produ-ziert" man vor allem bei Jungtieren. Um dies zu vermeiden, sollte man sich bei der Verabrei-chung von Präparaten unbedingt an die Dosie-rungshinweise des Herstellers halten. Noch bes-ser ist allerdings eine abwechslungsreiche Fütte-rung. Dadurch wird die Verabreichung von Vitaminpräparaten überflüssig.

Kalk- und Kalziumpräparate sind zwar keine Vitamine, werden aber meistens mit diesem in ei-nem Atemzug genannt. Eine Überdosierung führt zu Kalkansammlungen im Nierengewebe, an Herzwänden und Arterien, aber auch in den Knochen und in der Muskulatur. Es können Nie-ren- und Blasensteine entstehen, die dann nur operativ entfernt werden können. Bei einer aus-gewogenen und abwechslungsreichen – schlicht artgerechten – Ernährung sind keine zusätz-lichen Kalk- und Kalziumpräparate notwendig. Lediglich Jungtieren kann allen zwei Wochen ein Mineralstoffpräparat über das Futter gestreut werden, ist jedoch bei einer artgerechten Ernäh-rung ebenfalls unnötig.

Erkältungskrankheiten

Als Folge von Zugluft, zu großen Temperatur-schwankungen, Feuchtigkeit und zu kaltem Ba-dewasser sind Erkältungskrankheiten keine Sel-tenheit. Im frühen Stadium, bei Schlangen häufig am Nasenausfluss zu erkennen, sind Erkältun-gen mit Infrarotbestrahlung und Wärme relativ leicht zu behandeln. Geringe Gaben eines Multi-vitaminkomplexes wirken sich fördernd auf die Heilung aus. Im fortgeschrittenen Stadium hel-fen nur noch vom Tierarzt verschriebene Anti-biotika.

Darmvorfall (Prolapsus)

Sowohl durch starken Durchfall als auch durch Verstopfung oder eine extreme Wurmbürde kann es zu einem Darmvorfall kommen: der Darm ragt mehr oder weniger weit aus der Klo-ake hervor. Stellt man dieses fest, ist unverzüg-lich die Kloakenregion mit einem feuchten Ver-band zu umwickeln, damit der heraus ragende Darmteil nicht austrocknet. Wurde der Darmvor-fall rechtzeitig bemerkt, kann er unter Umstän-den von einem Tierarzt wieder an seinen ur-sprünglichen Platz zurückgebracht werden. Ist die Farbe des Darmteils schon dunkelblau oder schwarz, ist er bereits abgestorben und muss operativ entfernt werden. Ist das Tier sonst ge-sund, erholt es sich recht schnell von der Opera-tion.

Häutungsschwierigkeiten

Abwechslungsreiche Ernährung und eine artge-rechte Pflege lassen Häutungsschwierigkeiten glücklicherweise recht selten zu. Dennoch kann es vorkommen, dass sich eine Schlange schlecht oder nicht vollständig häutet. Mit lauwarmen Bädern kann man dem Tier helfen. Die verbliebenen Hautpartien dürfen nicht mit den Fingern oder einer Pinzette gewaltsam entfernt werden, das Risiko von Hautverletzungen und -entzündungen ist zu groß. Hat das Tier Häutungsprobleme am Auge, ist es ratsam, sich an einen Tierarzt zu wenden, um die verbliebene(n) Brille(n) zu entfernen.

Verletzungen

Oft sind es Unkenntnis und Leichtsinn des Pflegers, die zu Verletzungen der Tiere führen (ungenügend befestigte Steinaufbauten, ungeschützte Heizstrahler u.Ä.). Wer hier gewissenhaft arbeitet, vermeidet viele Gefahrenquellen.

– Weist die Schlange oberflächliche Schnitt- oder Stichwunden auf, wird sie mit Wundsalbe, besser einem antibiotischen Pulver behandelt. Größere und tiefere Wunden müssen von einem Tierarzt versorgt werden. Das Tier sollte weiterhin nach der Ausheilung der Wunde gut beobachtet werden, weil an diesen Körperstellen bei der Häutung Komplikationen auftreten können.

– Bisswunden, zu denen es in Ausnahmefällen bei Futterstreitigkeiten kommen kann, werden wie Schnitt- und Stichwunden behandelt.

– Bei Verdacht auf Brüche muss auf jeden Fall ein Tierarzt hinzugezogen werden.

– Auch bei Quetschungen sollte die Röntgenuntersuchung eines Tierarztes Aufschluss bringen über Brüche, Rupturen (Risse) usw. Ansonsten können Entzündungen und Lähmungen als Spätfolgen auftreten.

– Bei Hautentzündungen kann das Tier mit entzündungshemmenden Salben oder Puder behandelt werden. Trägt die Schlange Lähmungen davon, blutet sie aus Maul und Nase, und erholt sich nicht in kürzerer Zeit, ist es – um unnötiges Leiden zu verhindern – angezeigt, das Tier einzuschläfern.

– Leichte Verbrennungen werden mit Lebertransalbe behandelt. Bei schweren Verbrennungen sollte man das Tier einschläfern lassen.

► ► ►

Hinweis für den Artenteil

Die Kopfbeschuppung und andere Schuppenmerkmale dienen zur Identifikation der Arten und Unterarten von *Thamnophis*.

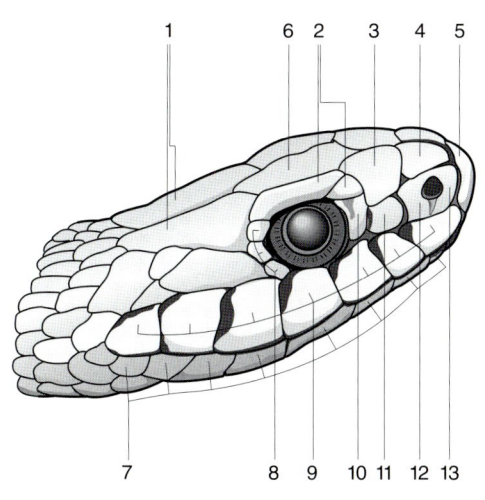

Kopfbeschuppung bei *Thamnophis*:
1. Parietalia,
2. Supraocularia (gewöhnlich besitzen Strumpfbandnattern nur ein Supraoculare, aber gelegentlich kommt es, wie hier gezeigt, zu Schuppenanomalien, und das eigentliche Überaugenschild ist in zwei oder mehr Schilde geteilt. Bei einer Teilung wie auf der Zeichnung kann es dann zu Verwechslungen kommen und für ein Praeoculare gehalten werden),
3. Praefrontalia,
4. Internasalia,
5. Rostrale,
6. Frontale,
7. Sublabialia,
8. Postocularia,
9. Supralabialia,
10. Praeocularia,
11. Loreale,
12. Postnasale,
13. Praenasale.

Artenteil

Thamnophis atratus KENNICOTT, 1860

Von *Thamnophis atratus* existieren drei Unterarten. Die ehemalige Unterart *Thamnophis atratus aquaticus*, die 1951 von FOX als *Thamnophis elegans aquaticus* beschrieben wurde und von den Küstengebieten San Franciscos nördlich bis Mendocino National Forest vorkommt, wurde 1987 von ROSSMAN und STEWART als Hybride zwischen *Thamnophis atratus atratus* und *Thamnophis atratus hydrophilus* bestimmt und besitzt seitdem keinen Unterarten-Status mehr.

Thamnophis atratus atratus KENNICOTT, 1860

1860 *Eutaenia atrata*
KENNICOTT, R. in COOPER, J.G.: Report upon the reptiles collected on the survey.
U.S. and Pacific R.R. Exploration and Survey, 47th Parallel 2, 12, 292–306.
1892 *Eutaenia infernalis vidua.*
COPE, E.D.: A critical review of the characters and variations of the snakes of North America.
Proc. U.S. Natl. Mus. 14, 589–694.
Deutsche Namen: Schwarze Strumpfbandnatter; Westliche Strumpfbandnatter.
Amerikanische Namen: Black Garter Snake; Pacific Coast Garter Snake; Middle California Garter Snake; Santa Cruz Garter Snake; Single-Striped Garter Snake; Western Garter Snake.
Beschreibung: Die Männchen werden gewöhnlich bis zu 47 cm, die Weibchen bis zu 73 cm lang, es wurden aber auch Exemplare von 100 cm

Länge gefunden. Die Grundfärbung ist dunkeloliv bis schwarz. Der breite Rückenstreifen ist gelb bis orangegelb. *Thamnophis atratus atratus* besitzt gewöhnlich keine Seitenstreifen. Im nördlichen Verbreitungsgebiet, wo es an das Gebiet von *Thamnophis atratus hydrophilus* angrenzt, kommen Exemplare mit vagen Seitenstreifen vor. Im Süden gibt es Mischlinge zwischen *Thamnophis atratus atratus* und *Thamnophis atratus zaxanthus*. Diese Exemplare besitzen ebenfalls blasse Seitenstreifen. Die Kopfoberseite ist gewöhnlich dunkeloliv bis schwarz. Die Oberlippenschilder besitzen schmale schwarze Markierungen an den Rändern, die aber ebenso fehlen können. Die Iris ist dunkelbraun. Einen farblich interessanten Kontrast zu der dunklen Kopfoberseite bietet die cremefarbene bis limonengelbe Kopfunterseite. Die Färbung des Bauches ist olivgrau. Oft ist auf dem Bauch in Längsrichtung ein gelboranger „Überzug" zu erkennen. Die schönsten Exemplare mit kräftig schwarzgefärbtem Dorsum und leuchtend gelben Rückenstreifen wurden im Süden San Franciscos gefunden (DE QUEIROZ, pers. Mitt., 2001).
Schuppenmerkmale: Diese Unterart hat am Vorderkörper 19 Schuppenreihen, in seltenen Fällen aber auch 17 oder 21. In der Körpermitte treten 19 oder 17 Schuppenreihen auf, am Körperende 15, gelegentlich aber auch 17 oder nur 13 Schuppenreihen. Sie besitzt acht Oberlippenschilder, wobei das sechste und das siebte vergrößert ist. Zehn Unterlippenschilder sind die Regel. Man kann eine Präoculare (Vorderaugenschild) und drei Postocularia (Hinteraugenschilder), gelegentlich vier, zählen. Die Anzahl der Bauchschilder schwankt bei Männchen zwischen 146 und 165, bei Weibchen zwischen 141 und 155. Die Zahl der Schwanzschilder beträgt bei Männchen 67 bis 89, bei Weibchen 64 bis 79.
Verbreitung: Das Verbreitungsgebiet liegt in Kalifornien und reicht von der San Francisco Bay südlich bis nach Monterey.
Lebensweise: Die Art kommt in Höhen von bis zu 1000 m vor. Ihren bevorzugten Lebensraum bilden Teiche, Seen und ruhigere Flüsse, in deren Nähe sie oft im Dickicht oder im hohen Gras gefunden wurde. Sie ernährt sich von Fischen, Salamandern und Fröschen und deren Larven. Aber auch kleine Säugetiere, Vögel, Echsen und Schlangen stehen auf ihrem Speiseplan. Im selben Lebensraum kommt auch *Thamnophis ham-*

Rechte Seite:
Thamnophis sirtalis sirtalis „Florida Blue".

Thamnophis atratus atratus.

Thamnophis atratus atratus

Thamnophis atratus hydrophilus

Verbreitungsgebiet von *Thamnophis atratus atratus* und *Thamnophis atratus hydrophilus*.

sche und Amphibien sowie deren Larven angeboten. Laub- und Tauwürmer, aber auch nestjunge Mäuse werden häufig als Nahrung verweigert. Eine zwei- bis dreimonatige Winterruhe ist empfehlenswert.

Zucht: In den USA wurde sie schon mehrfach erfolgreich nachgezogen. Die Größe der Würfe liegt zwischen bei 5 bis 15 Jungtieren. Die neugeborenen Schlangen sind 13 bis 17 cm lang. Freilandbeobachtungen zeigten, dass kleine Fische und Kaulquappen ihre Hauptnahrung bilden.

Thamnophis atratus hydrophilus FITCH, 1936

1936 *Thamnophis ordinoides hydrophila*
FITCH, H.S.: Amphibians and reptiles of the Rogue River basin, Oregon.
Amer. Midl. Natur. 17, 634–652.
Deutsche Namen: Graue Strumpfbandnatter.
Amerikanische Namen: Oregon Garter Snake; Oregon Gray Garter Snake; Moccasin; Water Snake.
Beschreibung: Die Männchen erreichen eine Länge von 33 bis 58 cm, die Weibchen werden bis zu 100 cm lang, gewöhnlich erreichen sie aber nur eine Länge von 70 cm. Die Grundfärbung ist grau. Der schmale Rückenstreifen, der gelegentlich auch fehlt, ist cremefarben bis orangegelb. Die Seitenstreifen liegen, wenn vorhanden, auf der zweiten und dritten Schuppenreihe und sind blassgelb bis ockerorange gefärbt. Dunkle Flecken überziehen die Körperoberseite in unregelmäßigem Muster. Häufig sind zwei große dunkle Nackenflecken vorhanden. Die Kopfoberseite zeigt sich oliv bis dunkelbraun. Die Oberlippenschilder sind von grünlicher Färbung und weisen an den Rändern schwarze Linien auf. Die Iris ist braun. Die Kopfunterseite, sowie die ersten Bauchschilder sind weiß bis gelblich gefärbt. Der Bauch selbst ist hell gelbbraun und meistens zeichnungslos. Zum Schwanz hin kann die Unterseite einen schwach rosafarbenen Anflug bekommen. Es wurden aber auch nahezu schwarze Exemplare gefunden.
Schuppenmerkmale: *Thamnophis atratus hydrophilus* besitzt im vorderen Körperbereich 21 Schuppenreihen, 19 Schuppenreihen treten aber ebenfalls recht häufig auf. In der Körpermitte sind ebenfalls 19 oder 21 Schuppenreihen zu finden. Zum Körperende hin reduzieren sie sich auf 17 oder 15 Schuppenreihen. Sie besitzt acht Oberlippenschilder – das sechste und das siebte sind vergrößert – und zehn Unterlippenschilder. Gewöhnlich eine Präoculare, bei Populationen in Shasta County, Kalifornien, kommen auch zwei vor. Drei Postocularia sind die Regel, gelegentlich vier. Die Männchen besitzen 151 bis

mondii vor. Es wurden schon öfters Mischlinge gefunden.
Ähnliche Arten: Im Süden von Monterey Bay hat *Thamnophis atratus atratus* Ähnlichkeit mit *Thamnophis elegans terrestris*. Jedoch besitzt die erstere einen tiefer gelbgefärbten Rückenstreifen, der sich in der Nackenregion verbreitert. Die Färbung der Unterseite beginnt an der Kehle dunkel, hellt sich auf, um dann zum Schwanz hin wieder dunkler zu werden. Ein allmählicher Farbwechsel vom Kinn zum Hinterteil wie bei *Thamnophis elegans terrestris*, kommt bei *Thamnophis atratus atratus* wesentlich seltener vor. Weiterhin besitzt *Thamnophis atratus atratus* eine gelbe Kehle, während die von *Thamnophis elegans terrestris* weiß ist. Im Gegensatz zu *Thamnophis atratus zaxanthus* besitzt *Thamnophis atratus atratus* gewöhnlich keine Seitenstreifen.
Pflege im Terrarium: *Thamnophis atratus atratus* wird nur äußerst selten im Terrarium gepflegt. Für ein Weibchen und zwei Männchen sollte das Terrarium eine Größe von 80 × 40 × 50 cm (L × B × H) aufweisen. Ein großes Wasserbecken, indem die Tiere ausgiebig baden können, sollte vorhanden sein. Als Futter werden Fi-

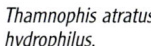

Thamnophis atratus
hydrophilus.

171 Bauchschilder, die Weibchen 148 bis 168. Es sind 77 bis 95 Schwanzschilder bei den männlichen Tieren vorhanden, bei den weiblichen nur 65 bis 82.

Verbreitung: Das Verbreitungsgebiet reicht von Südwest-Oregon südlich bis Nord-Kalifornien und dem Sacramento-Valley.

Lebensweise: *Thamnophis atratus hydrophilus* kommt bis in Höhen von 1000 m vor. Im Gegensatz zur Nominatform bevorzugt sie schnell fließende Gewässer mit steinigen Betten. Dort kann man sie oft am Ufer auf Steinen beim Sonnenbaden beobachten. Sie ernährt sich von Fischen, Fröschen und Salamandern. Im selben Gebiet findet man auch *Thamnophis couchii*. Es wurde von Mischlingen zwischen den beiden Arten berichtet.

Ähnliche Arten: Es kann zu Verwechslungen mit *Thamnophis couchii* kommen, jedoch hat diese Art gewöhnlich elf Unterlippenschilder.

Pflege im Terrarium: Ein Terrarium von 80 × 40 × 50 cm (L × B × H) ist für ein Weibchen und zwei Männchen ausreichend. Wie auch bei der Nominatform ist ein großes Wasserbecken zweckmäßig. Gefüttert werden die Tiere mit Fischen, Fischstreifen und Fröschen. Mäuse, Laub- und Tauwürmer werden oft nicht beachtet. Eine zwei- bis dreimonatige Winterruhe erscheint empfehlenswert.

Zucht: Die 10 bis 25 Jungschlangen sind bei der Geburt bis zu 20 cm lang. Bei besonders kräftigen Weibchen sollen die Neugeborenen sogar eine Länge von 25 cm erreichen können. Sie werden mit kleinen Fischen, Fischstreifen und Kaulquappen gefüttert. Weiterhin sollten ihnen kleine Regenwürmer und vitaminisiertes Rinderherz geboten werden.

Thamnophis atratus zaxanthus BOUNDY, 1999

1860 *Eutaenia atrata*
KENNICOTT, R. in COOPER, J.G.: Report upon the reptiles collected on the survey.
U.S. and Pacific R.R. Exploration and Survey, 47th Parallel 2, 12, 292–306.
1892 *Eutaenia infernalis vidua*
COPE, E.D.: A critical review of the characters and variations of the snakes of North America.
Proc. U.S. Natl. Mus. 14, 589–694.
1999 *Thamnophis atratus zaxanthus*
Systematics of the garter snake *Thamnophis atratus* at the southern end of its range.
Proc. California Acad. Sci. 51, 6, 311–316.

Deutsche Namen: –

Amerikanische Namen: –

Beschreibung: Das größte bisher bekannte Tier maß 90,2 cm, jedoch kann man davon ausgehen, dass vereinzelte Weibchen über 100 cm lang werden können. Die Grundfarbe ist dunkelgrau bis schwarz. Der breite Rückenstreifen ist gelb bis orangegelb gefärbt. Die im Vergleich zu *Thamnophis atratus atratus* deutlich sichtbaren Seitenstreifen, die auf der zweiten und dritten Schuppenreihe liegen, sind blassgrünlich ge-

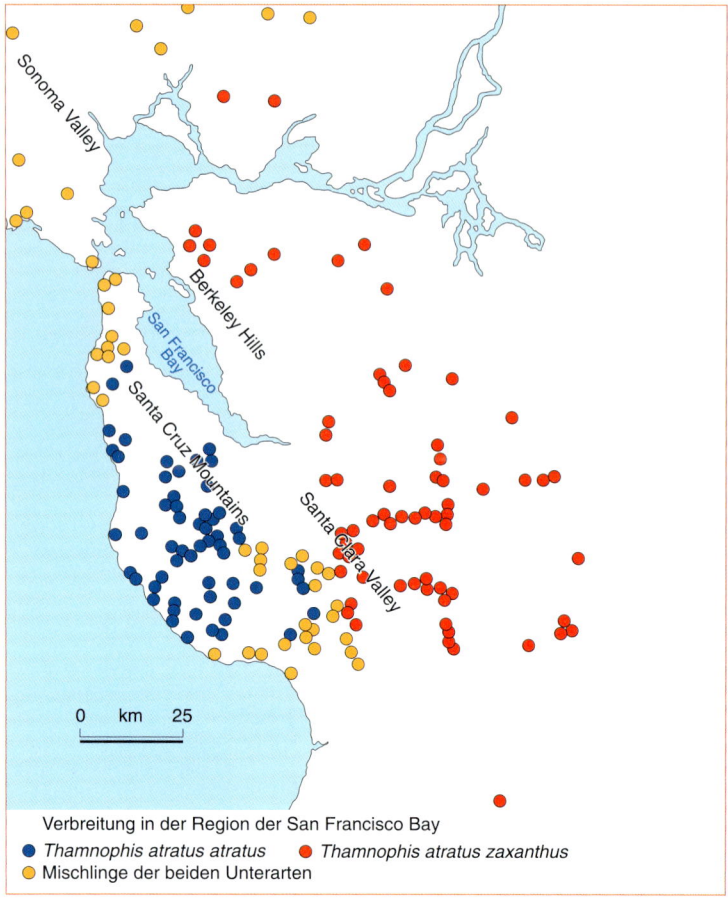

Bestimmungsschlüssel für Thamnophis atratus-Unterarten (nach ROSSMAN, FORD & SEIGEL, 1996), vom Verfasser um *Thamnophis atratus zaxanthus* ergänzt:

1. Rückenstreifen vorhanden   2
   Rückenstreifen nicht vorhanden   4
2. Schuppenreihen zum Körperende hin auf 15 reduziert   3
   Schuppenreihen zum Körperende hin auf 17 reduziert   *Th. a. hydrophilus*
3. Seitenstreifen vorhanden *Th. a. zaxanthus*
   Seitenstreifen nicht vorhanden   *Th. a. atratus*
4. Schuppenreihen zum Körperende hin auf 15 reduziert, Anzahl der Bauchschilder durchschnittlich ≤ 154 bei Männchen und ≤ 147 bei Weibchen   *Th. a. atratus*
   Schuppenreihen zum Körperende hin auf 17 reduziert, Anzahl der Bauchschilder durchschnittlich ≥ 164 bei Männchen und ≥ 160 bei Weibchen   *Th. a. hydrophilus*

Verbreitung in der Region der San Francisco Bay
- Thamnophis atratus atratus
- Thamnophis atratus zaxanthus
- Mischlinge der beiden Unterarten

Verbreitungsgebiet von *Thamnophis atratus zaxanthus.*

färbt. Die Kopfoberseite ist dunkel, fast schwarz. Die Markierungen auf den Oberlippenschildern sind – falls vorhanden – wie bei *Thamnophis atratus atratus* sehr schmal. Die Iris ist grau bis graubraun gefärbt. Die Kopfunterseite ist im Bereich des Kinn es cremefarben und wird zur Kehle hin kräftig gelb um dann weiter in ein fahlgrün überzugehen. Nach hinten wird die Körperunterseite dann allmählich dunkler. Die Körpermitte hat in Längsrichtung einen gelben bis orangen „Überzug".

Schuppenmerkmale: *Thamnophis atratus zaxanthus* besitzt im vorderen Körperbereich 19 Schuppenreihen, aber auch 21 treten auf. In der Körpermitte reduzieren sich die Schuppenreihen auf 19, gelegentlich auch auf 17. Im hinteren Körperbereich sind meistens 15 Schuppenreihen zu finden, gelegentlich aber auch 17. Gewöhnlich treten acht Oberlippen- und neun Unterlippenschilder auf. Eine Praeoculare und drei Postocularia sind die Regel. Die Anzahl der Bauchschilder liegt bei den Männchen zwischen 148 und 168, bei den Weibchen zwischen 140 und 167. Die Männchen haben 65 bis 89 Bauchschilder, Bei den weiblichen Schlangen treten 59 bis 83 auf.

Verbreitung: Ihr Verbeitungsgebiet ist auf das Gebiet um San Francisco, Kalifornien beschränkt. Dort reicht es von Napa County und Solano County südwärts bis Santa Barbara County. *Thamnophis atratus zaxanthus* ist nicht an den Küstenregionen zu finden, dort wird sie von *Thamnophis atratus atratus* abgelöst.

Lebensweise: *Thamnophis atratus zaxanthus* wird überwiegend an oder in der Nähe von Gewässern gefunden. Sie führt aber nicht eine so aquatische Lebensweise wie *Thamnophis atratus hydrophilus.*

Ähnliche Arten: Es kann zu Verwechslungen mit *Thamnophis atratus atratus* kommen. Diese besitzt gewöhnlich aber keine oder nur weniger deutliche Seitenstreifen. Weiterhin ist der Bauch von *Thamnophis atratus zaxanthus* heller gefärbt.

Pflege im Terrarium: Wie bei *Thamnophis atratus atratus* sollte auch für diese Art das Terrarium die Maße 80 × 40 × 50 cm (L × B × H) für ein Weibchen und zwei Männchen nicht unterschreiten. Als Futter werden ebenfalls Laub- und Tauwürmer, Fische, Kaulquappen, Frösche und nestjunge Mäuse angeboten. Eine zwei- bis dreimonatige Winterruhe ist auch hier angebracht.

Zucht: Über eine Zucht ist nichts bekannt.

Thamnophis brachystoma COPE, 1892

1892 *Eutaenia brachystoma*
COPE, E.D.: A new species of *Eutaenia* from western Pennsylvania.
Amer. Natur. 26, 964–965.
Deutsche Namen: Kurzkopf-Strumpfbandnatter.
Amerikanische Namen: Short-Mouthed Garter Snake; New York Dwarf Garter Snake; Eastern Butler's Garter Snake.
Beschreibung: Männchen 29 bis 44 cm, Weibchen 25 bis 51 cm; Rekordgrößen von 56 cm sind bekannt. Wie der deutsche Name schon sagt, besitzt *Thamnophis brachystoma* einen kurzen Kopf, der sich nicht vom Hals absetzt. Die Grundfärbung ist graubraun bis schwarz. Der Rückenstreifen ist grünlich gelb bis orangegelb und oftmals von unregelmäßigen schwarzen Flecken gesäumt, die bei einigen Exemplaren jedoch miteinander verschmelzen und eine Linie bilden. Es wurden auch Tiere gefunden, denen der Rückenstreifen fehlte. Die Seitenstreifen liegen auf der zweiten und dritten, mitunter auch noch auf der vierten Schuppenreihe und weisen eine blassgelbe Farbe auf. *Thamnophis brachystoma* hat im Gegensatz zu vielen anderen Strumpfbandnattern keine Punkte oder Flecken zwischen den Streifen. Die Kopfoberseite ist dunkelbraun, während die Kopfunterseite hell gefärbt ist mit einem leichten Anflug von blassrosa. Diese kann sich auf die ersten 10 bis 15 Bauchschilder ausdehnen, um dann in ein olivgrau überzugehen. Zum Körperende hin kann die Unterseite eine dunkel zimtfarbene Färbung annehmen.
Schuppenmerkmale: Häufig treten durchgehend 17 Schuppenreihen auf. Manche Exemplare besitzen in der Körpermitte 19 Schuppenreihen. Es werden auch Tiere gefunden, deren Schuppenreihen zum Körperende hin auf 15 reduziert sind. Gewöhnlich hat *Thamnophis brachystoma* sechs Oberlippenschilder (selten sieben) und sieben bis acht Unterlippenschilder. Das Auge liegt über dem dritten und vierten Oberlippenschild. Die Anzahl der Bauchschilder liegt bei den Männchen zwischen 134 und 146, bei den Weibchen zwischen 131 und 140, die der Schwanzschilder bei Männchen zwischen 57 und 75, bei Weibchen zwischen 51 und 64. Gewöhnlich hat diese Art eine Präoculare, selten zwei, und zwei bis drei Postocularia.
Verbreitung: Nordwest-Pennsylvania und Südwest-New York.
Lebensweise: *Thamnophis brachystoma* kommt in Höhen bis zu 700 m vor und bevorzugt Feuchtwiesen, wo sie oft in der Nähe von Wasser gefunden wird. Dort ernährt sie sich von Regenwürmern. Im Gegensatz zu *Thamnophis sirtalis* meidet sie Waldland.

Thamnophis brachystoma.

Ähnliche Arten: Bei *Thamnophis butleri* ist der Kopf größer und ein wenig breiter als der Nacken. Weiterhin hat die Art oft schwarze Punkte zwischen Seiten- und Rückenstreifen und 19 Schuppenreihen. *Thamnophis sirtalis sirtalis* hat den Seitenstreifen wie *Thamnophis brachystoma* auf der zweiten und dritten Schuppenreihe, aber nicht auf der vierten.
Pflege im Terrarium: Für eine Zuchtgruppe von zwei Männchen und einem Weibchen sollte das Terrarium 60 × 40 × 50 cm (L × B × H) groß sein. Diese Art ist ein Nahrungsspezialist und ernährt sich in freier Natur überwiegend von Regenwürmern. Dies ist bei der Pflege zu berücksichtigen und stellt auch keine Probleme dar, da Regenwürmer in jedem Anglerfachgeschäft erhältlich sind. Eine drei- bis viermonatige Winterruhe ist empfehlenswert.
Zucht: Die 5 bis 14 Jungtiere sind bei der Geburt ungefähr 10 cm groß und werden mit kleinen Regenwürmern oder zerteilten Regenwürmern gefüttert. Ebenso kann man es mit vitaminisiertem Rinderherz versuchen, jedoch ist der Erfolg sehr fraglich.

Thamnophis butleri COPE, 1900

1889 *Eutaenia butleri*
COPE, E.D.: On the *Eutaenia* of southeastern Indiana.
Proc. U.S. Natl. Mus. 11, 399–401.
Deutsche Namen: Butler's Strumpfbandnatter
Amerikanische Namen: Butler's Garter Snake; Striped Garter Snake; Western Dwarf Garter Snake.
Beschreibung: Diese Art erreicht eine Länge von 57 cm, jedoch sind auch Exemplare von bis zu 74 cm bekannt. Die Grundfärbung ist olivbraun bis schwarz. Der Rückenstreifen ist weißlich gelb bis gelb. Die Seitenstreifen, die auf der

51

Verbreitungsgebiet von
*Thamnophis brachys-
toma* und *Thamnophis
butleri*.

Thamnophis butleri.

fleckt. Es wurden auch schon einige melanistische Exemplare gefunden.

Schuppenmerkmale: Bei *Thamnophis butleri*
zählt man im Nacken und in der Körpermitte 19
Schuppenreihen, am Körperende 17, gelegentlich auch nur 15. Sie besitzt sieben Oberlippenschilder – manchmal auch nur sechs – und acht
bis neun Unterlippenschilder. Das Auge liegt
über dem dritten und vierten Oberlippenschild.
Die Anzahl der Bauchschilder schwankt bei
Männchen zwischen 132 und 150, bei Weibchen
128 bis 151, die der Schwanzschilder bei Männchen zwischen 57 und 72, bei Weibchen zwischen 49 und 64. Sie weist eine Präoculare und
drei Postocularia, gelegentlich zwei, auf.

Verbreitung: Südwest-Ontario, Ost-Michigan,
Ost-Indiana und West-Ohio. In Südost-Wisconsin
und Süd-Ontario leben isolierte Populationen.
Thamnophis butleri ist in Indiana geschützt.

Lebensweise: *Thamnophis butleri* kommt in Höhen bis zu 500 m vor. Sie bevorzugt Sumpfgebiete, Feuchtwiesen und Wasserläufe im offenen
Gelände. *Thamnophis butleri* ist zumindest während der heißen Zeit überwiegend dämmerungsaktiv und hält sich am Tage unter Gehölz und Büschen versteckt. Sie ernährt sich von Frosch-
und Schwanzlurchen, deren Larven, Fischen und
Regenwürmern. Sie besitzt eine interessante Ei-
genart, die sonst von keiner anderen Strumpfbandnatter bekannt ist: wird sie gestört, flüchtet
sie seitenwindend fort. Der Grund dafür ist nicht
klar, weil sie auf diese Weise keine hohe Ge-
schwindigkeit erreicht, auch keine größeren Ent-
fernungen zurücklegt und der Energieaufwand
in keinem Verhältnis zum Ergebnis steht.

Ähnliche Arten: *Thamnophis sirtalis sirtalis* hat
die Seitenstreifen auf der zweiten und dritten
Schuppenreihe. *Thamnophis radix* die Seitenstreifen auf der dritten und vierten Schuppenreihe. Diese werden gewöhnlich sowohl oben als
auch unten von schwarzen Punkten gesäumt.
Thamnophis brachystoma unterscheidet sich neben der Anzahl der Schuppenreihen auch noch
dadurch, dass sich der kurze Kopf nicht vom
Hals absetzt, während dies bei *Thamnophis butleri* jedoch deutlich sichtbar ist. Weiterhin hat
Thamnophis butleri keine dunklen Flecken zwischen Rücken- und Seitenstreifen.

Pflege im Terrarium: Ein Terrarium von 80 ×
40 × 50 cm (L × B × H) reicht für ein Weibchen
und zwei Männchen. Eine hohe Schicht Boden-
substrat ist für *Thamnophis butleri* erforderlich,
da sie sich gerne in den Bodengrund eingräbt.
Gefüttert werden die Tiere mit Fischen, Fröschen, Kaulquappen sowie Laub- und Tauwürmern. Weiterhin können nestjunge Mäuse angeboten werden, jedoch ist es möglich, dass die
Tiere dieses Futter verweigern. Eine viermona-

zweiten, dritten und vierten Schuppenreihe liegen, sind ockergelb bis orange. Es sollen auch
Exemplare mit hellbraunen Seitenstreifen existieren. Bei heller gefärbten Exemplaren kommen
zwischen Rücken- und Seitenstreifen zwei Reihen dunkler Flecken vor, was neben der Anzahl
der Schuppenreihen das wichtigste Unterscheidungsmerkmal zu *Thamnophis brachystoma* ist.
Die Kopfoberseite ist schwarz. Die Oberlippenschilder sind weißlich gelb bis hell orangegelb
und sind häufig schwarz gesäumt. Die Iris ist se-
piafarben bis braun. Der Pupillenrand zimtfarben. Die Bauchseite ist graugrün und dunkel ge-

tige Winterruhe ist empfehlenswert. *Thamnophis butleri* kann ganzjährig in einer Freilandanlage gepflegt werden.

Zucht: 5 bis 15 Junge pro Wurf. Sie sind bei der Geburt ungefähr 15 bis 18 cm lang. Gefüttert werden die Jungtiere mit kleinsten Fischen, Fischstreifen sowie kleinen oder zerkleinerten Laub- und Tauwürmern und vitaminisierten Rinderherz.

Thamnophis chrysocephalus COPE, 1885

1885 *Eutaenia chrysocephala*
COPE, E.D.: Twelfth contribution to the herpetology of tropical America.
Proc. Amer. Philos. Soc. 22, 167–194.
1940 *Thamnophis eburatus*
TAYLOR, E.H.:Two new species of the genus *Thamnophis* from Mexico.
Herpetologica 1, 183–189.

Deutsche Namen: Goldkopf-Strumpfbandnatter

Amerikanische Namen: Golden-Headed Garter Snake

Beschreibung: Mit einer Länge von bis zu 70 cm gehört *Thamnophis chrysocephalus* zu den mittelgroßen Strumpfbandnattern. Die Grundfärbung ist einfarbig schwarz oder braun. Der Rückenstreifen fehlt. Bei einigen Exemplaren ist dieser jedoch im Nackenbereich angedeutet. Die weißen bis grauen Seitenstreifen, die auf der zweiten Schuppenreihe liegen, sind bei den meisten Tieren vorhanden, können aber unregelmäßige Ränder aufweisen, wodurch ein Zickzack-Effekt entsteht. Bei braunen Exemplaren befinden sich vier Reihen kleiner schwarzer Tupfen zwischen den Seitenstreifen, die unregelmäßig verlaufen. Der Kopf ist braun, häufig mit einem orangefarbenen Anflug. Ober- und Unterlippenschilder sind gewöhnlich gelb gefärbt. Die Zunge ist einfarbig schwarz. Die braune Farbform dieser Art zeigt einen hell bläulich grau gefärbten Bauch. Bei schwarzen Tieren ist auch der Bauch völlig mit schwarzen Pigmenten überzogen.

Schuppenmerkmale: Diese Art besitzt gewöhnlich 17 Schuppenreihen im Nackenbereich und in der Körpermitte. Zum Körperende hin treten nur noch 15 Schuppenreihen auf, gelegentlich 14. Bei einigen Exemplaren wurden in der Nackenregion 18 Schuppenreihen gezählt. Acht Oberlippenschilder sind die Regel, gelegentlich sieben und in seltenen Fällen neun. *Thamnophis chrysocephalus* hat eine Präoculare und drei Postocularia, aber auch zwei oder vier können vorkommen. Männchen haben 139 bis 154 Bauchschilder und 73 bis 87 Schwanzschilder, die Weibchen 135 bis 155 Bauch- und 69 bis 77 Schwanzschilder.

Thamnophis chrysocephalus

Verbreitungsgebiet von *Thamnophis chrysocephalus.*

Verbreitung: Ihr Verbreitungsgebiet beschränkt sich auf die südliche Sierra Madre Oriental in Puebla und Veracruz, die Mesa del Sur in Oaxaca und die Sierra Madre del Sur in Guerrrero.

Lebensweise: *Thamnophis chrysocephalus* lebt in Höhen von 1200 bis 3100 m NN. Über ihre Lebensweise ist nahezu nichts bekannt. Bislang wurde diese Strumpfbandnatter in der Nähe von langsam fließenden Gewässern gefunden.

Bemerkung: Die schwarze Farbvariante wurde 1940 von E. H. TAYLOR als eigene Art *Thamnophis eburatus* beschrieben. Dies wurde 1942 von H. M. SMITH korrigiert. Der Name *Thamnophis eburatus* findet noch häufig Verwendung für die Populationen in Oaxaca und Guerrero, während die Populationen in Vercruz als *Thamnophis chrysocephalus* bezeichnet werden. Zur Zeit wird untersucht, ob es sich tatsächlich um zwei verschiedene Unterarten handelt.

Thamnophis couchii KENNICOTT, 1859

1859 *Eutaenia couchii*
KENNICOTT, R.: Notes on *Coluber calligaster* of SAY, and a description of new species of serpents

53

grau bis oliv und schwarz gerandet. Die Iris ist zimtfarben bis braun. Die Kopfunterseite hat eine blassgelbe Färbung. Die Körperunterseite ist zimtfarben bis blass orange und wird auf dem Schwanz bräunlich. Exemplare aus dem nördlichen Verbreitungsgebiet weisen zahlreiche schwarze Flecken und Tupfen an Bauch und Kopf (besonders an den Oberlippenschildern) auf, den Tieren aus dem südlichen Gebiet fehlen diese. Auch völlig schwarze Tiere wurden gefunden.

Schuppenmerkmale: *Thamnophis couchii* besitzt im vorderen und mittleren Körperbereich 21 Schuppenreihen, zum Körperende hin nur 17. Es treten auch Exemplare auf, die im vorderen Bereich 23 Schuppenreihen haben, ebenso können 19 Schuppenreihen in der Körpermitte auftreten. Diese Art hat acht Oberlippenschilder, wobei das sechste größer ist als das siebte, und gewöhnlich elf Unterlippenschilder, aber es gibt auch Tiere mit nur zehn auf einer oder beiden Seiten. Es ist eine Präoculare vorhanden, bei Exemplaren aus den nördlichen Gebieten sind auch zwei möglich. Drei Postocularia sind die Regel, aber es treten auch zwei und in seltenen Fällen vier auf. Die Zahl der Bauchschilder liegt bei den Männchen zwischen 166 und 187, bei den Weibchen zwischen 161 und 178. Männliche Tiere haben 79 bis 99 Schwanzschilder, Weibchen 68 bis 91.

Verbreitung: Von Kalifornien durch die Sierra Nevada bis nach Nevada.

Lebensweise: Sie kommt in Höhen von 100 bis etwa 2500 m vor. Aufgrund ihrer stark aquatischen Lebensweise bevorzugt sie als Lebensraum die ruhigen Wasseransammlungen und die Ränder von Bergflüssen. Ihre Nahrung besteht aus Fischen, Amphibien, Schnecken und Egel.

Ähnliche Arten: *Thamnophis couchii* gleicht im Aussehen *Thamnophis atratus hydrophilus*, jedoch hat diese nur zehn Unterlippenschilder statt der elf von *Thamnophis couchii*.

Pflege im Terrarium: Für eine Zuchtgruppe von drei Tieren ist ein Terrarium mit den Maßen 120 × 60 × 80 cm (L × B × H) empfehlenswert. Wegen ihrer aquatischen Lebensweise ist ein großes Wasserbecken erforderlich. Gefüttert werden die Tiere mit Fischen und Fröschen, deren Larven, jungen Mäusen, sowie Laub- und Tauwürmern. Im Terrarium soll sie lebende Beute bevorzugen. Eine zwei- bis dreimonatige Winterruhe ist angebracht.

Zucht: Die bis zu 40 Jungschlangen sind bei der Geburt ungefähr 20 cm lang und werden mit kleinen Fischen, Fisch- und Wurmstückchen gefüttert.

Verbreitungsgebiet von *Thamnophis couchii.*

in the collection of the North Western University of Evanston, Illinois.
Proc. Acad. Nat. Sci. Philadelphia 11, 98–100.
Deutsche Namen: Couch's Strumpfbandnatter
Amerikanische Namen: Couch's Garter Snake; Sierra Nevada Garter Snake; Black Water Snake; Fish Snake; Moccasin Garter Snake.
Beschreibung: Die Länge der Schlangen schwankt bei Männchen zwischen 43 und 58 cm, bei den Weibchen zwischen 44 und 96 cm. Die Grundfärbung reicht von olivbraun bis dunkelbraun oder schwarz. In einigen Populationen, wie Plum Creek, Tehama County, Kalifornien, kommen fast nur melanistische (schwarze) Exemplare vor. Der schmale Rückenstreifen – der im Nackenbereich sehr undeutlich ist oder völlig fehlt – ist von mattgelber Farbe und löst sich zum Körperende hin auf. Die ebenfalls mattgelben Seitenstreifen – falls vorhanden – liegen auf der zweiten und dritten Schuppenreihe. Bei helleren Exemplaren erkennt man zwischen Rücken- und Seitenstreifen zwei Reihen großer schwarzer Flecken von fast quadratischer Form. Die Färbung der Kopfoberseite reicht von blass olivgelb bis olivbraun. Die Oberlippenschilder sind gelblich

Thamnophis cyrtopsis KENNICOTT, 1860

Von *Thamnophis cyrtopsis* existieren drei Unterarten. Die beiden ehemaligen Unterarten *Thamnophis cyrtopsis postremus* und *Thamnophis cyrtopsis pulchrilatus* erhielten 1992 durch Untersuchungen von D. A. ROSSMAN Artstatus. 1942 wurde von SMITH die Art *Thamnophis vicinus* anhand von zehn Exemplaren beschrieben. R. G. WEBB betrachtete diese Art nach seinen Untersuchungen 1966 als Synonym von *Thamnophis cyrtopsis collaris*, revidierte diese Ansicht jedoch nach neuen Untersuchungen 1978. 1996 untersuchte ROSSMAN *Thamnophis vicinus* und stellte fest, dass es ich bei dieser Art doch um eine Farbvariante von *Thamnophis cyrtopsis collaris* handelt.

Thamnophis cyrtopsis cyrtopsis KENNICOTT, 1860

1860 *Eutaenia cyrtopsis*
KENNICOTT, R.: Descriptions of new species of North American serpents in the museum of the Smithsonian Institution, Washington.
Proc. Acad. Nat. Sci. Philadelphia 12, 328–338.
1861 *Thamnophis cyrtopsis cyclides*
COPE, E.D.: Contributions to the ophiology of Lower California, Mexico and Central America.
Proc. Acad. Nat. Sci. Philadelphia 13, 292–306.
1892 *Eutaenia aurata*
COPE, E.D.: A critical review of the characters and variations of the snakes of North America.
Proc. U.S. Natl. Mus. 14, 589 694.
Deutsche Namen: Gefleckte Strumpfbandnatter; Halsband-Strumpfbandnatter; Schachbrett-Strumpfbandnatter.
Amerikanische Namen: Brown Garter Snake; Checkerboard-Garter Snake; Collared Garter Snake; Couch's Garter Snake; Green-Bellied Garter Snake; Ocellated Garter Snake; Spotted Garter Snake; Reuss' Garter Snake; White-Bellied Garter Snake.
Beschreibung: Männchen erreichen eine Länge von 47 cm, Weibchen bis 77 cm, Rekordlängen von 115 cm wurden erreicht. Die Grundfärbung ist olivbraun bis dunkelgrau. Der Rückenstreifen ist schmal und seine Färbung reicht von weißlich über gelb bis orange. Die Seitenstreifen, die auf der zweiten und dritten Schuppenreihe liegen, sind weißlich bis gelblich. Zwischen Rücken- und Seitenstreifen liegen zwei Reihen dunkler Flecken, die ein schachbrettförmiges Muster bilden. Mitunter sind diese Flecken so groß, dass sie sowohl in den Rücken- als auch in die Seitenstreifen eindringen und ihnen dadurch ein zickzackförmiges Aussehen verleihen. Unterhalb des Seitenstreifens, auf der ersten Schuppenreihe, liegt eine weitere Reihe

dunkler Punkte. Die Kopfoberseite ist grau bis blaugrau gefärbt. Zwei große schwarze Flecken befinden sich im Nacken und werden lediglich vom Rückenstreifen voneinander getrennt. Die Oberlippenschilder sind weiß bis blass gelblich und haben an den Rändern schwarze Markierungen. Die Kopfunterseite ist weißlich, wässrig grün oder bläulich. Ebenso der Bauch, der nicht gezeichnet ist.
Schuppenmerkmale: *Thamnophis cyrtopsis cyrtopsis* besitzt 19 Schuppenreihen im Nackenbereich und in der Körpermitte, zum Körperende hin 17. Gewöhnlich treten acht Oberlippenschilder auf, aber auch sieben kommen vor. Zehn Unterlippenschilder sind die Regel, in einigen Fällen treten auch neun oder elf auf. Eine Präoculare und drei Postocularia, gelegentlich auch zwei oder vier. Die Männchen besitzen 167 bis 179 Bauch- und 86 bis 100 Schwanzschilder, die Weibchen 163 bis 175 Bauchschilder und 75 bis 101 Schwanzschilder.

Oben:
Thamnophis couchii.

Unten:
Thamnophis cyrtopsis cyrtopsis.

55

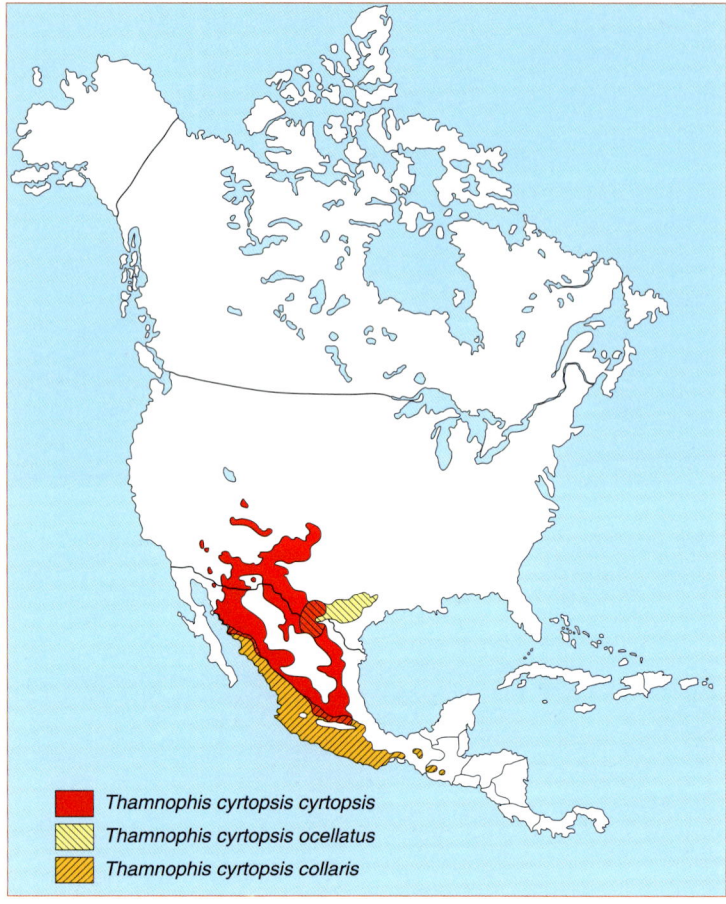

Thamnophis cyrtopsis cyrtopsis
Thamnophis cyrtopsis ocellatus
Thamnophis cyrtopsis collaris

Verbreitungsgebiet von *Thamnophis cyrtopsis*.

Verbreitung: Das Verbreitungsgebiet erstreckt sich von Südost-Utah und Süd-Colorado südwärts durch Sonora, der Sierra Madre Occidental, und dem mexikanischen Plateau östlich bis in das nördlich Hidalgo.

Lebensweise: Man findet sie in Höhen von 300 bis 2800 m, wo sie die Fels- und Gerölllandschaften der Canyonflüsse bewohnt. Allerdings wird sie gelegentlich in Wald- und Buschlandschaften, ebenso in trockenen Ebenen angetroffen, bis zu drei Kilometer vom Wasser entfernt. Sie ernährt sich von Fischen, Fröschen, Kröten und Kaulquappen. Es wurden Mischlinge mit *Thamnophis cyrtopsis collaris* und mit *Thamnophis cyrtopsis ocellatus* gefunden.

Pflege im Terrarium: Ein Terrarium mit den Maßen 120 × 60 × 80 cm (L × B × H) ist für eine Gruppe von drei Tieren ausreichend. Gefüttert werden sie mit Fischen und Fröschen. Regenwürmer sollten ebenfalls angeboten werden, ebenso junge Mäuse. Eine Winterruhe von zwei bis drei Monaten ist für die nordamerikanischen Exemplare angebracht.

Zucht: Die 15 bis 20 Jungschlangen sind bei der Geburt etwa 20 cm lang und werden mit kleinen

Fischen und Fischstückchen, Kaulquappen und kleinen Regenwürmern gefüttert. Weiterhin kann vitaminisiertes Rinderherz angeboten werden.

Thamnophis cyrtopsis collaris JAN, 1863

1863 *Tropidonotus (Eutaenia) collaris*
JAN, G.: Elenco sistematico degli ofidi.
Lombardi, Mailand.
1942 *Thamnophis vicinus*
SMITH, H. M.: The synonymy of the garter snakes *(Thamnophis)*, with notes on Mexican and Central American species.
Zoologica 27, 97–123.
1950 *Thamnophis sumichrasti salvini*
SMITH, H. M., NIXON, C. W., SMITH, P. W.: Mexican and Central American garter snakes *(Thamnophis)* in the British Museum (Natural History).
Linnean Soc. J. Zool. 41, 571–584.

Deutsche Namen: –
Amerikanische Namen: –

Beschreibung: Die Grundfärbung ist rotbraun bis dunkelbraun oder schwarz. Der Rückenstreifen ist schmal. Die Seitenstreifen, die auf der ersten, zweiten und dritten Schuppenreihe liegen, sind häufig nur schwach entwickelt oder fehlen ganz. Oftmals sind die drei unteren Schuppenreihen von beiger bis hellbrauner Färbung. Auf dem Körper befinden sich mehrere Reihen großer schwarzer Flecken, deren Ränder aber verschwommen sind und sich nicht deutlich von der Grundfärbung absetzen. Die schwarzen Punkte der oberen Reihen dringen oft in den Rückenstreifen ein. Die beiden großen schwarzen Nackenflecken verschmelzen miteinander zu einem Halsband, lediglich dort wo der Rückenstreifen eindringt, ist eine kleine Kerbung vorhanden. Auf den hinteren Oberlippenschildern sind nur schmale schwarze Markierungen entlang den Rändern.

Schuppenmerkmale: R.G. WEBB untersuchte 1978 neun und 25 Exemplare im Jahre 1982 und stellte folgende Merkmale fest: Anzahl der Schuppenreihen im Nacken und in der Körpermitte 19, zum Körperende hin 17. Acht Oberlippenschilder, nur selten neun. Die Anzahl der Bauchschilder lag bei Männchen zwischen 150 und 159, bei Weibchen zwischen 136 und 154. Die Anzahl der Schwanzschilder schwankte bei Männchen zwischen 90 und 104, bei den Weibchen zwischen 86 und 93. ROSSMAN, FORD und SEIGEL (1996) geben für *Thamnophis cyrtopsis collaris* folgende Merkmale an: Anzahl der Bauchschilder bei den Männchen 148 bis 166, bei Weibchen 144 bis 159. Die Zahl der Schwanzschilder liegt bei den Männchen zwischen 86 und 100, bei den Weibchen zwischen 75 und 101.

Verbreitung: Ihr Verbreitungsgebiet reicht von Süd-Sonora durch das südwestliche Mexiko bis nach West-Guatemala.

Lebensweise: Sie kommt in Höhen von 2000 m vor und scheint das Grasland zu bevorzugen. Es wurden Mischlinge von *Thamnophis cyrtopsis collaris* und *Thamnophis cyrtopsis cyrtopsis* gefunden. Ihre Nahrung dürfte die der anderen *Thamnophis cyrtopsis*-Unterarten gleichen.

Pflege im Terrarium: Über eine Haltung im Terrarium ist nichts bekannt. Jedoch dürfte sie sich nicht von der Pflege der von *Thamnophis cyrtopsis cyrtopsis* unterscheiden.

Zucht: Über eine Nachzucht ist ebenfalls nichts bekannt. Aber auch hier wird sie sicherlich der Zucht von *Thamnophis cyrtopsis cyrtopsis* gleichen.

Thamnophis cyrtopsis ocellatus.

Thamnophis cyrtopsis ocellatus COPE, 1880

1880 *Eutaenia cyrtopsis ocellata*
COPE, E. D.: On the zoological position of Texas. Bull. U.S. Natl. Mus. 17, 1–51.

Deutsche Namen: –
Amerikanische Namen: –
Beschreibung: Die Grundfarbe ist graubraun bis dunkelbraun. Der Rückenstreifen ist kräftig gelb bis orange gefärbt. Die Seitenstreifen, die auf der zweiten und dritten Schuppenreihe liegen, zeigen eine beige bis gelbe Färbung. Zwischen Rücken- und Seitenstreifen befinden sich zwei Reihen großer schwarzer Flecken, die schachbrettförmig angeordnet sind. Im Nackenbereich verschmelzen die schwarzen Flecken häufig zu einem großen Fleck. Hinter dem Kopf bilden zwei große schwarze Flecken auf der Körperoberseite ein Halsband, das vom Rückenstreifen unterbrochen wird. Die Oberlippenschilder sind kräftig schwarz gesäumt. Die Kopfoberseite ist bei *Thamnophis cyrtopsis ocellatus* heller gefärbt als bei der Nominatform.

Schuppenmerkmale: Diese Unterart besitzt 19 Schuppenreihen, die sich zum Körperende hin auf 17 reduzieren. Acht Oberlippenschilder sind die Regel, gelegentlich sieben, sowie zehn Unterlippenschilder, mitunter auch neun oder elf. Wie auch bei der Nominatform hat *Thamnophis cyrtopsis ocellatus* eine Präoculare und drei, gelegentlich vier oder auch nur zwei Postocularia. Die Männchen zeigen 157 bis 164 Bauchschilder, die Weibchen 148 bis 165. Die Anzahl der Schwanzschilder liegt bei den Männchen zwischen 73 und 91, bei den Weibchen zwischen 63 und 76.

Verbreitung: Diese Unterart ist bisher nur vom Edwards Plateau in Texas bekannt.

Lebensweise: *Thamnophis cyrtopsis ocellatus* wurde an steinigen Hängen, in bewaldeten Schluchten und in Zederndickichten entdeckt, zum Teil weit von Gewässern entfernt. Es wurden Mischlinge zwischen *Thamnophis cyrtopsis ocellatus* und *Thamnophis cyrtopsis cyrtopsis* gefunden.

Ähnliche Arten: Es kann zu Verwechslungen mit den anderen Unterarten kommen. *Thamnophis cyrtopsis cyrtopsis* hat gewöhnlich keine großen schwarzen Flecken im Nackenbereich, weiterhin ist ihre Kopfoberseite dunkler gefärbt. *Bei Thamnophis cyrtopsis collaris* reichen die Seitenstreifen auch auf die erste Schuppenreihe. Die Unterarten von *Thamnophis marcianus* sind in der Regel nicht so kräftig gefärbt.

Pflege im Terrarium: Für eine Zuchtgruppe von drei Tieren ist ein Terrarium mit den Maßen $120 \times 60 \times 80$ cm (L × B × H) ausreichend.

Bestimmungsschlüssel für *Thamnophis cyrtopsis*-Unterarten (nach ROSSMAN, FORD & SEIGEL, 1996):

1. Nackenflecken verschmelzen miteinander und bilden ein Halsband, Maxillaria ≥ 26 bei Männchen und ≥ 25 bei Weibchen   *Th. c. collaris*
   Nackenflecken gewöhnlich durch Rückenstreifen getrennt, Maxillaria ≤ 27 bei Männchen und ≤ 25 bei Weibchen   2
2. Dorsolaterale Punkte im hinteren Körperbereich berühren sich und bilden große Flecken   *Th. c. ocellatus*
   Dorsolaterale Punkte im hinteren Körperbereich berühren sich nicht   *Th. c. cyrtopsis*

57

Oben:
Thamnophis elegans elegans.

Unten:
Thamnophis elegans arizonae.

Weiterhin leben in der Puget Sound Region in Washington sehr dunkle Populationen von *Thamnophis elegans*, die JOHNSON 1947 als *Thamnophis elegans nigrescens* beschrieb, die FITCH 1983 in seinem *Catalogue of American Amphibians and Reptiles* anerkannte. Dennoch ist der Status heftig umstritten und wird von den meisten Wissenschaftlern als dunkle Farbvariante von *Thamnophis elegans vagrans* angesehen. Weitere Untersuchungen sind dringend notwendig.

In einigen Gegenden der USA teilen sich *Thamnophis elegans* und *Thamnophis sirtalis* den selben Lebensraum. Dabei weicht gewöhnlich *Thamnophis elegans* auf eine mehr aquatische Lebensweise aus. Dies ist bei der Pflege der Tiere im Terrarium zu berücksichtigen, indem man ihnen ein großes Wasserbecken anbietet. Sollte dieses nicht genutzt werden, kann es dann gegen ein kleineres ausgetauscht werden.

Das Sekret der Duvernoy'schen Drüse dieser Art kann bei einem Biss zu lokalen Schwellungen und Schmerzen führen, ist aber für den Menschen nicht gefährlich. Der Verfasser wurde häufig von *Thamnophis elegans* gebissen, ohne dass es zu diesen Reaktionen führte.

Thamnophis elegans elegans

BAIRD & GIRARD, 1853

1853 *Eutaenia elegans*
BAIRD, S. F. & GIRARD, C.: Catalogue of North American Reptiles in the Museum of the Smithsonian Institution. Part I, Serpents.
Smithsonian Inst., Washington, D.C.
1853 *Tropidonotus trivittatus*
HALLOWELL, E.: On some new reptiles from California.
Proc. Acad. Nat. Sci. Philadelphia 6, 236–238.
1892 *Eutaenia elegans lineolata*
COPE, E. D.: A critical review of the characters and variations of the snakes of North America.
Proc. U.S. Natl. Mus. 14, 589–694.
Deutsche Namen: Berg-Strumpfbandnatter
Amerikanische Namen: Mountain Garter Snake; Elegant Garter Snake; Boyd's Garter Snake; California Garter Snake; Single-Striped Garter Snake.
Beschreibung: Die Grundfärbung ist samtschwarz. In den San Bernadino Mountains, Kalifornien, leben Populationen mit dunkelgraubrauner oder dunkeloliver Färbung. Der Rückenstreifen ist schmal und von weißlich gelber bis oranger Färbung. Bei gelegentlich vorkommenden dunklen Exemplaren ist der Rückenstreifen stark reduziert und nur noch im Nackenbereich erkennbar. Die Seitenstreifen, die auf der zweiten und dritten Schuppenreihe liegen, sind gelb und

Als Futter sollten Fische, Frösche, Regenwürmer und junge Mäuse geboten werden.
Zucht: Die Zucht dieser Unterart dürfte sich nicht von der der Nominatform unterscheiden.

Thamnophis elegans BAIRD & GIRARD, 1853

Zur Zeit existieren sechs Unterarten von *Thamnophis elegans*, die bis zu 110 cm lang werden können, aber es gibt viele Diskussionen um diese Art und eine Überarbeitung ist dringend erforderlich. Beispielsweise ist der Status von *Thamnophis elegans biscutatus* immer noch nicht geklärt. ROSSMAN (1979) vertritt die Ansicht, dass es sich lediglich um einen Mischling zwischen *Thamnophis elegans elegans* und *Thamnophis elegans vagrans* handelt. FITCH (1980) lehnt diese jedoch ab, da die von ihm untersuchten Tiere zu sehr von den beiden genannten Unterarten abweichen (durchschnittliche Länge, Anzahl der Schuppenreihen, Anzahl der Präocularia etc.).

58

werden zum Körperende hin heller. Die Kopfoberseite ist ebenfalls dunkelbraun bis schwarz. Schnauzenschild (Rostrale), Nasenschilder (Nasalia), Voraugenschilder (Präocularia) sowie Oberlippenschilder (Supralabialia) sind oftmals von heller olivgrauer Färbung. Die Iris ist braun mit einem cremefarbenen bis hellbraunen Rand. Die Unterseite des Kopfes kann weißlich bis rauchgrau gefärbt sein. Der Bauch ist fahl und dunkelgrau bis schwarz getupft.

Schuppenmerkmale: Wie alle *Thamnophis elegans*-Unterarten weist die Nominatform 21 Schuppenreihen im vorderen und mittleren Körperbereich auf, zum Körperende hin nur noch 17. Auch 19 Schuppenreihen kommen im vorderen Körperbereich vor, in der Körpermitte dagegen nur sehr selten. Acht Ober- sowie zehn Unterlippenschilder sind die Regel. Gewöhnlich hat sie eine Präoculare, aber auch zwei treten recht häufig auf. *Thamnophis elegans elegans* besitzt drei Postocularia, gelegentlich auch vier. Das Auge liegt über dem vierten und fünften Oberlippenschild.

Verbreitung: Ihr Verbreitungsgebiet reicht von Zentral-Kalifornien (außer den Küstengebieten, dort wird sie von *Thamnophis elegans terrestris* vertreten) nordwärts bis Südwest-Oregon. Eine isolierte Population lebt in den San Bernadino Mountains in Süd-Kalifornien.

Lebensweise: *Thamnophis elegans elegans* führt eine überwiegend terrestrische Lebensweise. Man findet sie unter Gehölzen von offenen Wäldern mitunter bis zu 2 km vom Wasser entfernt. Sie ernährt sich von Fröschen, Kröten, Salamandern, Fischen, Echsen und Spitzmäusen. J. D. Cunningham beobachtete 1955, dass die Tiere auch Käfer, Ameisen und Spinnen fraßen.

Ähnliche Arten: *Thamnophis ordinoides* hat in der Regel sieben Oberlippenschilder. Weiterhin kann es zu Verwechslungen mit *Thamnophis sirtalis*-Unterarten kommen. Diese besitzen gewöhnlich sieben Oberlippenschilder und weniger Bauch- und Schwanzschilder.

Pflege im Terrarium: Für eine Zuchtgruppe (ein Weibchen, zwei Männchen) sollte das Terrarium 80 × 50 × 60 cm (L × B × H) groß sein. Gefüttert werden die Tiere mit Fröschen und Kaulquappen, Fischen und kleinen Mäusen. Da die Tiere, wie oben erwähnt, in freier Natur Insekten und Spinnen verzehren, sollte man diese ebenfalls anbieten, jedoch ist ein Erfolg nicht garantiert.

Zucht: Gefüttert werden die Jungen mit kleinen Fischen, Fischstückchen und vitaminisierten Rinderherz. Auch bei ihnen sollte man versuchen, kleine Insekten anzubieten, um den Speiseplan möglichst vielseitig zu gestalten.

■ *Thamnophis elegans vagrans*
▨ *Thamnophis elegans elegans*
■ *Thamnophis elegans terrestris*
□ *Thamnophis elegans vascotanneri*
■ *Thamnophis elegans arizonae*

Thamnophis elegans arizonae
Tanner & Lowe, 1989

Verbreitungsgebiet von
Thamnophis elegans.

1989 *Thamnophis elegans arizonae*
Tanner, W. W. & Lowe, C. H.: Variations in *Thamnophis elegans* with descriptions of new subspecies.
Great Basin Natur. 49, 511–516.
Deutsche Namen: Arizona-Strumpfbandnatter
Amerikanische Namen: –
Beschreibung: Die Grundfärbung reicht von gräulich braun bis grau. Der Rückenstreifen ist weißlich über cremefarben bis hellgelb gefärbt und häufig sehr breit (bis zu drei Schuppen breit). Die Seitenstreifen – sie liegen auf der zweiten und dritten Schuppenreihe – sind etwas schwächer gefärbt und bei einigen Exemplaren recht undeutlich. Zwischen Rücken- und Seitenstreifen liegen zwei Reihen kleiner dunkelbrauner bis schwarzer Punkte. Sie dringen mitunter in Rücken- und/oder Seitenstreifen ein und verleihen diesen ein gezacktes Aussehen. Die Kopfoberseite ist ebenfalls gräulich braun bis grau, und vom Nacken bis zur Kopfmitte häufig mit

Verbreitungsgebiet von *Thamnophis elegans hueyi*.

Thamnophis elegans hueyi

schwarzen Punkten und Flecken überdeckt. Die Oberlippenschilder sind hellbeige und im oberen Bereich, häufig nur die hinteren, ansatzweise von einem schmalen schwarzen Strich gesäumt.

Schuppenmerkmale: Für *Thamnophis elegans arizonae* gelten die gleichen Merkmale wie für die Nominatform.

Verbreitung: Ihr Verbreitungsgebiet reicht von Ost-Arizona bis in das westliche New Mexico.

Lebensweise: *Thamnophis elegans arizonae* ist eine recht wenig erforschte Art. Ihre Lebensweise dürfte sich aber nicht von der der anderen *elegans* – Unterarten unterscheiden.

Pflege im Terrarium: Diese Unterart ist eine recht selten gepflegte Strumpfbandnatter. Vor einigen Jahren konnte der Verfasser durch Zufall ein Pärchen erwerben. Die Tiere waren allerdings in einer sehr schlechten Verfassung. Sie bezogen ein Terrarium von 120 cm Länge, 80 cm Höhe und 60 cm Tiefe. Als Bodengrund diente Rindenmulch, als Klettergelegenheit Wurzeln und Äste. Aufgeschichtete Rindenstücke boten zahlreiche Versteckmöglichkeiten. Nach einigen Wochen erholten sich die Tiere, blieben aber recht scheu und versteckten sich bei der geringsten Störung. Lediglich bei den Fütterungen verloren sie ihre Scheu und entwickelten einen solchen Futterneid, dass eine ständige Beaufsichtigung notwendig war. Nicht selten verbissen sich die Tiere derart, dass sie

von Hand getrennt werden mussten. Sie fraßen Fische, Frösche, Regenwürmer, mit Vitaminpräparaten angereichertes Rinderherz und junge Mäuse.

Zucht: Über eine Zucht ist nichts bekannt, dürfte aber anderen *elegans*-Unterarten gleichen.

Thamnophis elegans hueyi

VAN DENBURGH & SLEVIN, 1923

1923 *Thamnophis ordinoides hueyi*
VAN DENBURGH, J. & SLEVIN, J.R.: Preliminary diagnoses of four new snakes from Lower California, Mexico.
Proc. California Acad. Sci., Ser. 4, 13, 1–2.
Deutsche Namen: –
Amerikanische Namen: –
Beschreibung: Die Grundfärbung ist dunkeloliv bis graubraun. Der Rückenstreifen ist gelb, ebenso die Seitenstreifen, die auf der zweiten und dritten Schuppenreihe liegen. Zwischen Rücken- und Seitenstreifen treten zwei Reihen dunkler Flecken auf, die durchaus auch miteinander verschmelzen können. Die Unterseite ist gar nicht oder nur wenig gefleckt.
Schuppenmerkmale: Wie auch bei den anderen Unterarten, jedoch treten bei *Thamnophis elegans hueyi* häufiger sieben statt acht Oberlippenschilder auf.
Verbreitung: Ihr Vorkommen beschränkt sich auf die Sierra San Pedro Mártir in Baja California, Mexiko.
Pflege und Zucht: Über Pflege und Zucht dieser Strumpfbandnatter ist nichts bekannt.

Thamnophis elegans terrestris FOX, 1951

1951 *Thamnophis elegans terrestris*
FOX, W.: Relationships among the garter snakes of the *Thamnophis elegans* rassenkreis.
Univ. California Publ. Zool. 50, 485–530.
Deutsche Namen: –
Amerikanische Namen: Coastal California Garter Snake
Beschreibung: Die Grundfarbe des Körpers ist dunkelbraun bis schwarz, bei Exemplaren aus dem nördlichen Verbreitungsgebiet oft auch oliv oder rötlichbraun. Der Rückenstreifen ist gelb gefärbt. Die Färbung der Seitenstreifen, die auf der zweiten und dritten Schuppenreihe liegen, reicht von fahlgraugrün bis olivgelb. Zwischen Rücken- und Seitenstreifen liegen zwei Reihen von Flecken, die braun bis schwarz gefärbt sind. Die Flecken der oberen Reihe können zum Körperende hin oft miteinander verschmelzen, so dass sie ein dunkles Band entlang des Rückenstreifens bilden. Gelegentlich besitzen die Tiere

auch orange bis hellrote Flecken, die in die Seitenstreifen eindringen können. Die Kopfoberseite ist gewöhnlich olivbraun mit zwei schwarzen Flecken im Nacken. Die Oberlippenschilder sind fahlgelb bis olivgelb. Unterlippenschilder und Kinn sind cremefarben bis blaßgelb, mitunter auch grünlich. Die Iris ist bräunlich. Die Körperunterseite ist grünlich gefärbt und düster bläulich grau, aber auch rot oder orange gesprenkelt. In den Santa Cruz Mountains kommt eine Farbvariante vor, die sehr dunkle Flecken zwischen den Streifen besitzt und deren Seitenstreifen rötlich bis lachsfarben sind. Weiterhin existieren melanistische und erythristische (überwiegend rot gefärbte) Exemplare.

Schuppenmerkmale: Wie bei *Thamnophis elegans* üblich, weist auch diese Unterart gewöhnlich 21 Schuppenreihen am Vorderkörper und in der Körpermitte auf. Zum Körperende hin reduziert sich die Anzahl auf 17. Es treten aber auch Exemplare mit 19 Schuppenreihen im vorderen und mittleren Körperbereich auf. Die Natter hat gewöhnlich acht, gelegentlich sieben Oberlippenschilder. Zehn Unterlippenschilder sind die Regel, aber auch neun können vorkommen. Es sind eine Präoculare (manchmal auch zwei) und drei (hin und wieder vier) Postocularia vorhanden.

Verbreitung: Ihr Verbreitungsgebiet erstreckt sich entlang der kalifornischen Küste vom Ventura County nordwärts bis in das Curry County, Oregon.

Lebensweise: *Thamnophis elegans terrestris* führt eine überwiegend terrestrische Lebensweise, die bei Störungen nur sehr selten Schutz im Wasser sucht. Sie ernährt sich von Fischen, Fröschen, Kröten, Molchen, Salamandern, Schnecken, Regenwürmern, Mäusen, kleinen Echsen und jungen Vögeln.

Ähnliche Arten: Sie wird gelegentlich mit der vermeintlichen „*Thamnophis elegans biscutatus*" (siehe Seite 58) verwechselt, jedoch fehlen der letzteren die roten Flecken auf den Seiten und der gesprenkelte Bauch. Weiterhin kommt es öfters zu Verwechslungen mit einigen Unterarten von *Thamnophis sirtalis*, die ebenfalls rote Flecken auf dem Körper haben. *Thamnophis sirtalis*-Unterarten besitzen jedoch in der Regel nur sieben Oberlippenschilder und haben weniger Bauch- und Schwanzschilder.

Pflege im Terrarium: Ein Terrarium von 120 × 60 × 80 cm (L × B × H) ist für ein Weibchen und zwei Männchen ausreichend. Gefüttert werden die Tiere mit Fischen, Fröschen, Regenwürmern und jungen Mäusen. Eine zwei- bis dreimonatige Winterruhe ist empfehlenswert.

Zucht: Die Jungtiere können bei der Geburt bis zu 23 cm lang sein. Die Jungschlangen werden mit kleinen Fischen, Fischstückchen, kleinen Regenwürmern und vitaminisierten Rinderherz gefüttert.

Thamnophis elegans terrestris, rote Farbvariante.

Thamnophis elegans vagrans

Baird & Girard, 1853

1853 *Eutaenia vagrans*
Baird, S. F. & Girard, C.: Catalogue of North American Reptiles in the Museum of the Smithsonian Institution. Part I, Serpents.
Smithsonian Inst., Washington, D.C.
1883 *Eutaenia vagrans plutonia*
Yarrow, H. C.: Description of new species of reptiles in the United States National Museum.
Proc. U.S. Natl. Mus. 6, 152–154.
1883 *Eutaenia henshawi*
Yarrow, H. C.: Description of new species of reptiles in the United States National Museum.
Proc. U.S. Natl. Mus. 6, 152–154.
1947 *Thamnophis elegans nigrescens*
Johnson, J. L.: The status of the elegans subspecies of *Thamnophis*, with description of a new subspecies from Washington state.
Herpetologica 3, 159–165.

Deutsche Namen: Graue Strumpfbandnatter, Wander-Strumpfbandnatter.

Amerikanische Namen: Wandering Garter Snake; Western Garter Snake; Gray Garter Snake; Great Basin Garter Snake; Green Garter Snake; Large-Headed Striped Snake; Spotted Riband Snake.

Beschreibung: Die Grundfärbung ist graubraun, grünlich oder grau, mitunter auch fast schwarz („*nigrescens*"-Variante aus Washington und British Columbia). Der Rückenstreifen ist mattgelb bis braun. Die Seitenstreifen, die auf der zweiten und dritten Schuppenreihe liegen,

61

Thamnophis elegans vascotanneri.

Bestimmungsschlüssel für *Thamnophis elegans*-Unterarten (nach ROSSMAN, FORD & SEIGEL, 1996):

1. Rückenstreifen, wenn vorhanden, fast über die ganze Länge von schwarzen Flecken unterbrochen
   Th. e. vascotanneri
   Rückenstreifen – zumindest im vorderen Körperbereich – undeutlich und nur von wenigen oder gar keinen schwarzen Flecken unterbrochen   2
2. Rückenstreifen drei Schuppenreihen breit;
   keine Rotfärbung im Zeichnungsmuster vorhanden   *Th. e. arizonae*
   Rückenstreifen weniger als drei Schuppenreihen breit oder mit Rotfärbung im Zeichnungsmuster   3
3. Rückenstreifen begrenzt auf eine (mittlere) Schuppenreihe, Ränder sind gezackt, da die obere Fleckenreihe in den Rückenstreifen eindringt   *Th. e. vagrans*
   Rückenstreifen mindestens zur Hälfte auf den Paravertebral-streifen (die Schuppenreihen links und rechts neben der mittleren Schuppenreihe),
   die Ränder der Streifen gerade   4
4. Rücken samtschwarz (in den San Bernadino Mountains dunkel graubraun)   *Th. e. elegans*
   Rücken gewöhnlich nicht samtschwarz (außer in den südlichen Küstengebieten)   5
5. Keine Rotfärbung auf Bauch oder Rücken   *Th. e. hueyi*
   Rotfärbung (in unterschiedlicher Menge) vorhanden auf dem Bauch und/oder Rücken (ausgenommen in den südlichen Küstengebieten)
   Th. e. terrestris

sind von der gleichen Farbe wie der Rücken-streifen. Die zwei Reihen Flecken zwischen Rücken- und Seitenstreifen sind sehr variabel. Sie können recht klein und gut von einander ge-trennt sein, aber auch sehr groß und miteinander verschmolzen. Bei einigen Exemplaren fehlen sie. Oft dringen die Flecken sowohl in den Rückenstreifen als auch in die Seitenstreifen ein und verleihen den Rückenstreifen somit ein zick-zackförmiges Aussehen. Die Kopfoberseite ist je nach Körpergrundfärbung gelblich oliv bis tief-oliv, hell- bis dunkelbraun oder nahezu schwarz. Die Oberlippenschilder sind cremefarben bis gelblich mit einem schmalen schwarzen Strich an den Rändern. Die Unterlippenschilder sind cremefarben und die Kopfunterseite weiß. Die Körperunterseite ist hellgrau mit schwarz und grün im Zentrum. Die Schwanzunterseite ist et-was dunkler gefärbt. Melanistische Exemplare sind aus Washington und Utah bekannt.

Schuppenmerkmale: Die Schuppenmerkmale unterscheiden sich nicht von denen anderer *Thamnophis elegans*-Unterarten.

Verbreitung: Das Gebiet reicht von British Co-lumbia und Alberta durch Washington, Montana, Idaho, Oregon, South Dakota, Wyoming, Ne-braska, Kalifornien, Utah, Colorado und Arizona bis nach New Mexico.

Lebensweise: Sie kommt in Höhen von 300 bis 3200 m vor und bewohnt eine Vielzahl von Le-bensräumen. Sie bevorzugt die Nähe von Wasser, wie Flüsse, Teiche, Seen, Quellen, Sumpfgebiete und Feuchtwiesen. *Thamnophis elegans vagrans* ernährt sich von Fischen, Fröschen, Salaman-dern, Regenwürmern, Mäusen, jungen Vögeln und kleinen Echsen. Auch Insekten stehen auf ihrem Speiseplan.

Ähnliche Arten: *Thamnophis elegans vagrans* wird manchmal mit *Thamnophis sirtalis sirtalis* verwechselt, jedoch besitzt die letztere gewöhn-lich nur sieben Oberlippenschilder und nur gele-gentlich treten acht auf.

Pflege im Terrarium: BRUCHMANN (1997) pflegte zwei Paare in einem Terrarium mit den Maßen 120 × 75 × 80 cm (L × H × T). Als Boden-grund diente eine 15 cm hohe Schicht aus Kie-fernrinde. Ausgestattet war das Terrarium mit Kirschbaumästen, zwei *Ficus benjamina* und ei-ner runden Wasserschale (30 cm Durchmesser). Weiterhin dienten rote Porphyrplatten als Ver-steckmöglichkeit. Beleuchtet und beheizt wurde das Terrarium durch sechs 18-Watt-Leuchtstoffröhren. Sie waren täglich 10 Stunden in Betrieb. Im mittleren Terrarienbereich wurden dadurch bis zu 37 °C im Sommer und 27 °C in den Wintermonaten erreicht. Nachts sank die Temperatur um 10 °C. Gefüttert wurden die Tiere zwei- bis dreimal pro Woche mit toten Mäusen, Tauwürmern, Rotaugen, Kaul- und Flussbarschen sowie Stücken von Regenbogenforellen. BRUCHMANN schnitt vor der Verfütterung den Barschen die Stacheln ab, um eine Verletzung der Nattern zu vermeiden. Weiterhin wurden die Futterfische von ihm einige Tage vorher eingefroren, um oft vorhandene Parasiten größtenteils abzutöten. Auch er weist daraufhin, dass die Tiere während der Fütterung ständig beobachtet werden müssen, da sie gierig nach allem schnappen und sich dabei nicht selten ineinander verbeißen.

Zucht: BRUCHMANN (1997) konnte im März 1996 bei seinen Tieren eine Paarung sechs Wochen nach der Überwinterung beobachten. Sie fand zwei Stunden nach der ersten Häutung des Weibchen statt und dauerte 95 Minuten. Im Juni gebar das Weibchen (Kopf-Rumpf-Länge 534 mm) zwei tote und 21 lebende Jungtiere, die eine Gesamtlänge von 18 bis 22 cm hatten. Nur eines der tot geborenen Jungen wies eine Gesamtlänge von 149 mm auf. Gefüttert wurden die Jungtiere mit Fischfleisch.

BRUCHMANN verweist auch auf die einschlägige Literatur, wo maximale Wurfgrößen von 20 Jungtieren angegeben werden. GREGORY & PRELYPCHAN (1994) geben für eine Weibchen mit einer Kopf-Rumpf-Länge von 630 mm eine maximale Wurfgröße von 13 Jungtieren an. ROSSMAN, FORD & SEIGEL (1996) verweisen für *Thamnophis elegans* auf verschiedene Quellen, die eine durchschnittliche Wurfgröße – je nach Herkunft der Tiere – von 7 bis 12 Jungtiere angeben. Die Beobachtungen von BRUCHMANN stimmen mit denen des Verfassers überein, dessen Weibchen bei einer Gesamtlänge von 75 cm in drei Würfen jeweils 17, 21 und 27 Jungtiere gebar. Daher ist anzunehmen, dass große und kräftige Weibchen von 100 cm Gesamtlänge durchaus 40 Jungtiere oder auch mehr gebähren können.

Thamnophis elegans vascotanneri

TANNER & LOWE, 1989

1989 *Thamnophis elegans vascotanneri*
TANNER, W. W. & LOWE, C. H.: Variations in *Thamnophis elegans* with descriptions of new subspecies.
Great Basin Natur. 49, 511–516.
Deutsche Namen: –
Amerikanische Namen: –

Beschreibung: Die Grundfärbung dieser Unterart ist hell gräulich braun bis braun. Der gelblich weiße Rückenstreifen ist schmal und meist unterbrochen. Häufig fehlt er ganz. Über den Rücken verlaufen dunkle Querbänder. Sie besitzt einen dunklen Nackenfleck. Die Kopfoberseite ist hellgrau gefärbt und geht an den Seiten in eine bräunliche Färbung über. Die Bauchseite ist dunkelgrau mit kleinen schwarzen Punkten an den Rändern.

Schuppenmerkmale: *Thamnophis elegans vascotanneri* zeigt die typischen Merkmale der anderen Unterarten.

Verbreitung: Diese Unterart kommt in Ost-Utah vor. Dort lebt sie in den Gebieten des Colorado Rivers und des Green Rivers.

Lebensweise: Über die Lebensweise von *Thamnophis elegans vascotanneri* ist nur sehr wenig bekannt, dürfte aber der der anderen Unterarten ähneln.

Pflege im Terrarium: Der Verfasser erwarb im Spätsommer 1995 ein semiadultes Paar, welches als *Thamnophis elegans vagrans* angeboten wurde. Das Weibchen hatte eine Gesamtlänge von 45 cm, das Männchen 39 cm. Die Tiere waren stark von Milben befallen und bereits sehr geschwächt. Nach einer erfolgreichen Behandlung mit Neguvon und einer sechswöchigen Quarantäne bezog das Paar ein Terrarium mit den Maßen 80 × 50 × 40 cm (L × H × B). Als Bodengrund diente eine Schicht desinfizierter Rindenmulch. Übereinander geschichtete Rindenstücke bildeten zahlreiche Versteckmöglichkeiten. Ein großer Ast und zwei große Plastikpflanzen vervollständigten die Einrichtung. Es konnte nie beobachtet werden, dass das Wasserbecken mit den Abmessungen 30 × 20 × 7 cm (L × B × H) von den Schlangen zum Baden benutzt wurde. Die sonst sehr ruhigen Tiere entwickelten bei der Fütterung, die aus diversen Fischen, Fröschen, Regenwürmern, Babymäusen und Rinderherz bestand, einen starken Futterneid, so dass sie dabei ständig beaufsichtigt werden mussten.

Zucht: Über eine erfolgreiche Nachzucht ist dem Verfasser nichts bekannt, was allerdings nicht bedeutet, dass diese Unterart (dieses gilt auch für andere Strumpfbandnatter-Arten) nicht in den Terrarien der Liebhaber gepflegt und auch nachgezüchtet wird. Häufig ist eine genaue Bestimmung der Arten und Unterarten nicht ohne Weiteres möglich, weil nur selten bekannt ist, aus welchen Gebieten die Tiere stammen.

Thamnophis eques REUSS, 1834

Es existieren zur Zeit drei Unterarten von *Thamnophis eques*. Sie ist wohl die bekannteste mexikanische Strumpfbandnatter, sicherlich dadurch

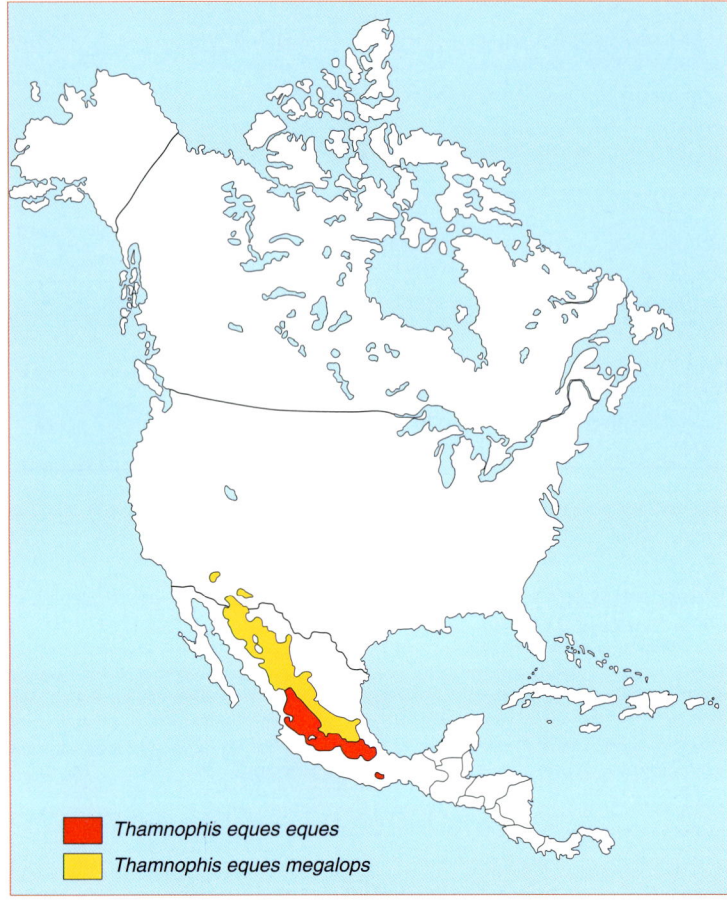

Thamnophis eques eques
Thamnophis eques megalops

Verbreitungsgebiet von *Thamnophis eques eques* und *Thamnophis eques megalops*.

1866 *Eutaenia flavilabris*
COPE, E. D.: On the Reptilia and Batrachia of the Sonoran Province of the Nearctic Region.
Proc. Acad. Nat. Sci. Philadelphia 18, 300–314.
1883 *Eutaenia insigniarum*
COPE, E. D.: Twelfth contribution of the herpetology of tropical America.
Proc. Amer. Philos. Soc. 22, 167–194.

Deutsche Namen: Mexikanische Strumpfbandnatter

Amerikanische Namen: Mexican Garter Snake

Beschreibung: Die Körpergrundfarbe ist olivbraun. Der Rückenstreifen ist breit und gelb gefärbt. Die Seitenstreifen – die im vorderen Körperbereich auf der dritten und vierten, im hinteren Bereich auf der zweiten und dritten Schuppenreihe liegen können – sind heller gefärbt und gewöhnlich deutlich sichtbar. Zwischen Rücken- und Seitenstreifen liegen zwei Reihen großer schwarzer Flecken. In Mexiko leben am Chapala-See, Jalisco, und Cuitzeo-See, Nord-Michoacán, sehr dunkle Populationen, bei den sowohl Rücken- als auch Seitenstreifen nur sehr schwer erkennbar sind. Ebenso weisen die Tiere einen dunklen Bauch auf, der einen starken Kontrast bietet zu Kehle, Analschild und den Schwanzschildern, die cremefarben sind. Bei normal gefärbten Tieren ist der Bauch gewöhnlich grünlich gelb bis bläulich grau gefärbt. Die Oberlippenschilder sind schwarz gesäumt.

Schuppenmerkmale: *Thamnophis eques eques*, wie auch die übrigen Unterarten, besitzen gewöhnlich 21 Schuppenreihen im vorderen Körperbereich. In der Körpermitte befinden sich nur noch 19 und am Körperende 17. Gelegentlich treten aber auch 23 Schuppenreihen am Vorderkörper und 21 in der Körpermitte auf. Exemplare mit 19 Schuppenreihen am Vorderkörper und in der Körpermitte wurden ebenfalls gefunden. Die Anzahl der Bauchschilder liegt bei den Männchen zwischen 149 und 176, die der Schwanzschilder zwischen 65 und 95. Die Weibchen haben 149 bis 171 Bauch- und 61 bis 89 Schwanzschilder. Acht Oberlippenschilder sind die Regel – in seltenen Fällen treten aber auch sieben oder neun auf – sowie zehn Unterlippenschilder, auch hier treten hin und wieder neun oder elf auf. *Thamnophis eques* zeigt eine Präoculare und drei, gelegentlich vier Postocularia.

Verbreitung: Sie kommt in Mexiko von Süd-Nayarit ostwärts bis ins westliche Zentral-Veracruz vor. Es scheint eine isolierte Population in Zentral-Oaxaca zu leben.

Lebensweise: Diese Art führt eine relativ stark an das Wasser gebundene Lebensweise. Sie wird gewöhnlich im Uferdickicht von Gewässern gefunden. Ihre Nahrung besteht überwiegend aus Amphibien und Fischen, aber auch Echsen,

begünstigt, dass das Vorkommen der Unterart *Thamnophis eques megalops* bis in den Süden der USA reicht. In der Terraristik ist sie ebenfalls recht unbekannt, weil sie sowohl in Mexiko als auch in den USA geschützt ist. Lediglich BRUCHMANN (1996) berichtet über Haltungserfahrungen mit *Thamnophis eques virgatenuis*.

Thamnophis eques eques REUSS, 1834

1834 *Coluber eques*
REUSS, A.: Zoologische miscellen, reptilien, ophidier.
Abhandlung. Senckenberg. Mus. 1, 130–162.
1839 *Coluber (Natrix) subcarinata*
GRAY in RICHARDSON, J.: The Zoology of Captain Beechey's Voyage to the Pacific and Behring's Straits Performed in His Majesty's Ship Blossom.
Henry G. Blohm, London.
1860 *Eutaenia macrostemma*
KENNICOTT, R.: Descriptions of new species of North American serpents in the museum of the Smithsonian Institution, Washington.
Proc. Acad. Nat. Sci. Philadelphia 12, 328–338.

Thamnophis eques megalops.

kleine Säugetiere sowie Wirbellose werden nicht verschmäht.

Ähnliche Arten: Es kann zu Verwechslungen mit Unterarten von *Thamnophis marcianus* und *Thamnophis cyrtopsis* kommen. Der Seitenstreifen liegt bei *Thamnophis marcianus* im vorderen Körperbereich lediglich auf der dritten Schuppenreihe. *Thamnophis cyrtopsis* besitzt im vorderen Körperbereich nur 19 Schuppenreihen.

Pflege im Terrarium: Über die Pflege dieser Unterart im Terrarium ist nichts bekannt.

Zucht: Auch hierüber ist nichts bekannt. Die Anzahl der Jungtiere soll bei 15 liegen, ihre Größe bei 14 bis 19 cm.

Thamnophis eques megalops KENNICOTT, 1860

1860 *Eutaenia megalops*
KENNICOTT, R.: Descriptions of new species of North American serpents in the museum of the Smithsonian Institution, Washington.
Proc. Acad. Nat. Sci. Philadelphia 12, 328–338.
1899 *Thamnophis stejnegeri*
MCLAIN, R. B.: Contributions to Neotropical Herpetology.
Privately printed, Wheeling, West Virginia.

Deutsche Namen: Mexikanische Strumpfbandnatter.

Amerikanische Namen: Mexican Garter Snake; Arizona Garter Snake; Arizona Ribbon Snake; Emory's Garter Snake.

Beschreibung: Gewöhnlich 50 bis 80 cm, Rekordgröße 102 cm. Die Körpergrundfarbe ist olivbraun. Die Färbung des Rückenstreifens, der schmaler ist als bei der Nominatform, reicht von gelblich weiß über hellbraun bis gräulich oliv. Die Seitenstreifen können rauchgrau, grünlich oder bläulich grau sein. Zwischen den Streifen befinden sich zwei Reihen dunkler Flecken. Im Nacken sind zwei große schwarze Flecken. Die Kopfoberseite ist oliv. Die Oberlippenschilder haben eine grünliche Färbung. Die Iris ist zimtbraun, der Pupillenrand gelb. Die Kopfunterseite ist weiß, der Bauch düstergrau, graugrün oder graublau, die Schwanzunterseite grau.

Schuppenmerkmale: Die Schuppenmerkmale von *Thamnophis eques megalops* unterscheiden sich nicht von denen der Nominatform.

Verbreitung: Von West-Texas durch Südwest-New Mexico und Zentral-Arizona bis nach Baja California, Sonora, Chihuahua, Coahuila, Durango, San Luis Potosí und Guanajuato bis nach

Oben und rechts:
*Thamnophis eques
virgatenuis*, Wildfang-
männchen aus Chihua-
hua, Mexiko.

Verbreitungsgebiet von
*Thamnophis eques vir-
gatenuis.*

Thamnophis eques virgatenuis

Hidalgo in Mexiko. *Thamnophis eques megalops* ist in Arizona und New Mexico geschützt.

Lebensweise: *Thamnophis eques megalops* kommt in Höhen von 600 bis 2800 m vor. Sie bewohnt die Ränder von Seen, Teichen und Tümpeln und ernährt sich überwiegend von Fischen und Fröschen.

Ähnliche Arten: *Thamnophis marcianus* hat in der Regel die Seitenstreifen – zumindest im vorderen Körperbereich – nur auf der dritten Schuppenreihe. *Thamnophis cyrtopsis*-Unterarten haben im Nackenbereich nur 19 Schuppenreihen.

Pflege im Terrarium: Ein Terrarium von 120 × 80 × 60 cm (L × H × B) ist ausreichend für eine Zuchtgruppe von drei Tieren. Gefüttert werden sie mit Fischen und Amphibien. Weiterhin sollten ihnen Regenwürmer, Schnecken und auch junge Mäuse angeboten werden.

Zucht: Über eine gelungene Nachzucht im Terrarium ist dem Verfasser nichts bekannt. Die Jungtiere, bis zu 25 pro Wurf, können bei der Geburt bis zu 24 cm lang sein.

Thamnophis eques virgatenuis CONANT, 1963

1963 Thamnophis eques virgatenuis
CONANT, R.: Semiaquatic snakes of the genus *Thamnophis* from the isolated drainage system of the Rio Nazas and adjacent areas in Mexico. Copeia 1963, 473–499.

Deutsche Namen: Blaustreifen-Strumpfbandnatter; Mexikanische Blaustreifen-Strumpfbandnatter.

Amerikanische Namen: Mexican Garter Snake; Blue-Striped Garter Snake; Mexican Blue-Striped Garter Snake.

Beschreibung: Die Grundfärbung ist olivbraun bis dunkelbraun. Der Rückenstreifen ist schmal und weiß bis gelblich weiß gefärbt. Die Seitenstreifen liegen wie bei den anderen *Thamnophis eques*-Unterarten im vorderen Körperbereich auf der dritten und vierten, ansonsten auf der zweiten und dritten Schuppenreihe und haben eine weiße bis hellblaue Farbe. Zwischen Rücken- und Seitenstreifen liegen zwei Reihen schwarzer Flecken. Die Kopfoberseite ist gewöhnlich heller gefärbt als der Körper. Die Oberlippenschilder sind weiß bis cremefarben und schwarz gesäumt.

Schuppenmerkmale: *Thamnophis eques virgatenuis* zeigt bei den Schuppenmerkmale keine Unterschiede zu den beiden anderen Unterarten.

Verbreitung: Von ihr sind in Mexiko lediglich drei Populationen in Südwest-Durango, im westlichen Zentral-Chihuahua sowie in Nordwest-Chihuahua bekannt.

Lebensweise: Über ihre Lebensweise ist nichts bekannt, nur dass sie in der Nähe von Gewässern lebt.

Bestimmungsschlüssel für *Thamnophis eques*-Unterarten (nach ROSSMAN, FORD & SEIGEL, 1996):

1. Oberseite überwiegend braun,
   Rückenstreifen nicht auf die
   Vertebralreihe beschränkt   2
   Oberseite überwiegend schwarz;
   Rückenstreifen weitgehend auf
   die Vertebralreihe beschränkt
                              Th. e. virgatenuis
2. Schwanzschilder gewöhnlich
   ≤ 78 bei Männchen und ≤ 68
   bei Weibchen   *Th. e. eques*
   Schwanzschilder gewöhnlich
   ≥ 79 bei Männchen und ≥ 69
   bei Weibchen   *Th. e. megalops*

Ähnliche Arten: Wie bei den beiden vorher genannten Unterarten kann sie von *Thamnophis marcianus* und *Thamnophis cyrtopsis* unterschieden werden. *Von Thamnophis eques eques* und *Thamnophis eques megalops* kann sie anhand ihres schmalen Rückenstreifens unterschieden werden.

Pflege im Terrarium: BRUCHMANN (1996) berichtet, dass das von ihm gepflegte Tier tag- und dämmerungsaktiv ist und weiterhin, dass sein Exemplar Regenwürmer und Schnecken als Futter ablehnt.

Zucht: Über eine Nachzucht dieser Unterart ist nichts bekannt.

Thamnophis errans SMITH, 1942

1942 *Thamnophis ordinoides errans*
SMITH, H. M.: The synonymy of the garter snakes (*Thamnophis*), with notes on Mexican and Central American species.
Zoologica 27, 97–123.
Deutsche Namen: –
Amerikanische Namen: –
Beschreibung: Die Grundfärbung ist olivbraun bis graugrün. Der Rückenstreifen ist schmal und gelb, gelblichweiß oder gelblichgrün. Die Seitenstreifen, die auf der zweiten und dritten Schuppenreihe liegen, sind cremefarben bis olivgelb gefärbt. Zwischen Rücken- und Seitenstreifen können undeutliche schwarze Flecken vorhanden sein, besonders im vorderen Körperbereich. Der Bauch ist blass gelb bis blass orange gefärbt, häufig auch mehr oder weniger schwarz gefleckt. Die Zunge ist gewöhnlich schwarz, mitunter hat sie aber auch vereinzelte rote Flecken.
Schuppenmerkmale: Gewöhnlich hat *Thamnophis errans* 19 Schuppenreihen im vorderen und mittleren Körperbereich, zum Körperende hin nur noch 17. Aber besonders im nördlichen Verbreitungsgebiet treten auch 21 Schuppenreihen im vorderen Bereich sowie in der Körpermitte auf. Die Anzahl der Bauchschilder liegt bei den Männchen zwischen 150 und 166, bei den Weibchen zwischen 146 und 160. Die Männchen haben 78 bis 94 Schwanzschilder, die Weibchen 67 bis 83. Gewöhnlich hat diese Art sieben Oberlippenschilder, in den nördlichen Populationen treten aber häufig auch acht auf. Zehn Unterlippenschilder sind die Regel, gelegentlich zeigen sich elf. Die Tiere haben eine Präoculare und drei, seltener zwei oder vier Postocularia.

Verbreitung: Das Verbreitungsgebiet erstreckt sich in Mexiko von Nordwest-Chihuahua bis West-Zaratecas.

Lebensweise: Über die Lebensweise von *Thamnophis errans* ist nahezu nichts bekannt, lediglich dass sie aufgrund ihrer stark aquatischen Lebensweise in der Nähe von Gewässern zu finden ist.

Pflege und Zucht: Es gibt keinerlei Angaben, lediglich die Wurfgröße soll bei 6 bis 10 Jungtieren liegen.

Bemerkung: *Thamnophis errans* wurde lange Zeit als Unterart von *Thamnophis elegans* angesehen. FITCH (1980) erwägte, dass es sich um eine eigenständige Art handelt. Eine elektrophoretische Analyse von DE QUEIROZ und LAWSON (1994) bestätigte Fitch's Annahme.

Thamnophis exsul ROSSMAN, 1969

1969 *Thamnophis exsul*
ROSSMAN, D. A.: A new natricine snake of the genus *Thamnophis* from northern Mexico.
Occ. Papers Mus. Zool. Louisiana St. Univ. 39, 1–4.
Deutsche Namen: –
Amerikanische Namen: Exiled Garter Snake
Beschreibung: Mit etwa 45 cm Gesamtlänge ist *Thamnophis exsul* die kleinste Strumpfbandnatter, außerdem scheint sie die seltenste Art zu sein, da den Wissenschaftlern bislang nur zehn Exemplare für eine Untersuchung zur Verfügung standen. Die Grundfärbung ist graubraun, Rücken- und Seitenstreifen fehlen oder sind nur schwach angedeutet. Vier Reihen brauner Flecken treten am häufigsten auf. Mitunter verschmelzen die beiden mittleren Reihen zu einer. Die Reihen durchdringen die angedeuteten Rücken- und Seitenstreifen. Die Zunge ist schwarz.
Schuppenmerkmale: Von den zehn untersuchten Exemplaren besaßen 9 Tiere 17 Schuppenreihen, ein Exemplar besaß 19 Schuppenreihen. Bei zwei Tieren reduzierten sich die Schuppen-

Thamnophis exsul.

schilder. Es traten aber auch neun oder zehn auf. Sie besaßen eine Präoculare und zwei oder drei Postocularia.

Verbreitung: *Thamnophis exsul* ist in Mexiko lediglich von drei Fundorten in der Sierra Madre Oriental in Südost-Coahuila und Südost-Nuevo León bekannt.

Lebensweise: *Thamnophis exsul* ist eine Hochlandart. Sie wurde bisher nur in Höhen über 2600 m gefunden. Dort bevorzugt sie offenes Buschland und Weiden, häufig weit von Gewässern entfernt. Ihre Lebensweise ist noch weitgehend unbekannt, scheint aber stark terrestrisch zu sein.

Thamnophis fulvus Bocourt, 1893

1893 *Eutaenia cyrtopsis* var. *fulvus*
Bocourt, M.-F.: Mission scientifique au Mexique et dans L'Amérique Centrale. Recherches Zoologiques. Part 3, Sect. 1.
Livr. 13, 733–780.

Deutsche Namen: Hochland-Strumpfbandnatter.

Amerikanische Namen: Guatemala Garter Snake, Mesoamerican Highlands Garter Snake.

Beschreibung: Die Grundfärbung ist dunkelgrau bis olivbraun. Der Rückenstreifen ist lohfarben und im Nackenbereich deutlich erkennbar. Zum Körperende hin wird er sehr undeutlich oder fehlt ganz. Die Seitenstreifen, die auf der zweiten und dritten Schuppenreihe liegen, sind fahlgelb und häufig mit braunen Pigmenten überzogen. Zwischen den Streifen befinden sich zwei

reihen zum Körperende hin auf 15. Diese fehlende Reduzierung der restlichen Tiere ist bei Strumpfbandnattern ungewöhnlich und wurde bisher nur noch bei einigen Populationen von *Thamnophis godmani* und *Thamnophis scalaris* festgestellt. Die Anzahl der Bauchschilder liegt bei den Männchen zwischen 152 und 156, bei den Weibchen zwischen 142 und 150. Die Männchen haben 63 bis 65 Schwanzschilder, die Weibchen 52 bis 56. Die untersuchten Exemplare hatten überwiegend sieben Oberlippenschilder, seltener sechs oder acht, und acht Unterlippen-

Thamnophis fulvus.

Verbreitungsgebiet von *Thamnophis errans*, *Thamnophis exsul* und *Thamnophis fulvus*.

■ *Thamnophis errans*
■ *Thamnophis exsul*
■ *Thamnophis fulvus*

Reihen dunkler Flecken, die äußerst variabel sind. Einige Exemplare haben relativ große Flecken auf dem Körper, andere nur kleine, die lediglich auf der vorderen Körperhälfte liegen. Mitunter bilden die beiden Reihen ein schachbrettförmiges Muster. Unterhalb des Seitenstreifens befindet sich eine weitere Reihe dunkler Flecken. Im Nacken sind zwei große schwarze Flecken. Die Kopfoberseite ist braun. Die Oberlippenschilder haben schwarze Markierungen. Die Kopfunterseite ist cremefarben. Der Bauch ist weiß bis grauweiß und kann zum Körperende hin einen grünlichen Anflug bekommen. Die Zunge ist schwarz.

Schuppenmerkmale: 19 Schuppenreihen im Nacken und in der Körpermitte und 17 zum Körperende hin sind die Regel. Gelegentlich treten in der Körpermitte auch 17 und am Körperende 15 Schuppenreihen auf. Es wurden einige Exemplare gefunden, die 21 Schuppenreihen im Nackenbereich besaßen. Ebenso sind Tiere mit 21 Schuppenreihen in der Körpermitte bekannt. Diese Art hat acht Oberlippenschilder gelegentlich auch sieben oder neun, und zehn Unterlippenschilder, gelegentlich elf, manchmal auch nur neun. Eine Präoculare, mitunter auch zwei und drei Postocularia sind bei *Thamnophis fulvus* zu finden. Die Anzahl der Bauchschilder liegt bei Männchen zwischen 136 und 154, bei den Weibchen zwischen 132 und 150. Die Männchen ha-

ben 63 bis 80 Schwanzschilder, die Weibchen 56 bis 72.

Verbreitung: Ihr Verbreitungsgebiet erstreckt sich in Mexiko von Zentral-Chiapas durch das südliche Guatemala bis nach Südwest-Honduras und das angrenzende El Salvador.

Lebensweise: Sie kommt in Höhen bis 3400 m vor und bewohnt die Dornbuschsteppen und das Grasland der Hochlagen und bevorzugt Flüsse, Teiche, Seen und Tümpel als Lebensraum. Dort ernährt sie sich von Fischen, Fröschen, Salamandern und Molchen, sowie deren Larven.

Ähnliche Arten: Es kommt zu Verwechslungen mit den nahe verwandten Unterarten von *Thamnophis cyrtopsis* (*Thamnophis fulvus* wurde lange Zeit als Unterart von *Thamnophis cyrtopsis* angesehen). Jedoch besitzt *Thamnophis fulvus* meist weniger Schwanzschilder als *Thamnophis cyrtopsis*.

Pflege im Terrarium: BRUCHMANN (1994) konnte 1988 ein Pärchen erwerben. Die Tiere bezogen ein 100 × 50 × 50 cm (L × B × H) großes Terrarium. Als Bodengrund wurde mittelgrober Kies verwendet, halbierte Korkrindenröhren dienten als Unterschlupf. Einige Kletteraste, *Scindapsus*-Ranken, sowie ein rundes Wasserbecken vervollständigten die Einrichtung. Die erste Zeit verhielten sich die Tiere äußerst aggressiv und bissen bei jeder vermeintlichen Bedrohung

69

Thamnophis gigas.

streifen, die andere säumt den Rückenstreifen.

Schuppenmerkmale: *Thamnophis gigas* besitzt 21 oder 23 Schuppenreihen im Nackenbereich und in der Körpermitte, seltener 22. Zum Körperende reduzieren sich die Schuppenreihen auf 17, gelegentlich auf 18, in seltenen Fällen auch auf 19. Bemerkenswert ist, dass die 23 Schuppenreihen häufiger bei Weibchen als bei Männchen auftreten. Im Sacramento Valley besitzen die Männchen 162 bis 168 Bauchschilder, die Weibchen 156 bis 164, im San Joaquin Valley haben die Männchen nur 157 bis 161, die Weibchen 150 bis 155 Bauchschilder. Männliche *Thamnophis gigas* haben 73 bis 81 Schwanzschilder, weibliche Tiere 65 bis 73. Es treten acht Oberlippenschilder und zehn bis elf Unterlippenschilder auf. Es ist eine Präoculare vorhanden, selten auch zwei, sowie drei Postocularia, gelegentlich zwei.

Verbreitung: Ihr Vorkommen ist auf das San Joaquin Valley, Kalifornien, vom Butte County südwärts bis zum Kern County beschränkt. Daher ist *Thamnophis gigas* seit dem 20.10.1993 streng geschützt.

Lebensweise: *Thamnophis gigas* kommt in Höhen bis 120 m NN vor. Sie bewohnt die Feuchtgebiete in der Nähe von Flüssen, Teichen und Seen und ernährt sich dort von Fischen, Fröschen und Molchen. Sie ist eine äußerst wachsame und scheue Strumpfbandnatter, die bei der geringsten Störung Schutz im Wasser sucht.

Ähnliche Arten: Aufgrund ihrer Größe ist sie nicht so leicht mit anderen Strumpfbandnattern zu verwechseln.

Pflege im Terrarium: Über eine Terrarienhaltung ist nichts bekannt. Da diese Art in ihrer Heimat vielerorts ausgerottet oder stark bedroht ist, sollte von einer Terrarienhaltung abgesehen werden oder erfahrenen Terrarianern vorbehalten sein. Aufgrund ihrer Größe und ihrer Scheu sollten die Terrarienmaße 150 × 80 × 100 cm (L × B × H) nicht unterschreiten.

Zucht: Über eine Zucht ist ebenfalls nichts bekannt, jedoch ist auch hier eine zwei- bis dreimonatige Winterruhe Voraussetzung dafür. Im Labor wurden bis zu 45 Junge geboren.

sofort zu. Später legten die Schlangen dieses Verhalten jedoch ab. Gefüttert wurden sie mit lebenden Forellen und Rotaugen, dabei erwiesen sich die Nattern als äußerst geschickte Jäger. Weiterhin nahmen sie noch vitaminisiertes Fischfleisch. Lediglich das Männchen fraß auch Tauwürmer. Der Versuch, die Tiere an Mäuse als Futter zu gewöhnen, schlug fehl.

Zucht: Im Oktober 1989 gebar das von BRUCHMANN (1994) gepflegte Weibchen 13 Jungtiere, nachdem es zuvor drei Monate lang keine Nahrung aufgenommen hatte – ein für Strumpfbandnattern eher ungewöhnliches Verhalten. Die jungen Nattern waren mit 22 bis 27 cm recht groß und wurden mit vitaminisiertem Fischfleisch gefüttert.

Thamnophis gigas FITCH, 1940

1940 *Thamnophis ordinoides gigas*
FITCH, H. S.: A biogeographical study of the ordinoides artenkreis of garter snakes (*Thamnophis*).
Univ. California Publ. Zool. 44, 1–150.
Deutsche Namen: Riesen-Strumpfbandnatter.
Amerikanische Namen: Giant Garter Snake; Couch's Garter Snake.
Beschreibung: Männchen 50 bis 74 cm, Weibchen 55 bis 108 cm, es wurden schon Exemplare von 163 cm Länge gefunden (STEBBINS, 1985). Die Grundfärbung der Exemplare im nördlichen Verbreitungsgebiet ist dunkelbraun bis fast schwarz. Der Rückenstreifen ist hell olivbraun bis gelb gefärbt. Ebenso die Seitenstreifen. Weiter im Süden leben Exemplare mit oliver Grundfärbung. Rücken- und Seitenstreifen sind nur schwach zu sehen oder fehlen ganz. Diese Tiere besitzen zwei Reihen kleiner dunkler Flecken. Die untere Reihe befindet sich direkt am Seiten-

Thamnophis godmani GÜNTHER, 1894

1892 *Tropidonotus godmani*
GÜNTHER, A. C. L. G.: Vol. 7 in Biologia Centrali – Americana Reptilia and Batrachia.
Taylor and Frances, London.
Deutsche Namen: Godman's Strumpfbandnatter
Amerikanische Namen: Mexican Garter Snake; Godman's Garter Snake.
Beschreibung: Diese mittelgroße Strumpfbandnatter erreicht eine Länge von 55 bis

60 cm. Die Grundfärbung ist braun. Der Rückenstreifen ist hellbraun bis gräulich braun und in der Breite sehr variabel. Bei manchen Exemplaren ist er kaum erkennbar. Die Seitenstreifen sind lohfarben und mehr oder weniger undeutlich. Einigen Tieren fehlen sie ganz. Zwischen Rücken- und Seitenstreifen liegen zwei Reihen kleiner schwarzer Flecken. Aber auch diese sind bei manchen Exemplaren nicht sichtbar. Die Färbung der Kopfoberseite entspricht der Grundfärbung, Zeichnungen oder Markierungen treten dort nicht auf. Die Oberlippenschilder sind nahezu weiß, grau oder graubraun und schwarz gesäumt. Die Kopfunterseite ist hell, Bauch und Schwanzunterseite sind häufig gräulich gefärbt. Untersuchte Exemplare aus Puebla-Veracruz hatten einen orangefarbenen Bauch, der mit Schwarz oder Braun überzogen war. Außerdem zeigten diese Tiere auf der Haut zwischen den Schuppen eine kräftig gelbe Färbung.

Schuppenmerkmale: 17 Schuppenreihen über den gesamten Körper treten genauso häufig auf wie 17 im vorderen Körperbereich und der Körpermitte und 15 zum Körperende hin. Gelegentlich kommen auch Exemplare vor, die am Körperende 16 Schuppenreihen besitzen. Nur sehr selten sind 15 Schuppenreihen in der Körpermitte zu finden. Sieben Oberlippenschilder sind die Regel, gelegentlich treten auch acht auf. Die meisten Exemplare besitzen zehn Unterlippenschilder, manchmal auch neun oder elf. *Thamnophis godmani* hat eine Präoculare sowie drei, selten zwei Postocularia. Die Männchen haben 135 bis 153 Bauch- sowie 61 bis 84 Schwanzschilder. Bei den Weibchen treten 133 bis 149 Bauch- und 51 bis 75 Schwanzschilder auf.

Verbreitung: *Thamnophis godmani* kommt in der südlichen Sierra Madre Oriental in Puebla und Veracruz, in der Mesa del Sur in Oaxaca und in der Sierra Madre del Sur in Guerrero vor.

Lebensweise: Diese Strumpfbandnatter lebt in Höhen zwischen 1 800 und 3 000 m NN. Über die Lebensweise dieser Hochlandart ist nichts bekannt. Ein eingefangenes Exemplar würgte eine Maus aus. Die Hauptnahrung bilden aber Wirbellose und Amphibien.

Pflege im Terrarium: Über die Pflege und Zucht im Terrarium ist nichts bekannt. *Thamnophis godmani* tauchte in der Vergangenheit zwar gelegentlich in den Listen amerikanischer Händler auf, aber ob es sich dabei wirklich um diese Art handelte, ist fraglich.

Bemerkung: Aufgrund von Untersuchungen durch BURBRINK & ROSSMAN im Jahre 2001 werden zur Zeit drei neue Arten beschrieben, die *Thamnophis godmani* verwandtschaftlich sehr nahe stehen (ROSSMAN, pers. Mit., 2001).

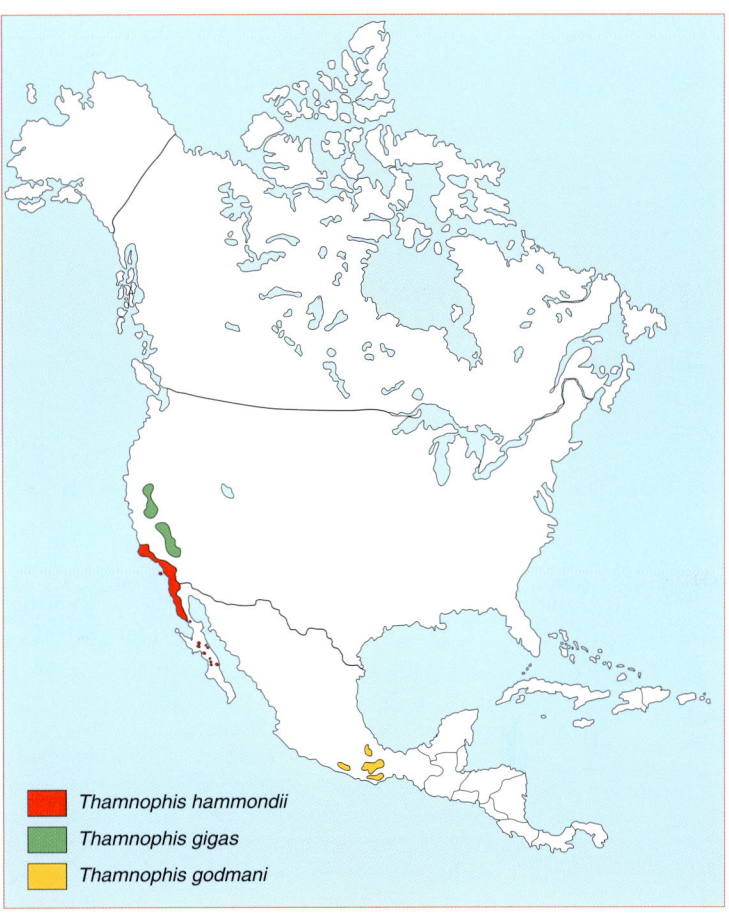

Thamnophis hammondii
Thamnophis gigas
Thamnophis godmani

Verbreitungsgebiet von *Thamnophis gigas*, *Thamnophis godmani* und *Thamnophis hammondii*.

Thamnophis hammondii KENNICOTT, 1860

1860 *Eutaenia hammondii*
KENNICOTT, R: Descriptions of new species of new species of North American serpents in the museum of the Smithsonian Institution, Washington.
Proc. Acad. Nat. Sci. Philadelphia 12, 328–338.
1899 *Tropidonotus digueti*
MOCQUARD, M. F.: Contribution à la faune herpetologique de la Basse-Californie.
Nouv. Arch. Mus. d'Hist. Naturelle, ser. 4, 1, 297–344

Deutsche Namen: Hammond's Strumpfbandnatter; Zweistreifen-Strumpfbandnatter.

Amerikanische Namen: Southern California Garter Snake; California Garter Snake; Hammond's Garter Snake; Pacific Garter Snake; Water Snake.

Beschreibung: Sie erreicht eine Länge von 85 cm. Die Grundfärbung ist olivgrau bis olivbraun. Abgesehen von einem kurzen Stück im Nackenbereich fehlt der Rückenstreifen. Die Seitenstreifen liegen auf der zweiten und dritten Schuppenreihe und sind fahlgrau bis olivgelb

71

Thamnophis marcianus praeocularis

Oben:
Verbreitungsgebiet von
*Thamnophis marcianus
praeocularis.*

Rechts:
Zeichnungsmuster einer
*Thamnophis marcianus
marcianus.*

oder hellgelb gefärbt. Exemplare, bei denen die Seitenstreifen sehr undeutlich sind oder fehlen, sind nicht selten. Sie wurden damals als eigene Unterart *Thamnophis hammondii digueti* betrachtet. Oberhalb des Seitenstreifens befinden sich zwei Reihen kleiner schwarzer Flecken. Die Kopfoberseite ist dunkel olivgrün. Ober- und Unterlippenschilder sind olivgelb bis olivgrau mit einem schwarzen Saum. Die Kopfunterseite ist gelb gefärbt. Die Färbung von Bauch und Schwanzunterseite reicht von mattgelblich bis hell orangerot. Die Unterseite ist oft unmarkiert, kann aber auch dunkelgraue bis schwarze Flecken besitzen. Entlang der Küste von Oceano, Monterey County, Kalifornien, wurden schwarze Exemplare gefunden, deren Seitenstreifen teilweise verdeckt waren. Es sind melanistische Exemplare von *Thamnophis hammondii* bekannt.

Schuppenmerkmale: 21 Schuppenreihen befinden sich im Nackenbereich, in der Körpermitte 19 und zum Körperende hin 17, gelegentlich auch nur 16. Acht Ober- und zehn Unterlippenschilder, selten auch neun oder elf, sind die Regel. *Thamnophis hammondii* hat zwei Präocularia, nur selten eine. Weiterhin weist sie sich durch drei, seltener vier Postocularia aus. Die Männchen besitzen 155 bis 178 Bauchschilder, die Weibchen 149 bis 172. 66 bis 93 Schwanzschilder sind bei männlichen Tieren zu zählen, bei weiblichen 61 bis 82.

Verbreitung: Das Verbreitungsgebiet reicht von Monterey County, Kalifornien, südwärts bis Nordwest-Baja California. Offensichtlich existie-

ren isolierte Populationen im nördlichen Baja California Sur. BROWN (1980) berichtet von Vorkommen auf der Insel Santa Catalina vor der kalifornischen Küste. Es wurden Mischlinge von *Thamnophis hammondii* und *Thamnophis atratus atratus* gefunden. *Thamnophis hammondii* ist eine geschützte Art.

Lebensweise: Sie kommt in Höhen von 0 bis 2100 m NN vor und bewohnt Gewässer mit Uferbewuchs. Sie ist überwiegend dämmerungs- und nachtaktiv, kann aber auch am Tage angetroffen werden. Ihre Nahrung besteht aus Fröschen und Kröten, deren Larven, sowie Fischen, Fischeiern und Regenwürmern.

Ähnliche Arten: Aufgrund ihrer Färbung und des fehlenden Rückenstreifens ist sie relativ leicht von anderen *Thamnophis*-Arten zu unterscheiden.

Pflege im Terrarium: Ein Terrarium von der Größe 120 × 60 × 80 cm (L × B × H) ist für eine Zuchtgruppe von drei Tieren geeignet. Da diese Art eine sehr aquatische Lebensweise führt, sollte das Wasserbecken durchaus die Hälfte der Terrariengrundfläche einnehmen. Gefüttert werden die Tiere mit Fröschen, Fischen, Fischstücken und Regenwürmern. Eine etwa zweimonatige Winterruhe ist empfehlenswert.

Zucht: 15 bis 35 Jungtiere pro Wurf, die eine Größe von 20 bis 22 cm haben. Sie können mit kleinen Fischen, Fischstückchen, vitaminisierten Rinderherz und kleinen Regenwürmern gefüttert werden.

Thamnophis marcianus BAIRD & GIRARD, 1853

Deutsche Namen: Schachbrett-Strumpfbandnatter; Gescheckte Strumpfbandnatter.
Amerikanische Namen: Marcy's Garter Snake; Spotted Garter Snake; Desert Garter Snake; Mousesnake; Sonoran Garter Snake.
Beschreibung: Von dieser recht bekannten und häufig gepflegten Strumpfbandnatter existieren drei Unterarten, deren Unterscheidung für den Terrarianer nicht gerade einfach ist. Die Unterscheidungsmöglichkeiten sind gewöhnlich den Wissenschaftlern vorbehalten, da dem Liebhaber in der Regel nicht genügend Vergleichstiere zur Verfügung stehen. Zum Teil sind Unterscheidungen auch nur an sezierten Tieren durchführbar, was für den Terrarianer ausscheiden wird, da er sicherlich nicht seine Tiere tötet, nur um die Unterart zu bestimmen. In den meisten Fällen ist ihm auch die genaue Herkunft nicht bekannt, was ebenfalls weiterhelfen würde. Dennoch sollen die Unterscheidungsmerkmale hier kurz aufgeführt werden. Sie sind allerdings recht allgemein und können dementsprechend individuell abweichen.

Bei der Nominatform treten maximal 21 Schuppenreihen auf, bei den beiden anderen Unterarten maximal 19. Männliche *Thamnophis marcianus* weisen 136 bis 173, weibliche 134 bis 166 Bauchschilder auf. Dabei haben männliche *Thamnophis marcianus marcianus* durchschnittlich 5,4 bis 7,1 mehr Bauchschilder als die Weibchen, bei *Thamnophis marcianus bovallii* sind es 2,8 und bei *Thamnophis marcianus praeocularis* nur 0,8. Die Anzahl der Schwanzschilder liegt bei den Männchen zwischen 64 und 82, bei den Weibchen zwischen 56 und 77. Die Untersuchungen zeigten, dass männliche *Thamnophis marcianus marcianus* im Durchschnitt 7,6 bis 9,3 Schwanzschilder mehr besitzen als die Weibchen, bei *Thamnophis marcianus bovallii* sind es 5,8 und bei *Thamnophis marcianus praeocularis* 0,5. Dabei war die Anzahl der untersuchten *Thamnophis marcianus praeocularis* allerdings relativ gering, so dass dieser Durchschnitt nicht unbedingt als sicheres Bestimmungsmerkmal dienen muss.

Die relative Schwanzlänge (Schwanzlänge im Verhältnis zur Gesamtlänge) beträgt bei *Thamnophis marcianus marcianus*-Männchen durchschnittlich 22 bis 24 %, bei den Weibchen weniger als 23 %. Bei männlichen *Thamnophis marcianus bovallii* und *Thamnophis marcianus praeocularis* ungefähr 26 %, bei weiblichen 25 bis 26 %. Sicherstes Unterscheidungsmerkmal scheint die Anzahl der Oberkieferzähne zu sein, was aber für den Terrarianer ausscheidet. *Thamnophis marcianus marcianus* hat im Durchschnitt 23 bis 24

Thamnophis marcianus marcianus

Oberkieferzähne, *Thamnophis marcianus bovallii* 27 und *Thamnophis marcianus praeocularis* 29. Weiterhin sind bei *Thamnophis marcianus marcianus* die Präfrontalia länger als die Internasalia (114 %), bei *Thamnophis marcianus bovallii* jedoch kürzer (86,8 %). Für *Thamnophis marcianus praeocularis* liegen keine Angaben vor.

Für die Bestimmung der Unterarten kann, wie schon erwähnt, die Herkunft der Tiere sehr hilfreich sein, ebenso einige äußere Merkmale, die aber keine Garantie bieten können. Bei *Thamnophis marcianus marcianus* ist der Rückenstreifen gewöhnlich recht schmal, der von *Thamnophis marcianus bovallii* ist breiter. *Thamnophis marcianus marcianus* besitzt zwischen Rücken- und Seitenstreifen zwei Reihen großer dunkler Flecken, die auch miteinander verschmelzen können. Die Flecken bei *Thamnophis marcianus bovallii* sind wesentlich kleiner und berühren sich gewöhnlich nicht. Bei *Thamnophis marcianus praeocularis* fehlt häufig der Rückenstreifen oder wird von der oberen Fleckenreihe unterbrochen. Gewöhnlich sind die Flecken der oberen Reihe größer als die der unteren.

Verbreitungsgebiet von *Thamnophis marcianus marcianus*.

73

Oben:
Thamnophis marcianus marcianus-Albino.

Mitte:
Thamnophis marcianus marcianus.

Unten:
Größenunterschied zweier *Thamnophis marcianus marcianus*-Geschwister, bedingt durch unterschiedliche Aufzucht.

74

Thamnophis marcianus marcianus

BAIRD & GIRARD, 1853

1853 *Eutaenia marcianus*
BAIRD, S. F. & GIRARD, C.: Catalogue of North American Reptiles in the Museum of the Smithsonian Institution. Part I. Serpents. Smithsonian Inst., Washington, D.C.
1889 *Eutaenia nigrolateris*
BROWN, A. E.: Description of a new species of *Eutaenia.*
Proc. Acad. Nat. Sci. Philadelphia 41, 421–422.
1938 *Thamnophis ruthveni*
HARTWEG, N. & OLIVER, J. A.: A contribution to the herpetology of the Isthmus of Tehuantepec. III. Three new snakes from the Pacific slope. Occ. Papers Mus. Zool. Univ. Michigan 390, 1–8.

Verbreitung: Das Verbreitungsgebiet erstreckt sich von Südwest-Kansas westwärts bis Südost-Kalifornien und südwärts durch das nördliche und östliche Mexiko bis nach Nord-Veracruz. Eine isolierte Population ist von Tehuantepec bekannt. In Kansas steht *Thamnophis marcianus marcianus* unter Schutz.

Lebensweise: Einerseits wird von dieser Unterart trockenes Grassland als Habitat bevorzugt, andererseits sind in Südost-Arizona Populationen bekannt, die eine semiaquatische Lebensweise führen, wo sie oft in Bächen und kleinen Seen beobachtet wurden und sich nur selten mehr als 25 m vom Wasser entfernt gefunden wurden. In Süd-Texas wurde *Thamnophis marcianus marcianus* in Gärten und Hinterhöfen angetroffen.

Pflege im Terrarium: Der Verfasser hielt die Tiere paarweise in 120 cm langen, 80 cm hohen und 60 cm tiefen Terrarien. Beleuchtet wurden die Terrarien jeweils mit vier 18-Watt-Leuchtstoffröhren. 60-Watt-Heizmatten erwärmten die Behälter auf 24 bis 28 °C. Eine zusätzliche 40-Watt-Glühbirne in jedem Becken erzeugte lokal eine Temperatur von 36 bis 38 °C. Der Bodengrund bestand aus 12 bis 18 cm hohen Schichten Rindenmulch-Moos-Gemisch oder Walderde-Sand-Gemisch. Eine derart hohe Schicht ist empfehlenswert, weil sich die Tiere gerne eingraben. Äste, Wurzeln und Rindenstücke dienten als Kletter- und Versteckmöglichkeiten. Als Bade- und Trinkgelegenheit dienten 50 cm lange, 35 cm breite und 12 cm hohe Aquarien, die von einem Glaser angefertigt wurden. Gefüttert wurden die Tiere mit Fröschen, Kaulquappen, Fischen, Regenwürmern und neugeborenen und jungen Mäusen. Mit Vitaminpräparaten angereichertes Rinderherz nahmen sie nicht an. Auf einen Winterschlaf wurde verzichtet, da dem Verfasser von mehreren befreundeten Terrarianern berichtet wurde, dass es bei ihnen dadurch zu erheblichen Verlusten kam. Im November wurde lediglich für

6 bis 8 Wochen die Temperatur auf 17 °C bis 19 °C gesenkt, die Beleuchtung auf 0 bis 3 Stunden reduziert. Die Reduzierung der Beleuchtung setzt natürlich voraus, dass die Terrarien in einem Raum stehen, in denen Tageslicht eindringt. In völlig dunklen Räumen muss ansonsten eine Notbeleuchtung eingeschaltet sein. Bei dieser Methode der Ruhephase traten beim Verfasser keinerlei Verluste auf.

Zucht: In der Literatur werden bis zu 30 Jungtiere pro Wurf angegeben. Beim Verfasser wurden jedoch nie mehr als 15 Jungtiere pro Wurf geboren. Die Größe der Jungen schwankte zwischen 15 und 20 cm. Die Jungtiere von *Thamnophis marcianus* scheinen empfindlicher zu sein als die vieler anderer Strumpfbandnattern. Beim Verfasser verweigerten aus jedem Wurf etwa 20 % der Jungen die Nahrung und gingen nach wenigen Tagen ein. Der Versuch der Zwangsernährung – was sich bei Tieren dieser Größe als recht problematisch erwies – schlug ebenfalls fehl. Auch bei der Aufzucht zeigten sich die Tiere mitunter recht heikel. Beim Verfasser wurden die Jungtiere in zwei verschiedenen Terrarienanlagen aufgezogen. Dabei zeigte sich, dass die Tiere, die zu zweit oder zu dritt in kleinen Becken (40 cm lang, 25 cm hoch, 25 cm tief) aufgezogen wurden, sich wesentlich besser entwickelten als die Exemplare, die in Gruppen von bis zu 10 Tieren in würfelförmigen Terrarien mit 70 cm Kantenlänge gepflegt wurden. Ernährt wurden die Jungtiere mit kleinen Fischen, Fischstückchen und kleinen Regenwürmern. Ein besonderer Leckerbissen für die Tiere waren Kaulquappen.

Bestimmungsschlüssel für *Thamnophis marcianus*-Unterarten (nach ROSSMAN, FORD & SEIGEL, 1996):

1. Gewöhnlich maximal 21 Schuppenreihen,
   Rückenstreifen nicht breiter als Vertebralreihe und 1/2 Paravertebralreihe; Maximal 25 Oberkieferzähne   *Th. m. marcianus*
   Maximal 19 Schuppenreihen,
   Rückenstreifen, falls vorhanden, bedeckt drei Schuppenreihen,
   Mindestens 26 Oberkieferzähne   2
2. Rückenstreifen immer vorhanden,
   Einzelne kleine schwarze Flecken auf den Bauchschildern   *Th. m. praeocularis*
   Rückenstreifen fehlt gewöhnlich,
   Die großen schwarzen Flecken auf den Bauchschildern sind oft miteinander verbunden   *Th. m. bovallii*

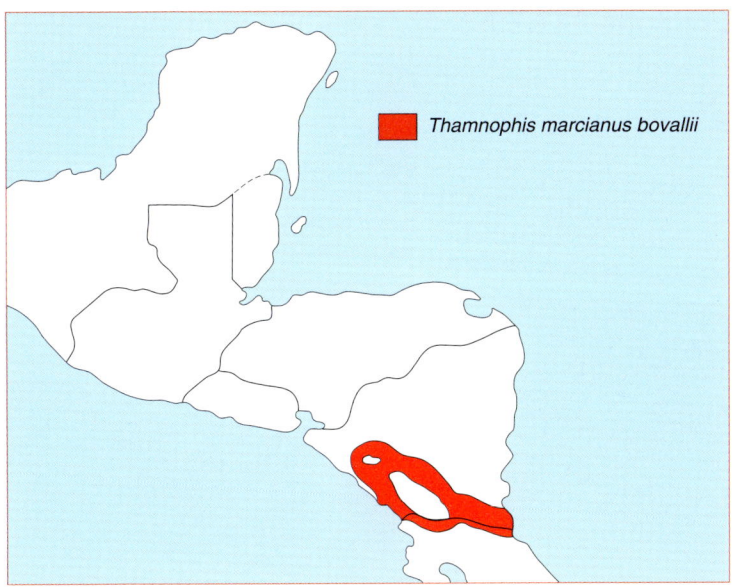

Verbreitungsgebiet von *Thamnophis marcianus bovallii*.

Thamnophis marcianus bovallii DUNN, 1940

1940 *Thamnophis bovallii*
DUNN, E. R.: Notes on some American lizards and snakes in the museum at Goteborg. Herpetologica 1, 189–194.

Verbreitung: Ihr Vorkommen erstreckt sich von Südwest-Nicaragua bis Nord-Costa Rica.

Lebensweise: *Thamnophis marcianus bovallii* führt vermutlich eine sehr aquatische Lebensweise. Sie wurde an Flüssen, Teichen und Seen gefunden.

Pflege und Zucht: Über die Pflege und Zucht im Terrarium ist nichts bekannt.

Thamnophis marcianus praeocularis
BOCOURT, 1892

1892 *Eutaenia praeocularis*
BOCOURT, M.-F.: Note sur un Ophidien appartenant au genre *Eutaenia*. Le Naturaliste 14, 278.
1937 *Thamnophis arabdotus*
ANDREW, E. W.: Notes on snakes from the Yucatan Peninsula.
Zool. Series Field Mus. Nat. Hist. 20, 355–359.

Verbreitung: Ihr Verbreitungsgebiet reicht von der Yucatan-Halbinsel durch Belize und Nordost-Guatemala bis nach West-Honduras.

Lebensweise: Über die Lebensweise dieser Unterart ist noch nichts bekannt.

Bemerkung: Da die Unterscheidung der *Thamnophis marcianus*-Unterarten für den Terrarianer äußerst schwierig ist, ist es durchaus vorstellbar, dass sich Exemplare der beiden Unterarten *bovallii* und *praeocularis* in den Terrarien der Lieb-

75

Thamnophis melanogaster canescens

Thamnophis melanogaster melanogaster

Verbreitungsgebiet von *Thamnophis melanogaster melanogaster* und *Thamnophis melanogaster canescens*.

Beschreibung: Die Grundfärbung der vier Unterarten ist gewöhnlich dunkelbraun. Der Rückenstreifen ist bei den meisten Exemplaren nicht vorhanden oder nur sehr schwach entwickelt. Die Seitenstreifen heben sich nur schwach von der Grundfärbung ab. Zwischen Rücken- und Seitenstreifen liegen zwei Reihen dunkler kleiner Flecken, wobei die untere Reihe gewöhnlich deutlicher erkennbar ist als die obere. Die vier Unterarten lassen sich am besten an ihrer Bauchfärbung unterscheiden.

Schuppenmerkmale: Gewöhnlich hat diese Art 19 Schuppenreihen im vorderen und mittleren Körperbereich. Zum Ende hin reduzieren sie sich auf 17. Es treten aber auch 17 Schuppenreihen am Körperanfang und in der Körpermitte auf. Es treten gewöhnlich acht Oberlippenschilder auf, in seltenen Fällen auch sieben oder neun, sowie zehn Unterlippenschilder, hin und wieder neun oder elf. Präocularia sind gewöhnlich zwei vorhanden, seltener nur ein oder drei. Bei manchen Exemplaren treten vier Postocularia auf, bei den meisten jedoch nur drei, gelegentlich auch zwei. Die Männchen haben 142 bis 156, die Weibchen 136 bis 150 Bauchschilder. Die Anzahl der Schwanzschilder liegt bei den Männchen zwischen 58 und 84, bei den Weibchen zwischen 49 und 76.

Pflege und Zucht: Über Pflege und Zucht im Terrarium ist nichts bekannt. Die Wurfgröße von *Thamnophis melanogaster* soll durchschnittlich bei 13 Jungtieren liegen.

haber befinden, möglicherweise sogar in größerer Stückzahl, so dass sogar gesunde und kräftige Zuchtstämme herangezüchtet werden könnten.

Daher ist es ein Anliegen des Verfassers, dass sich die Pfleger von *Thamnophis marcianus* intensiv mit ihren Tieren beschäftigen und eine Bestimmung der Unterart versuchen. Nur so kann es den Liebhabern gelingen, die Unterarten in ihrer natürlichen Form in den Terrarien zu erhalten.

Thamnophis melanogaster PETERS, 1864

Deutsche Namen: Schwarzbauch-Strumpfbandnatter

Amerikanische Namen: Mexican Black-Bellied Garter Snake

Von dieser mexikanischen Strumpfbandnatter existieren vier Unterarten. Sie stellt ein Bindeglied zur Gattung *Nerodia* dar. Die Zugehörigkeit dieser Art zur Gattung *Thamnophis* ist sehr umstritten. Einige Wissenschaftler vertreten die Meinung, dass sie der Gattung *Nerodia* zugeordnet werden sollte. Hier müssen weitere Untersuchungen Klärung bringen.

Thamnophis melanogaster melanogaster

PETERS, 1864

1864 *Tropidonotus melanogaster*
PETERS, W. C. H.: Ueber einige neue Saugethiere (*Mormops, Macrotus, Versperus, Molossus, Capromys*), Amphibien (*Platydactylus, Otocryptis, Euprepres, Dromicus, Tropidonotus, Xenodon, Hylodes*) und Fische (*Sillago, Sebastes, Channa, Mycotophum, Carassius, Barbus, Capoeta, Poecilia, Saurenchelys, Leptocephalus*).
Monatsb. Dt. Akad. Wissen, Berlin 1864, 381–399.
1892 *Tropidonotus baronis-mülleri*
BOULENGER, G. A.: Catalogue of the Snakes in the British Museum (Natural History). Vol. 1. London.

Beschreibung: Der Bauch ist bei der Nominatform überwiegend schwarz gefärbt.

Verbreitung: Das Vorkommen der Nominatform ist auf das „Valley of Mexico" beschränkt.

Lebensweise: Sie führt eine sehr aquatische Lebensweise. Zumindest in heißen Sommern ist sie nachtaktiv.

76

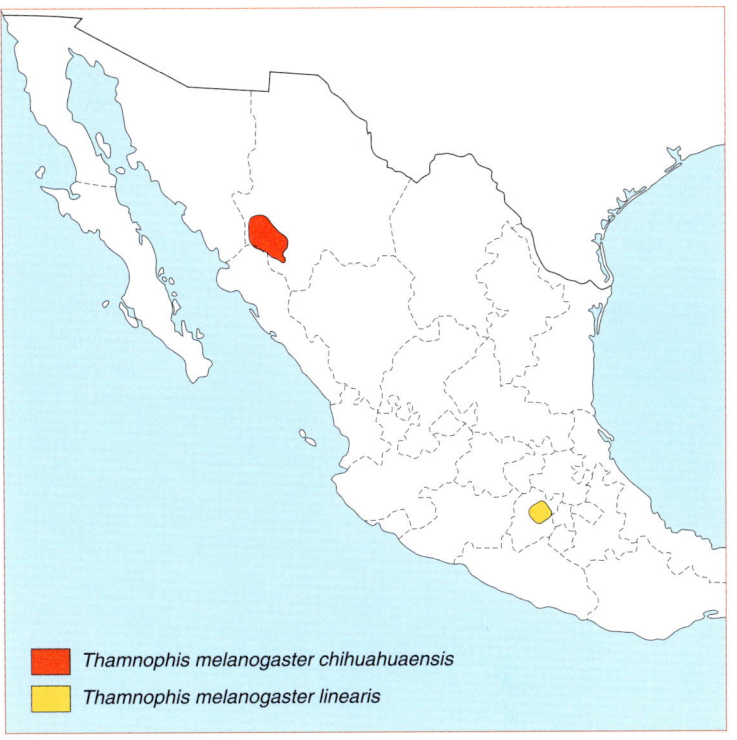

■ Thamnophis melanogaster chihuahuaensis
■ Thamnophis melanogaster linearis

Bestimmungsschlüssel für *Thamnophis melanogaster*-Unterarten (nach Rossman, Ford & Seigel, 1996):

1. Rückenstreifen gewöhnlich bei Jungtieren und einigen Adulten vorhanden, Maximal 64 Schwanzschilder bei den Männchen und gewöhnlich maximal 54 bei Weibchen   *T. m. linearis*

   Rückenstreifen fehlt meistens, Mehr als 64 Schwanzschilder bei Männchen und mehr als 54 bei Weibchen   2

2. Mehr als 75 Schwanzschilder bei Männchen und mehr als 68 bei Weibchen, Bauch gewöhnlich ohne schwarze Markierungen   *Th. m. chihuahuaensis*

   Maximal 75 Schwanzschilder bei Männchen und maximal 63 bei Weibchen, Bauch gewöhnlich mit einigen schwarzen Markierungen   3

3. Bauch überwiegend schwarz, Zweites Oberlippenschild berührt häufig das Nasenschild; Häufig drei oder mehr Postocularia   *Th.m. melanogaster*

   Bauch zeigt gewöhnlich höchstens in der Mitte einen schwarzen Streifen, Zweites Oberlippenschild berührt nur gelegentlich das Nasenschild, Meistens nur zwei Postocularia   *Th m. canescens*

Thamnophis melanogaster canescens

SMITH, 1942

1942 *Thamnophis melanogaster canescens*
SMITH, H. M.: The synonymy of the garter snakes (*Thamnophis*), with notes on Mexican and Central American species.
Zoologica 27, 97–123.

Beschreibung: Der Bauch ist cremefarben bis hell bläulich grau. Häufig verläuft ein schwarzer Streifen längs über die Mitte des Bauches. Bei einigen Exemplaren fehlt die Schwarzfärbung.

Verbreitung: Ihr Verbreitungsgebiet reicht in Mexiko vom südwestlichen San Luis Potosí südwärts durch Guanajuato bis ins nördliche Michoacán, von dort westwärts durch Jalisco und West-Zacatecas bis nach Durango.

Thamnophis melanogaster chihuahuaensis

TANNER, 1959

1959 *Thamnophis melanogaster canescens*
TANNER, W. W.: A new *Thamnophis* from western Chihuahua with notes on four other species.
Herpetologica 15, 165–172.

Beschreibung: Bei ihr fehlt wie bei einigen Exemplaren von *Thamnophis melanogaster canescens* die Schwarzfärbung der Körperunterseite.

Verbreitung: Ihr Vorkommen beschränkt sich vermutlich auf isoliert lebende Population in den

Links:
Thamnophis melanogaster melanogaster.

Rechts:
Verbreitungsgebiet von *Thamnophis melanogaster chihuahuaensis* und *Thamnophis melanogaster linearis.*

77

Von links oben nach
rechts unten:
Kopfzeichnung von
Thamnophis mendax.

Kopfzeichnung von
Thamnophis scalaris.

Kopfzeichnung von
Thamnophis exsul.

Kopfzeichnung von
Thamnophis sumichrasti.

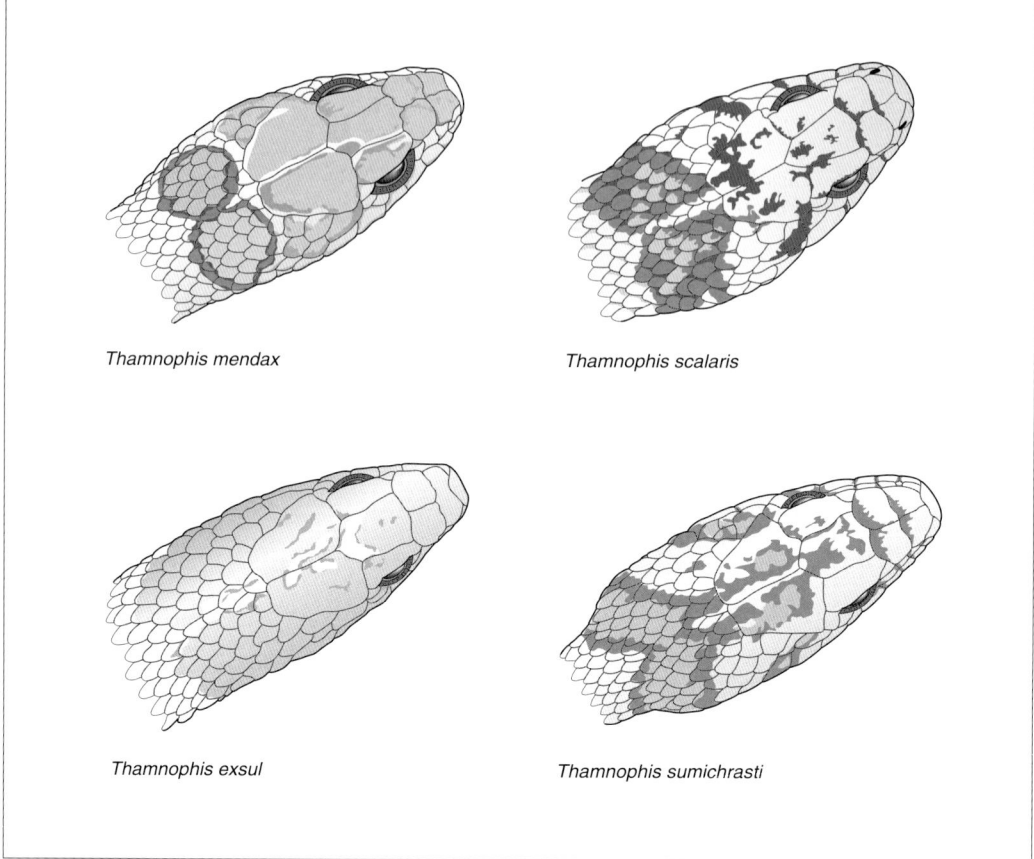

Thamnophis mendax

Thamnophis scalaris

Thamnophis exsul

Thamnophis sumichrasti

Rückenzeichnung von
Thamnophis mendax

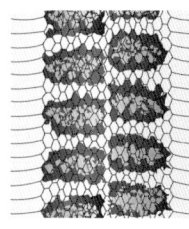

Flussbecken des Bavispe und des El Fuerte in West-Chihuahua.

Thamnophis melanogaster linearis Smith, Nixon & Smith 1950

1950 *Thamnophis melanogaster linearis*
SMITH, H.M., NIXON, C. W. & SMITH, P.W.: Mexican and Central American garter snakes (*Thamnophis*) in the British Museum (Natural History).
Linnean Soc. J. Zool. 41, 571–584.
Beschreibung: Wie auch die Nominatform hat sie eine überwiegend schwarz gefärbte Unterseite.
Verbreitung: Sie kommt in Mexiko im Tal von Toluca vor.
Bemerkung: Ihr Status ist stark umstritten.

Thamnophis mendax WALKER, 1955

1955 *Thamnophis mendax*
WALKER, C. F.: A new garter snake (*Thamnophis*) from Tamaulipas.
Copeia 1955, 110–113.

Deutsche Namen: –
Amerikanische Namen: –
Beschreibung: Von dieser Art sind bislang nur 14 Exemplare bekannt (ROSSMANN, FORD & SEIGEL, 1996), wobei das größte eine Länge von 71 cm erreichte. Das zweitgrößte Exemplar war bereits 115 mm kleiner. Die Grundfärbung ist hellbraun. Ein schmaler Rückenstreifen ist vorhanden. Die Seitenstreifen fehlen. Auf jeder Körperseite befindet sich eine Reihe großer sattelförmiger Flecken. Sie sind braun gefärbt und schwarz umrandet. Die Anzahl der Flecken schwankt zwischen 37 und 53. Der Kopf ist wie die Grundfärbung hellbraun. Im Nacken befinden sich kommaförmige, paarige Flecken. Die Zunge ist einfarbig schwarz.
Schuppenmerkmale: Die Tiere besitzen 17 Schuppenreihen, zum Körperende hin 15. *Thamnophis mendax* hat gewöhnlich sieben Oberlippenschilder, seltener acht, und neun Unterlippenschilder, gelegentlich acht oder zehn. Die Anzahl der Bauchschilder liegt bei Männchen zwischen 141 und 150, bei Weibchen zwischen 138 und 145. Männliche Tiere haben 64 bis 69 Schwanzschilder, Weibchen 56 bis 60.
Verbreitung: *Thamnophis mendax* ist nur aus

der Sierra de Guatemala in Südwest-Tamaulipas, Mexiko, bekannt.

Lebensweise: Sie kommt in Höhen zwischen 1 000 und 2 200 m vor. Sie lebt in Mischwäldern sowie in den höheren Regionen in Nebelwäldern. Von zwei Exemplaren ist bekannt, dass sie Salamander der Gattung *Pseudoeurycea* fraßen. Ansonsten ist ihre Lebensweise noch recht unbekannt.

Bemerkung: ROSSMAN (1992) weist auf die nahe verwandtschaftliche Beziehung zu *Thamnophis sumichrasti* hin. Er betrachtet diese beiden als „Schwester-Arten". Die Vorfahren dieser Arten bewohnten in Mexiko ein Gebiet von Veracruz bis Tamaulipas. Während des Pleistozäns bildete sich im Süden von San Luis Potosi ein klimatischer Korridor, der das Verbreitungsgebiet in zwei Teile trennte. Im Laufe der Zeit entwickelten sich zwei Arten. Der Prozess der Artentwicklung dauert bis heute an.

Thamnophis nigronuchalis THOMPSON, 1957

1957 *Thamnophis nigronuchalis*
THOMPSON, F. G.: A new Mexican garter snake (genus *Thamnophis*) with notes on related forms.
Occ. Papers Mus. Zool. Univ. Michigan 584, 1–10.
Deutsche Namen: Schwarznacken-Strumpfbandnatter
Amerikanische Namen: Black-Necked Garter Snake; Southern Durango Spotted Garter Snake
Beschreibung: Sie erreicht eine Länge von bis zu 80 cm. Die Grundfärbung reicht von olivbraun über graubraun bis braun. Rücken- und Seitenstreifen sind nicht vorhanden. Auf der Körperoberseite befinden sich fünf bis sechs Reihen rötlich brauner bis dunkelbrauner Flecken, die schwarz umrandet sind. Pro Reihe können bis zu 60 Flecken auftreten Im Nacken ist ein großer dunkelbrauner bis schwarzer Fleck. Die Kehle ist cremefarben. Die Färbung des Bauches wird nach hinten zunehmend dunkler, eine dichte schwarze Netzzeichnung zieht sich über die Bauchschuppen. Diese Zeichnung kann sich über bis zu zwei Drittel der Körperlänge erstrecken. Die Zunge ist einfarbig schwarz.
Schuppenmerkmale: 21 Schuppenreihen im vorderen und mittleren Körperbereich sind die Regel, zum Körperende hin nur noch 17. Aber auch 22 oder 23 Schuppenreihen können im vorderen Körperbereich auftreten (TANNER, 1986). Acht, gelegentlich neun und seltener zehn Oberlippenschilder sind die Regel. Weiterhin treten gewöhnlich zehn, manchmal auch neun oder elf Unterlippenschilder auf. *Thamnophis nigronuchalis* hat gewöhnlich zwei Präocularia, selten

Thamnophis nigronuchalis
Thamnophis mendax

drei, und drei, gelegentlich auch zwei oder vier Postocularia. Die Anzahl der Bauchschilder liegt bei den Männchen zwischen 154 und 166, bei den Weibchen zwischen 151 und 158. Die Männchen haben 66 bis 78 Schwanzschilder, die Weibchen 62 bis 73.
Verbreitung: Die Art ist nur aus dem Gebiet des Rio del Presidio in Südwest-Durango, Mexiko, bekannt.
Lebensweise: Sie wurde in Höhen zwischen 2200 und 2700 m NN gefunden, wo Gras- und Weideland ihren Lebensraum bilden. Sie ernährt sich hauptsächlich von Amphibien und Regenwürmern.
Pflege und Zucht: Über Pflege und Zucht dieser Art ist nichts bekannt.

Thamnophis ordinoides BAIRD & GIRARD, 1852

1852 *Tropidonotus ordinoides*
BAIRD, S. F. & GIRAD, C.: Descriptions of new species of reptiles, collected by the U.S. Exploring Expedition under the command of Capt. Charles Wilkes, U.S.N. First part. Including the species from the western coast of America.
Proc. Acad. Nat. Sci. Philadelphia 6, 174–177.
1852 *Eutaenia leptocephala*
BAIRD, S. F. & GIRAD, C.: Catalogue of North American Reptiles in the Museum of the Smithsonian Institution. Part I. Serpents.
Smithsonian Inst., Washington, D.C.

Verbreitungsgebiet von *Thamnophis mendax* und *Thamnophis nigronuchalis.*

79

Thamnophis ordinoides

Verbreitungsgebiet von
Thamnophis ordinoides.

(STEBBINS, 1985). Die Körpergrundfarbe reicht von beige über grau und braun bis schwarz. Auch Exemplare mit grünlicher oder bläulicher Grundfärbung kommen vor. Der Rückenstreifen ist mit weißer, gelber, oranger, roter oder brauner Färbung ebenso variabel, auch Exemplare mit bläulichen Rückenstreifen gibt es. Dieser kann auch fehlen oder nur angedeutet sein. Die Seitenstreifen liegen auf der zweiten und dritten Schuppenreihe und sind von weißer bis gelber Färbung. Ebenso wie der Rückenstreifen können auch die Seitenstreifen fehlen oder nur angedeutet sein. Zwischen den Streifen befinden sich zwei Reihen kleiner schwarzer Punkte. Die Kopfoberseite ist gewöhnlich dunkeloliv. Die Ober- und Unterlippenschilder sind weißlich bis gelb gefärbt. Die Iris ist schwarz mit einem roten Pupillenrand. Die Kopfunterseite ist schwach gelblich gefärbt. Die Färbung der Bauchseite ist ebenfalls sehr variabel: gelblich, oliv, bläulich, braun bis grau, sogar schwarz. Häufig ist sie mit schwarzen und roten Flecken gekennzeichnet. Dies gilt besonders für Tiere aus den nördlichen Teilen des Verbreitungsgebietes. Im Staat Washington wurden sowohl melanistische als auch teilalbinotische (NORMAN, 1997) Tiere gefunden.

Schuppenmerkmale: Ebenso variabel wie die Färbung können auch die Schuppenmerkmale bei *Thamnophis ordinoides* sein. Gewöhnlich sind 17 Schuppenreihen im Nackenbereich und in der Körpermitte, zum Körperende hin nur noch 15. Gelegentlich treten auch 15 Schuppenreihen im Nacken und/oder in der Körpermitte auf. Es wurden auch Exemplare gefunden, die nur 13 Schuppenreihen im Nacken und in der Körpermitte besaßen, ebenso Tiere mit 19 Schuppenreihen in der Körpermitte. Sieben Oberlippenschilder sind die Regel, es treten aber auch sechs, acht oder neun auf. Es sind sogar Exemplare mit nur fünf Oberlippenschilder auf der einen Seite und sechs auf der anderen aufgetreten (H. BRUCHMANN, 1994, pers. Mitteilung). Acht bis neun Unterlippenschilder sind häufig, gelegentlich auch sieben oder zehn. Das Auge liegt (wenn sieben Oberlippenschilder vorhanden sind) über dem dritten und vierten Oberlippenschild. Gewöhnlich tritt eine Präoculare bei Exemplaren aus dem südlichen Verbreitungsgebiet auf, Tiere aus den nördlichen Gebieten haben häufig zwei. Bei Nattern aus Nordwest-Oregon sowie der Puget Sound Region in Washington treten sowohl ein als auch zwei Präocularia auf. Postocularia sind in der Regel drei zu finden, gelegentlich zwei. Die Anzahl der Bauchschilder schwankt bei Männchen zwischen 137 und 162, bei Weibchen zwischen 134 und 159. Die Männchen haben 61 bis 82 Schwanzschilder, die Weibchen 55 bis 72.

1860 *Eutaenia cooperi*
KENNICOTT, R. in COOPER, J. G.: Report upon the reptiles collection on the survey. U.S. and Pacific R.R. Exploration and Survey.
47th Parallel 2, 12, 292–306.
1899 *Thamnophis leptocephala olympia*
MEEK, S. E.: Notes on a collection of cold-blooded vertebrates from the Olympia Mountains.
Field Mus. Nat. Hist. Zool. Ser. 1, 225–236.
1899 *Thamnophis rubristriata*
MEEK, S. E.: Notes on a collection of cold-blooded vertebrates from the Olympia Mountains.
Field Mus. Nat. Hist. Zool. Ser. 1, 225–236.
Deutsche Namen: Nordwestliche Strumpfbandnatter
Amerikanische Namen: Puget Garter Snake; Red-Striped Garter Snake; Black Garter Snake; Boyd's Garter Snake; Cooper's Garter Snake; Garter Snake; Narrow-Headed Garter Snake; Pacific Coast Garter Snake; Puget Sound Garter Snake; Small-Headed Garter Snake; Western Garter Snake.
Beschreibung: Männchen können eine Länge von 53 cm erreichen, Weibchen über 60 cm, das größte gefundene Exemplar war 96,5 cm lang

Verbreitung: Das Verbreitungsgebiet von *Thamnophis ordinoides* erstreckt sich entlang der Pazifikküste von Südwest-British Columbia bis Nordwest-Kalifornien.

Lebensweise: *Thamnophis ordinoides* kommt bis in Höhen von 1400 m vor. Als Lebensraum bevorzugt sie Feuchtwiesen, Grasland und Weiden. Dort kann man sie häufig an Dickichträndern antreffen, in das sie bei Störungen sofort Schutz sucht. Ihre Nahrung besteht aus Fröschen, Salamandern, Nacktschnecken und Würmern.

Ähnliche Arten: *Thamnophis elegans*-Unterarten haben gewöhnlich acht Oberlippenschilder und zehn Unterlippenschilder und mehr Schuppenreihen. *Thamnophis atratus hydrophilus* hat acht Ober- und zehn Unterlippenschilder. Verwechslungen mit Unterarten von *Thamnophis sirtalis* können ebenfalls vorkommen. Diese haben in der Regel 19 Schuppenreihen im Nackenbereich und in der Körpermitte, und 17 Reihen zum Körperende hin.

Pflege im Terrarium: Für drei Tiere sollte das Terrarium mindestens 80 × 40 × 50 cm (L × B × H) groß sein. Gefüttert werden die Nattern mit Fröschen, Regenwürmern und nestjungen Mäusen. Auch Fische sollte man ihnen anbieten. In den meisten Fällen werden diese auch angenommen. Eine drei- bis viermonatige Winterruhe ist ratsam. *Thamnophis ordinoides* eignet sich für eine ganzjährige Freilandhaltung.

Zucht: Bis zu 15 Junge pro Wurf, die abhängig von Größe und Alter des Muttertieres zwischen 12 und 18 cm lang sind. Gefüttert werden die Jungschlangen mit kleinen Fischen, Fischstreifen, kleinen Regenwürmern und vitaminisierten Rinderherz.

Thamnophis postremus SMITH, 1942

1942 *Thamnophis eques postremus*
SMITH, H. M.: The synonymy of the garter snakes (*Thamnophis*), with notes on Mexican and Central American species.
Zoologica 27, 97–123.
Deutsche Namen: Mexikanische Strumpfbandnatter.
Amerikanische Namen: Mexican Garter Snake, Tepalcatepec Valley Garter Snake.
Beschreibung: Diese Art kann eine Länge von etwas über 60 cm erreichen. Die Grundfärbung ist blassbraun. Der Rückenstreifen, der auf die Vertebralreihe begrenzt ist, ist gelblich braun und hebt sich – wie auch die Seitenstreifen, die auf der ersten, zweiten und dritten Schuppenreihe liegen – nur undeutlich von der Grundfärbung ab. Zwischen Rücken- und Seitenstreifen liegen zwei Reihen kleiner schwarzer Flecken.

Die ersten drei Schuppenreihen sind blasser gefärbt als der dorsolaterale Bereich. Auf der ersten Reihe befinden sich unregelmäßige kleine schwarze Flecken, die sich auch auf die Bauchschilder ausdehnen können. Die Nackenflecken vereinigen sich zu einem breiten schwarzen Halsband. Die Kopfoberseite ist braun bis dunkelbraun. Auf den Oberlippenschildern sind breite schwarze Markierungen an den Rändern. Gewöhnlich sind die Bauchschilder von kleinen schwarzen Flecken gerandet, mitunter aber auch zeichnungslos.

Schuppenmerkmale: *Thamnophis postremus* hat 19 Schuppenreihen im vorderen und mittleren Körperbereich und zum Körperende hin 17. Gewöhnlich treten sieben oder acht Oberlippenschilder und zehn Unterlippenschilder auf. Eine Präoculare, gelegentlich zwei, sowie drei Postocularia – gelegentlich zwei, seltener vier – sind bei ihr zu finden. Die Anzahl der Bauchschilder schwankt bei Männchen zwischen 142 und 151, bei Weibchen zwischen 136 und 142. Die Männchen haben 71 bis 78 Schwanzschilder, die Weibchen 65 bis 73.

Verbreitung: Ihr Verbreitungsgebiet ist auf das Tepalcatepec-Tal, Michoacán, Mexiko, beschränkt.
Lebensweise: Sie kommt in Höhen von 200 bis 1100 m NN vor und bevorzugt tropische trockene Wald- und Buschlandschaften. Ihre Nahrung besteht aus Fischen, Froschlurchen und deren Larven.

Verbreitungsgebiet von *Thamnophis postremus*.

81

Thamnophis proximus proximus.

Schuppenmerkmale: Bei allen sechs Unterarten finden sich im vorderen und mittleren Körperbereich 19 Schuppenreihen, zum Körperende hin 17. Acht Oberlippenschilder (gelegentlich sieben und seltener neun) und zehn Unterlippenschilder (seltener neun oder elf) treten bei *Thamnophis proximus* auf, sowie eine Präoculare und gewöhnlich drei Postocularia, manchmal auch vier und in seltenen Fällen auch zwei. Die Männchen besitzen 142 bis 181, die Weibchen 141 bis 177 Bauchschilder.

Thamnophis proximus proximus SAY, 1823

1823 *Coluber proximus*
SAY in JAMES, E.: Account of an Expedition from Pittsburgh to the Rocky Mountains, Performed in the Years 1819, 1820. Vol. 1.
Longman, Hurst, Rees, Orme, and Brown, London.
1853 *Eutaenia faireyi*
BAIRD, S. F. & Girard, C.: Catalogue of North American Reptiles in the Museum of the Smithsonian Institution. Part I. Serpents.
Smithsonian Inst., Washington, D.C.
Deutsche Namen: Bändernatter; Westliche Bändernatter.
Amerikanische Namen: Western Ribbon Snake; Long's Garter Snake; Fairie's Garter Snake; Fairy's Garter Snake; Fairie's Ribbon Snake; Fairy's Ribbon Snake; Garter Snake; Long's Ribbon Snake; Moccasin; Plain Ribbon Snake; Ribbon Snake; Riband Snake; Say's Garter Snake; Slender Garter Snake; Spotted Garter Snake; Swift Striped Snake.
Beschreibung: Die Männchen sollen eine Länge von bis zu 112 cm, die Weibchen bis 127 cm erreichen. Ein äußerst schlanke Strumpfbandnatter mit langem Schwanz, der bis zu 35 % der Gesamtlänge ausmachen kann. Die Grundfärbung des Körpers ist schwarz. Der Rückenstreifen ist gelb bis hell orange. Die Seitenstreifen, die auf der dritten und vierten Schuppenreihe liegen, sind cremeweiß bis gelb gefärbt. Die Kopfoberseite ist ebenfalls schwarz gefärbt. Ober- und Unterlippenschilder sind weiß und haben keine Markierungen. Die Iris ist braun mit einen gelborangen Pupillenrand. Die Kopfunterseite ist weiß. Bauch und Schwanzunterseite sind ebenfalls weiß bis gelblich.
Verbreitung: Ihr Verbreitungsgebiet reicht von Indiana und Süd-Wisconsin westwärts bis West-Kansas und südwärts bis Zentral-Louisiana und Ost-Texas.
Lebensweise: *Thamnophis proximus proximus* kommt in Höhen von 300 bis etwa 2800 m vor. Sie führt eine recht aquatische Lebensweise und ist daher immer am oder in der Nähe von Wasser zu

Ähnliche Arten: Anhand der Bauch- und Schwanzschilder kann sie von *Thamnophis cyrtopsis collaris* und *Thamnophis cyrtopsis pulchrilatus* unterschieden werden. R.G. WEBB (1978) schlägt vor, dass *Thamnophis postremus* noch einmal genauer auf ein mögliches verwandtschaftliches Verhältnis mit *Thamnophis marcianus* untersucht werden sollte, da von der letzteren in Süd-Mexiko und Mittelamerika Populationen leben, die enorme Ähnlichkeiten mit *Thamnophis postremus* besitzen. ROSSMAN (1992) weist darauf hin, dass diese Art verwandtschaftlich *Thamnophis cyrtopsis collaris* aber wesentlich näher steht als *Thamnophis marcianus*.
Pflege im Terrarium: Über Pflege und Zucht im Terrarium dieser Art ist nichts bekannt, lediglich wurde beobachtet, dass ein Weibchen 25 Junge gebar, die eine durchschnittliche Größe von 176 mm hatten.
Bemerkung: *Thamnophis postremus* wurde lange Zeit als Unterart von *Thamnophis cyrtopsis* angesehen. 1992 erhielt sie von ROSSMAN Artstatus.

Thamnophis proximus SAY, 1823

Von *Thamnophis proximus* existieren sechs Unterarten. Sie ist nahe verwandt mit *Thamnophis sauritus*. Diese beiden Arten stellen die so genannten Bändernattern dar und ähneln sich in Aussehen und Lebensweise. Die Bändernattern unterscheiden sich von den anderen Strumpfbandnattern durch ihre schlanke Gestalt und den relativ langen Schwanz sowie durch einige anatomische Merkmale, die für den Terrarianer allerdings unbedeutend sind, da sich Bändernattern optisch sofort als solche erkennen lassen. *Thamnophis proximus* steht in den Staaten New Mexico und Wisconsin unter Schutz.

finden. Ihre Nahrung besteht hauptsächlich aus Amphibien, aber auch Fische, Insekten und Mäuse verschmäht sie nicht.

Ähnliche Arten: Es kann zu Verwechslungen mit *Thamnophis sauritus sauritus* kommen. Diese hat jedoch gewöhnlich sieben Oberlippenschilder.

Pflege im Terrarium: Ein Terrarium für drei Tiere sollte mindesten 150 × 100 × 80 cm (L × H × B) groß sein und zahlreiche Versteckmöglichkeiten besitzen, weil die Nattern oft sehr schreckhaft sind. Beim Verfasser flüchteten die Tiere bei vermeintlichen Störungen jedesmal wild durch das Terrarium. Daher ist es wichtig, dass das Terrarium an einem ruhigen Ort steht und die Schlangen schon rechtzeitig erkennen können, wenn sich jemand dem Terrarium nähert. Steht das Terrarium ungünstig, zum Beispiel neben einer Tür, und der Pfleger oder andere Personen nähern sich von den Nattern unbemerkt dem Behälter, können sich die Tiere bei ihrer wilden Flucht an den Terrarienscheiben oder an den Einrichtungsgegenständen Verletzungen zuziehen.

Das Wasserbecken sollte recht groß sein, 30 bis 50 % der Terrariengrundfläche sind nicht übertrieben. Gefüttert werden die Tiere mit Fröschen, Fischen, jungen Mäusen und Regenwürmern. Eine zwei- bis dreimonatige Winterruhe ist empfehlenswert.

Zucht: Bis zu 30 Jungschlangen pro Wurf, die 22 bis 25 cm lang sind. Sie werden mit kleinen Fischen, Fischstückchen, Regenwürmern und vitaminisierten Rinderherz gefüttert.

Thamnophis proximus alpinus ROSSMAN, 1963

1963 *Thamnophis proximus alpinus* ROSSMAN, D. A.: The colubrid snake genus *Thamnophis*: A revision of the sauritus group. Bull. Florida St. Museum 7, 99–178.

Deutsche Namen: Mexikanische Bändernatter
Amerikanische Namen: –
Beschreibung: Die Grundfärbung ist dunkeloliv bis dunkelbraun. Der Rückenstreifen ist cremefarben bis goldgelb. MUTSCHMANN (1999) berichtet, dass die Rückenstreifen der von ihm gesammelten Tiere im vorderen Körperdrittel cremeweiß bis gold- oder ockerfarben waren. Zum Körperende hin wurde der Streifen merklich dunkler und hatte eine hell- bis dunkelbraune Färbung. Die Seitenstreifen, die auf der dritten und vierten Schuppenreihe liegen, waren heller gefärbt als der Rückenstreifen. Die Ober- und Unterlippenschilder sowie die Kopfunterseite zeigten eine hellgelbe bis zitronengelbe Färbung, die bei einigen Tieren in der Kehlregion in orangefarbene bis braune Töne überging.

■ *Thamnophis proximus proximus*
■ *Thamnophis proximus diabolicus*

■ *Thamnophis proximus alpinus*

Oben:
Verbreitungsgebiet von *Thamnophis proximus proximus* und *Thamnophis proximus diabolicus*.

Unten:
Verbreitungsgebiet von *Thamnophis proximus alpinus*.

83

Oben:
Thamnophis proximus orarius.

Unten:
Thamnophis proximus rubrilineatus.

Bauch- und Schwanzschilder waren weiß bis helloliv.

Verbreitung: Ihr Verbreitungsgebiet beschränkt sich in Mexiko auf Zentral-Chiapas.

Lebensweise: MUTSCHMANN fand *Thamnophis proximus alpinus* in 2250 und 2300 m Höhe. Die Fundorte waren ein natürlicher Teich auf einer offenen Waldwiese und ein künstlich angestautes Rückhaltebecken für Regenwasser. In beiden Biotopen war der Uferbereich frei von Sträuchern und Büschen. Diese wuchsen erst etwa 10 m vom Ufer entfernt.

Als Nahrung konnte MUTSCHMANN Frösche der Gattung *Hyla* sowie Kaulquappen von Kröten (vermutlich *Bufo bocourti*) ausmachen. Im Magen eines toten Weibchens fand er eine juvenile Alligatorschleiche (*Gerrhonotus liocephalus*).

Pflege und Zucht: Über die Pflege und Zucht im Terrarium dieser Unterart ist nichts bekannt.

Bestimmungsschlüssel für *Thamnophis proximus*-Unterarten (nach ROSSMAN, FORD & SEIGEL, 1996):

1. Dorsum schwarz,
   Rückenstreifen orange; dunkler ventrolateraler
   Streifen fehlt   *Th. p. proximus*
   Dorsum olivgrau oder mit braunem Anflug,
   Färbung des Rückenstreifens variabel;
   Entwicklung des ventro-
   lateralen Streifens variabel   2
2. Dorsum dunkelbraun,
   Rückenstreifen goldfarben;
   ventrolateraler Streifen breit,
   Relative Schwanzlänge durch-
   schnittlich 27,5 % bei Männchen
   und 27 % bei Weibchen   *Th. p. alpinus*
   Dorsum olivgrau oder braun (nicht dunkel),
   ventrolateraler Streifen
   relativ schmal oder nicht vorhanden,
   Relative Schwanzlänge > 29 % bei
   Männchen und > 28 % bei Weibchen   3
3. Rückenstreifen kräftig rot
              Th. p. rubrilineatus
   Rückenstreifen orange, gräulich
   lohfarben oder goldfarben   4
4. Rückenstreifen gräulich lohfarben,
   Oberlippenschilder gelborange,
   Seitenstreifen am Vorderkörper
   schmal, Bauchschilder durchschnitt-
   lich < 161 bei Männchen und < 158
   bei Weibchen   *Th. p. rutiloris*
   Rückenstreifen orange bis gold,
   Lippenschilder grünlichweiß bis grünlichgelb,
   Seitenstreifen zumindest am
   Vorderkörper nicht schmal,
   Bauchschilder durchschnittlich > 162 bei
   Männchen und > 158 bei Weibchen   5
5. Rückenstreifen orange,
   Dorsum oliv-grau,
   Seitenstreifen häufig am Körperende
   schmaler oder fehlend, schmaler
   ventrolateraler Streifen
   häufig vorhanden   *Th. p. diabolicus*
   Rückenstreifen goldfarben,
   Dorsum gewöhnlich olivbraun,
   Seitenstreifen
   nur selten schmaler werdend,
   ventrolateraler Streifen gewöhnlich
   nicht vorhanden   *Th. p. orarius*

Thamnophis proximus diabolicus

ROSSMAN, 1963

1963 *Thamnophis proximus diabolicus*
ROSSMAN, D. A.: The colubrid snake genus
Thamnophis: A revision of the sauritus group.
Bull. Florida St. Museum 7, 99–178.
Deutsche Namen: –
Amerikanische Namen: –
Beschreibung: Sie besitzt eine olivgraue bis
olivbraune Grundfärbung. Der Rückenstreifen
ist bräunlich gelb bis ockerfarben. Es sollen auch
Exemplare mit orangefarbenen Rückenstreifen
existieren. Die Seitenstreifen sind weiß bis cre-
mefarben. Über den Seitenstreifen befindet sich
eine Reihe kleiner schwarzer Punkte.
Verbreitung: Das Verbreitungsgebiet erstreckt
sich von Südost-Colorado südwärts bis nach Coahuila, Nuevo León und West-Tamaulipas.

Thamnophis proximus orarius ROSSMAN, 1963

1963 *Thamnophis proximus orarius*
ROSSMAN, D. A.: The colubrid snake genus
Thamnophis: A revision of the sauritus group.
Bull. Florida St. Museum 7, 99–178.
Deutsche Namen: –
Amerikanische Namen: –
Beschreibung: Diese Unterart hat eine oliv-
braune Grundfärbung. Der Rückenstreifen ist
breit und von bräunlichgelber bis goldgelber
Färbung. Die ebenfalls breiten Seitenstreifen
sind weiß bis cremefarben. Über den Seitenstrei-
fen liegt eine Reihe kleiner schwarzer Punkte.
Verbreitung: Sie bewohnt die Küstengebiete
von Südost-Louisiana bis Nordost-Tamaulipas in
Mexiko.
Ähnliche Arten: Diese Unterart kann leicht mit
Thamnophis proximus diabolicus verwechselt
werden. Jedoch hat *Thamnophis proximus orarius* breitere Rücken- und Seitenstreifen.

Thamnophis proximus rubrilineatus

ROSSMAN, 1963

1963 *Thamnophis proximus rubrilineatus*
ROSSMAN, D. A.: The colubrid snake genus
Thamnophis: A revision of the sauritus group.
Bull. Florida St. Museum 7, 99–178.
Deutsche Namen: Rotstreifen-Strumpfbandnat-
ter
Amerikanische Namen: Red-Striped Garter
Snake; Red-Striped Ribbon Snake
Beschreibung: Die Grundfärbung variiert von
olivbraun und olivgrau bis schiefergrau. Der re-
lativ schmale Rückenstreifen ist orange bis kräf-

Thamnophis proximus rutiloris
Thamnophis proximus rubrilineatus
Thamnophis proximus orarius

tig rot gefärbt. Die Seitenstreifen sind weiß bis
cremefarben, ebenso der Bauch.
Verbreitung: Die wohl schönste Unterart ist lediglich vom Edwards Plateau in Zentral-Texas bekannt.

Thamnophis proximus rutiloris COPE, 1885

1885 *Eutaenia rutiloris*
COPE, E. D.: A contribution to the herpetology of
Mexico.
Proc. Amer. Philos. Soc. 22, 379–404.
Deutsche Namen: –
Amerikanische Namen: –
Beschreibung: Die Grundfärbung reicht von
olivgrau über olivbraun bis hin zu schwarz. Der
Rückenstreifen kann recht variabel in der Fär-
bung sein. Sie reicht von fahlgrau oder hellbraun
bis zu gold, orange oder auch rot. Die Seiten-
streifen, die auf der dritten und vierten Schup-
penreihe liegen, sind gelb bis gelborange ge-
färbt. Charakteristisch für diese Unterart ist die
Färbung der Ober- und Unterlippenschilder. Die
Oberlippenschilder sind fahl orange bis gelborange gefärbt, die Unterlippenschilder weiß bis

Verbreitungsgebiet von
*Thamnophis proximus
rutiloris, Thamnophis
proximus rubrilineatus
und Thamnophis proxi-
mus orarius.*

85

Thamnophis pulchrilatus

fahlorange. Die Kopfunterseite ist weiß. Der Bauch ist im vorderen Bereich ebenfalls fahlorange gefärbt und geht dann in ein loh- bis cremefarbenen Ton über.

Verbreitung: Ihr Verbreitungsgebiet reicht von Süd-Tamaulipas und den Küstengebieten Guerreros bis in das zentrale Costa Rica.

Lebensweise: Sie kommt in Höhen von etwa 1000 m NN vor und bevorzugt Waldland. Ihre Nahrung besteht überwiegend aus Fischen und Amphibien.

Thamnophis pulchrilatus COPE, 1885

1885 *Eutaenia pulchrilatus*
COPE, E. D.: Twelfth contribution to the herpetology of tropical America.
Proc. Amer. Soc. 22, 167–194.
Deutsche Namen: Gelbkehl-Strumpfbandnatter
Amerikanische Namen: Yellow-Throated Garter Snake
Beschreibung: Diese Art erreicht eine maximale Länge von 77 cm. Die Grundfärbung ist

Oben:
Verbreitungsgebiet von
Thamnophis pulchrilatus.

Rechts:
Thamnophis pulchrilatus.

dunkelbraun bis schwarz. Zwei große schwarze Nackenflecken berühren sich im Nacken und werden nicht vom Rückenstreifen unterbrochen. Der sehr schmale Rückenstreifen ist kräftig gelb bis gelborange gefärbt. Die Seitenstreifen, die auf der zweiten und dritten Schuppenreihe liegen, sind weiß bis cremefarben. Auf der ersten Schuppenreihe liegt eine Reihe großer schwarzer Flecken, die häufig aufgrund der sehr dunklen Grundfärbung kaum zu sehen sind. Sie dringen in die Seitenstreifen ein und verleihen ihnen ein zickzackförmiges Aussehen. Zwischen dem sechsten und siebten Oberlippenschild befindet sich eine breite schwarze Markierung. Die Unterlippenschilder sowie die Kopfunterseite sind häufig kräftig gelb gefärbt.

Schuppenmerkmale: *Thamnophis pulchrilatus* hat im vorderen und mittleren Körperbereich 19 und zum Körperende hin 17 Schuppenreihen. Es sind gewöhnlich sieben Oberlippenschilder vorhanden, in seltenen Fällen auch acht, sowie zehn Unterlippenschilder, gelegentlich elf, seltener neun. Eine Präoculare und drei Postocularia – gelegentlich vier – treten auf. Die Anzahl der Bauchschilder liegt bei den Männchen zwischen 154 und 172, bei den Weibchen zwischen 152 und 173. Die Männchen dieser Art haben 80 bis 94 Schwanzschilder, die Weibchen 68 bis 84.

Verbreitung: Das Verbreitungsgebiet erstreckt sich in nicht zusammenhängenden Gebieten von Tamaulipas und Nuevo León in einem Bogen um das Mexikanische Plateau herum bis nach Süd-Oaxaca.

Lebensweise: *Thamnophis pulchrilatus* kommt in Höhen von 1400 bis 2800 m NN vor. Dort lebt sie in Tannen- und Pinienwäldern.

Bemerkung: Diese Art wurde 1966 von WEBB als Unterart von *Thamnophis cyrtopsis* angesehen, erhielt aber 1992 von ROSSMAN Artstatus.

Thamnophis radix BAIRD & GIRARD, 1853

1853 *Eutaenia radix*
BAIRD, S. F. & GIRARD, C.: Catalogue of North American Reptiles in the Museum of the Smithsonian Institution. Part I, Serpents.
Smithsonian Inst., Washington, D.C.
1860 *Eutaenia haydenii*
KENNICOTT, R.: Descriptions of new species of North American serpents in the museum of the Smithsonian Institution, Washington.
Proc. Acad. Nat. Sci. Philadelphia 12, 328–338.
1863 *Tropidonotus (Eutaenia) glaphyros*
JAN, G.: Elenco sistematico degli ofidi.
A. Lombardi, Mailand.
1863 *Tropidonotus (Eutaenia) kennicotti*
JAN, G.: Elenco sistematico degli ofidi.
A. Lombardi, Mailand.

1878 *Eutaenia radix twiningi*
COUES, E. & YARROW, H. C.: Notes on the herpetology of Dakota and Montana.
Bull. U.S. Geological and Geographical Survey Terr. 4, 259–291.
1889 *Eutaenia radix melanotaenia*
COPE, E. D.: On the Eutaenia of southeastern Indiana.
Proc. U.S. Natl. Mus. 11, 399–401.
Deutsche Namen: Prärie-Strumpfbandnatter.
Amerikanische Namen: Black-Spotted Garter Snake; Common Garter Snake; Hayden's Garter Snake; Hay's Garter Snake; Plains Garter Snake; Prairie Garter Snake; Racine Garter Snake; Say's Garter Snake; Striped Snake; Transition Garter Snake; Twining's Garter Snake; Western Garter Snake.
Beschreibung: Die Männchen werden bis zu 85 cm lang, die Weibchen bis zu 105 cm. Das größte Exemplar wies eine Länge von 110 cm auf. Die Grundfärbung variiert sehr stark. Sie

Oben:
Dunkle Farbvariante von *Thamnophis radix*.

Unten:
Helle Farbvariante von *Thamnophis radix*.

87

Thamnophis radix

Verbreitungsgebiet von
Thamnophis radix.

falls 19 und zum Körperende hin 17. Es wurden auch Exemplare mit 23 Schuppenreihen im vorderen Körperbereich gefunden. Gewöhnlich sind sieben Oberlippenschilder vorhanden, manchmal auch acht oder in seltenen Fällen sechs. Neun oder zehn Unterlippenschilder sind die Regel, aber es treten auch acht oder elf auf. Es sind gewöhnlich eine Präoculare (seltener zwei) und drei Postocularia (seltener zwei oder eine) vorhanden. Die Anzahl der Bauchschilder liegt bei den Männchen zwischen 138 und 175, bei den Weibchen zwischen 135 und 174, die der Schwanzschilder bei Männchen zwischen 64 bis 88, bei den Weibchen zwischen 54 und 74. Anhand der Kombination von Schuppenreihen, Ober- und Unterlippenschilder, sowie Bauch- und Schwanzschilder wurden 1942 von A.G. SMITH zwei Unterarten unterschieden: *Thamnophis radix radix* und *Thamnophis radix haydeni*. Dies hat heute jedoch keine Gültigkeit mehr.

Verbreitung: Ihr Verbreitungsgebiet reicht von Süd-Alberta südwärts durch Ost-Montana, Wyoming und Colorado bis Nordost-Mew Mexico und Oklahoma, von dort ostwärts durch die Great Plains bis Süd-Wisconsin, Nord-Illinois und Nordwest-Indiana. Isolierte Populationen gibt es im westlichen Zentral-Ohio, in Missouri und angrenzenden Illinois in der Nähe von St. Louis. *Thamnophis radix* ist in Ohio eine geschützte Art.

Lebensweise: *Thamnophis radix* kommt in Höhen von 150 bis 2300 m vor. Sie bevorzugt Prärie- und Farmland. Man findet sie an Teichen, Seen, Flüssen, Sümpfen und Tümpeln. Man hat sie auch schon öfters in den Parkanlagen und Gärten der Städte beobachtet, dort ist sie mittlerweile aber durch die intensive Bewirtschaftung bedroht. Ihre Nahrung besteht aus Fischen, Amphibien, Regenwürmern, Insekten und Mäusen. Selbst Aas soll sie nicht verschmähen.

Ähnliche Arten: *Thamnophis sirtalis sirtalis* besitzt zehn Unterlippenschilder. Bei *Thamnophis butleri* gibt es im Gegensatz zu *Thamnophis radix* keine Reihe dunkler Flecken unterhalb des Seitenstreifens.

Pflege im Terrarium: Ein Terrarium mit den Maßen 150 × 80 × 80 cm (L × H × B) reicht aus für eine Gruppe von einem Weibchen und zwei Männchen. Gefüttert werden die Tiere mit Fischen, Fröschen, Regenwürmern und jungen Mäusen. Eine dreimonatige Winterruhe ist empfehlenswert. Tiere aus dem nördlichen Verbreitungsgebiet können ganzjährig in der Freilandanlage gepflegt werden.

Zucht: Gewöhnlich bis zu 25 Junge, aber Würfe mit 60 Jungen sind bekannt. W. J. BRECKENRIDGE (1944) berichtet sogar von einem Wurf mit 92 Jungen. Die neugeborenen Schlangen sind zwi-

reicht von grünlich grau über oliv und braun bis hin zu schwarz. Auch Tiere mit rötlicher Grundfarbe treten auf. Der Rückenstreifen ist gelb bis orange. Die Färbung der Seitenstreifen reicht von cremefarben über gelb bis zu grünlich oder bläulich. Sie liegen auf der dritten und vierten Schuppenreihe, bei Exemplaren aus Südost-Wisconsin auch auf der zweiten Schuppenreihe. Zwei Reihen schwarzer Flecken sind meist schachbrettförmig zwischen Rücken- und Seitenstreifen angeordnet. Unterhalb des Seitenstreifens befindet sich eine weitere Reihe dunkler Flecken. Die Kopfoberseite ist gewöhnlich von gleicher Farbe wie die Grundfärbung. Die Oberlippenschilder sind gelblich bis grünlich gelb und haben schwarze Markierungen an den Rändern. Die Kopfunterseite ist weiß bis gelb. Bauch und Schwanzunterseite sind cremefarben, grünlich oder bläulich, zum Schwanzende hin geht es oftmals ins Weißliche über. Auf dem Bauch treten häufig an den Rändern jeweils eine Reihe schwarzer Flecken auf. Albinos wurden gelegentlich gefunden.

Schuppenmerkmale: 19 bis 21 Schuppenreihen in der Nackenregion, in der Körpermitte eben-

88

schen 15 und 23 cm lang. Gefüttert werden sie mit kleinen Fischen, Fischstreifen, kleinen Regenwürmern und vitaminisierten Rinderherz.

Thamnophis rossmani CONANT, 2000

2000 Thamnophis rossmani
CONANT, R., 2000, A new species of garter snake from Western Mexico.
Occ. Ppap. Mus. Nat. Sci., Louisiana State Univ., Baton Rouge 76, 1–7.
Deutsche Namen: Rossman's Strumpfbandnatter.
Amerikanische Namen: Rossman's Garter Snake.

Im Jahre 2000 untersuchte CONANT 23 Strumpfbandnattern, die 1969 von ROSSMAN, EBERLE, MORIZOT und VARKEY in Nayarit, Mexiko, gesammelt und für *Thamnophis eques* gehalten wurden. Die neueren Untersuchungen haben ergeben, dass es sich um eine eigenständige Art handelt, die zu Ehren eines der größten Strumpfbandnatternkenners, Douglas Athon Rossman, benannt wurde.

Die folgenden Angaben zu dieser Art beziehen sich lediglich auf die 23 von CONANT untersuchten Exemplare. Sollten weitere Exemplare gefangen und untersucht werden, wird es dementsprechend zu Abweichungen vom hier Genannten kommen.

Beschreibung: Die untersuchten Männchen haben eine Länge von 509 bis 655 mm, die Weibchen messen 470 bis 745 mm. Die Grundfärbung ist ein mittleres Braun. Der relativ schmale Rückenstreifen sowie die Seitenstreifen, die auf der dritten und vierten Schuppenreihe liegen (in Schwanznähe auf der zweiten und dritten Schuppenreihe), sind von blasser gelblich grüner Farbe. Zwischen den Streifen befinden sich sehr kleine schwarze Flecken, die die Streifen säumen und diese auch häufig berühren. Mitunter fehlen die schwarzen Flecken ganz. Die Kopfoberseite ist ebenfalls braun wie die Grundfarbe. Im Nacken befinden sich zwei große schwarze Flecken, die vom Rückenstreifen getrennt werden. Kinn und Kehle sind blassgelb gefärbt. Die Bauchseite weist ein fahles Graugrün auf, das zum Körperende hin dunkler wird. Die Schwanzunterseite ist gelblich und wie auch der Bauch ohne Zeichnungen.

Schuppenmerkmale: *Thamnophis rossmani* besitzt wie die *Thamnophis eques*-Unterarten auch 21 Schuppenreihen am Vorderkörper, in der Körpermitte 19 Schuppenreihen. Der hintere Körperbereich besitzt nur noch 17 Schuppenreihen. Der untersuchte Holotyp besitzt 167 Bauchschilder und 83 Schwanzschilder. Es wurden acht Oberlippenschilder festgestellt, sowie neun oder auch zehn Unterlippenschilder.

Thamnophis rufipunctatus

Verbreitung: *Thamnophis rossmani* ist bisher nur aus der Gegend des San Cayetano River in Nayarit, Mexiko bekannt. Es sind jedoch keine neuen Funde bekannt geworden, so dass CONANT befürchtet, dass diese Art – falls nicht bereits ausgestorben – stark bedroht ist.
Lebensweise: Über die Lebensweise dieser Art ist praktisch nichts bekannt. Es ist jedoch anzunehmen, dass sie der von *Thamnophis eques* gleicht.
Ähnliche Arten: *Thamnophis eques* mit seinen drei Unterarten unterscheidet sich von den *Thamnophis rossmani* dadurch, dass zwischen Rücken- und Seitenstreifen große schwarze Flecken vorhanden sind. Diese sind bei *Thamnophis rossmani* nur sehr klein oder fehlen mitunter völlig.
Pflege und Zucht: Über Pflege und Zucht im Terrarium ist nichts bekannt.

Verbreitungsgebiet von *Thamnophis rufipunctatus.*

Thamnophis rufipunctatus COPE, 1875

1875 Chilopoma rufipunctatum
COPE, E. D. in YARROW, H. C.: Report upon the collections of batrachians and reptiles made in

Thamnophis rufipunctatus.

portions of Nevada, Utah, California, Colorado, New Mexico, and Arizona, during the years 1871, 1872, 1873, and 1874.
Report upon Geographical and Geological Explorations and Surveys West of the One Hundredth Meridian. Vol 5, Chap. 4, 509–633.
1883 *Atomarchus multimaculatus*
COPE, E. D.: A new snake from New Mexico. Amer. Natur. 17, 1300–1301.
1985 *Thamnophis rufipunctatus unilabialis*
TANNER, W. W.: Snakes of western Chihuahua. Great Basin Natur. 45, 615–676.

Deutsche Namen: Schmalkopf-Strumpfbandnatter.

Amerikanische Namen: Brown-Spotted Garter Snake; Long-Headed Garter Snake; Long-Nosed Garter Snake; Mexican Highlands Garter Snake; Narrow-Headed Garter Snake; Red-Spotted Garter Snake.

Beschreibung: Die Männchen erreichen eine Länge von 58 cm, Weibchen können bis zu 95 cm lang werden. Sie hat eine olive, lohfarbene, graubraune oder hell- bis mittelbraune Grundfärbung und besitzt weder Rücken- noch Seitenstreifen. Gelegentlich sind diese in der Nackenregion leicht angedeutet. Gewöhnlich hat sie fünf bis sechs Reihen rötlichbrauner bis dunkelbrauner Flecken auf dem Körper, die schwarz umrandet sind. Die beiden mittleren Fleckenreihen können sich auf dem Rücken vereinen und so ein sattel-förmiges Muster bilden. Gewöhnlich besitzt *Thamnophis rufipunctatus* zwei runde, mehr oder weniger deutliche Nackenflecken. Bei Exemplaren aus Südwest-Chihuahua kommt es häufig vor, dass die Nackenflecken miteinander verschmelzen und ein Halsband bilden. Die Kopfoberseite ist meistens von gleicher Farbe wie der Rücken, kann aber auch etwas dunkler sein. Ober- und Unterlippenschilder sind olivbraun bis ockerfarben und haben einen schwarzen Strich an den Rändern. Die Augen sitzen hoch am Kopf. Die Iris ist braun mit einen ockerfarbenen bis orangen Pupillenrand. Die Kopfunterseite ist fahl gelbbraun bis hellbraun. Bauch und Schwanzunterseite sind bräunlich grau, dunkelbeige bis bräunlich. An den Rändern der Bauchschilder befindet sich auf jeder Seite oft ein schwarzer keilförmiger Fleck. Die Zunge ist einfarbig schwarz.

Schuppenmerkmale: Diese Art hat gewöhnlich 21 Schuppenreihen im vorderen und mittleren Körperbereich, am Körperende nur 17. In seltenen Fällen treten auch 22 oder 23 Schuppenreihen im Nackenbereich auf. Acht Oberlippenschilder sind die Regel, gelegentlich neun, seltener sieben oder zehn. Weiterhin zehn Unterlippenschilder, gelegentlich neun oder elf. Die Art hat zwei, manchmal auch drei Präocularia. Es sind drei, häufig auch vier und nur selten zwei Postocularia zu finden. Das Auge liegt über dem fünften Oberlippenschild, manchmal auch über dem fünften und sechsten. Die Männchen haben 155 bis 179 Bauch- und 71 bis 89 Schwanzschilder. Bei den Weibchen sind 151 bis 171 Bauch- und 65 bis 79 Schwanzschilder zu finden.

Verbreitung: Ihr Verbreitungsgebiet reicht von Zentral-Arizona südostwärts bis Südwest-New Mexico und von Nord-Chihuahua bis nach Nord-Durango. In New Mexico ist *Thamnophis rufipunctatus* geschützt.

Lebensweise: *Thamnophis rufipunctatus* kommt in Höhen von 700 bis 2500 m vor. Als Lebensraum bevorzugt sie Bergwälder mit Bächen. Sie führt eine stark aquatische Lebensweise und entfernt sich niemals weit vom Wasser. Wird diese sehr scheue Art gestört, flüchtet sie sofort ins Wasser und versteckt sich auf dem Grund unter Steinen, Wurzeln oder in Pflanzenbüscheln. Ihre Nahrung besteht aus Fischen, Fröschen, Kaulquappen und im Wasser lebenden Wirbellosen.

Pflege im Terrarium: Über eine Terrarienhaltung ist nichts bekannt. Jedoch sollte das Terrarium die Maße 120 × 60 × 80 cm (L × B × H) nicht unterschreiten. Ein Wasserbecken, das die Hälfte der Grundfläche einnimmt, wäre ratsam. Das Futter dürfte aus Fischen und Fröschen bestehen. Eine zwei- bis dreimonatige Winterruhe sollte eingehalten werden.

Zucht: Auch hier liegen keine Unterlagen vor, jedoch dürfte diese sich nicht von anderen *Thamnophis*- oder *Nerodia*-Arten unterscheiden.

Bemerkung: Eine Besonderheit dieser Schlange konnte J. BOUNDY im Oktober 1988 beobachten. Sie ist zu einem Farbwechsel fähig. Am 1. Oktober 1988 wurde ein Weibchen gefangen. Das Exemplar war hellbraun mit dunkelbraunen Flecken. Am anderen Morgen war der Rücken des Tieres rußfarben und die Flecken noch dunkler gefärbt. Anschließend wurde das Tier für ein paar Stunden den Sonnenstrahlen ausgesetzt, behielt aber die dunkle Färbung bei. Diese Fähigkeit ist nur von neun weiteren Schlangenarten bekannt. *Thamnophis rufipunctatus* ist die einzige aus der Familie der *Colubridae*.

Nach Untersuchungen von TANNER (1985) stellt diese Art ein Bindeglied zwischen den beiden Gattungen *Thamnophis* und *Nerodia* dar. Er unterschied drei Unterarten. *Thamnophis rufipunctatus rufipunctatus*, *Thamnophis rufipunctatus unilabialis*, die heute jedoch nicht mehr existiert, sowie *Thamnophis rufipunctatus nigronuchalis*, die 1993 von ROSSMAN Artstatus erhielt. Andere Wissenschaftler würden *Thamnophis rufipunctatus* lieber in der Gattung *Nerodia* sehen. Hier werden weitere Untersuchungen notwendig sein um für Klärung zu sorgen.

Thamnophis sauritus LINNAEUS, 1766

Es existieren vier Unterarten, die nahe verwandt sind mit *Thamnophis proximus*. Wie diese lassen sie sich leicht an ihrem langen Schwanz sowie an ihrer schlanken Körperform von anderen Strumpfbandnattern unterscheiden. Die Weibchen können eine Länge von 105 cm erreichen. *Thamnophis sauritus* ist in Illinois und Wisconsin geschützt.

Schuppenmerkmale: *Thamnophis sauritus* besitzt 19 Schuppenreihen im vorderen und mittleren Körperbereich, zum Körperende hin reduzieren sie sich auf 17. Diese Bändernatter besitzt gewöhnlich sieben Oberlippenschilder (bei *Thamnophis sauritus sackenii* jedoch acht) und zehn Unterlippenschilder, gelegentlich auch neun, seltener acht oder elf. Eine Präoculare und drei, gelegentlich vier und seltener zwei Postocularia, sind die Regel. Die Männchen haben 145 bis 177 Bauch- und 98 bis 136 Schwanzschilder, die Weibchen 143 bis 169 Bauchschilder, sowie 94 bis 131 Schwanzschilder.

Thamnophis sauritus sauritus LINNAEUS, 1766

1766 Coluber saurita
LINNAEUS, C.: Systema naturae per regna tria naturae, secundum classes, ordines, genera, species cum characteribus, differentiis, synonymis, locis.
12. Aufl., L. Salvius, Stockholm.

Deutsche Namen: Bändernatter; Östliche Bändernatter.

Amerikanische Namen: Eastern Ribbon Snake; Little Garter Snake; North American Garter Snake; Riband Snake; Ribbon Snake; Saurite Snake; Slender Garter Snake; Slim Garter Snake; Spotted Garter Snake; Striped Water Snake; Striped Snake; Swift Streaked Snake; Water Garter Snake; Yellow-Headed Garter Snake.

Beschreibung: Die Grundfärbung ist dunkelbraun bis samtschwarz. Die Färbung des Rückenstreifens reicht von blassgelb über dottergelb bis gelborange. Die Seitenstreifen, die auf der dritten und vierten Schuppenreihe liegen, sind weißlich bis gelb gefärbt. Die Kopfoberseite ist olivbraun bis dunkelbraun. Präoculare und die untere Postoculare besitzen im Zentrum oftmals einen hellen Fleck. Ober- und Unterlippenschilder sind weiß. Die Iris ist orange bis braun gefärbt. Kopfunterseite und Bauch sind weiß bis cremefarben, ebenso die Schwanzunterseite.

Verbreitung: Ihr Verbreitungsgebiet erstreckt sich von Süd-New England südwestwärts durch Süd-Ohio und Süd-Indiana und südwärts durch die restlichen östlichen Bundesstaaten, ausgenommen Südost-Georgia und Florida.

91

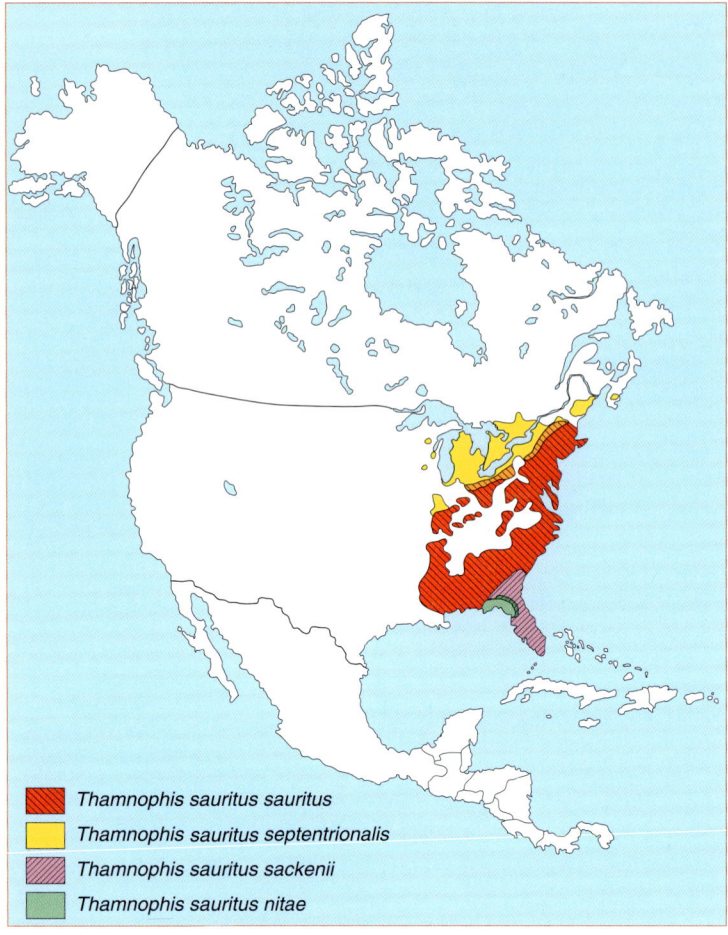

■	*Thamnophis sauritus sauritus*
■	*Thamnophis sauritus septentrionalis*
■	*Thamnophis sauritus sackenii*
■	*Thamnophis sauritus nitae*

Verbreitungsgebiet von
Thamnophis sauritus.

ist empfehlenswert. Tiere aus dem nördlichen Verbreitungsgebiet können ganzjährig in einer Freilandanlage gepflegt werden.

Zucht: Bis zu 20 Jungtiere pro Wurf. Sie sind bei der Geburt 20 bis 24 cm lang und werden mit Amphibien, kleinen Fischen, Fischstreifen, kleinen Regenwürmern und vitaminisierten Rinderherz gefüttert.

Thamnophis sauritus nitae ROSSMAN, 1963

1963 *Thamnophis sauritus nitae*
ROSSMAN, D. A.: The colubrid snake genus *Thamnophis*: A revision of the sauritus group.
Bull. Florida St. Museum 7, 99–178.
Deutsche Namen: Blaustreifen-Bändernatter
Amerikanische Namen: Blue-Striped Ribbon Snake

Beschreibung: Die Grundfärbung dieser sehr hübschen Unterart ist dunkelbraun bis schwarz. Der Rückenstreifen ist kaffeebraun und aufgrund seiner dunklen Färbung nur undeutlich zu erkennen. Exemplare ohne Rückenstreifen kommen auch vor, ebenso Tiere, bei denen er nur in der Nackenregion angedeutet ist. Die Färbung der Seitenstreifen reicht von weißlich blau bis hellblau. Ebenso kann die Kopfunterseite hellblau gefärbt sein.
Verbreitung: Ihr Vorkommen beschränkt sich auf Nordwest-Florida.

Thamnophis sauritus sackenii KENNICOTT, 1859

1859 *Eutaenia sackenii*
KENNICOTT, R.: Notes on *Coluber calligaster* of SAY, and a description of new species of serpents in the collection of the North Western University of Evanston, Ill.
Proc. Acad. Nat. Sci. Philadelphia 11, 98–100.
1860 *Prymnomiodon chalceus*
COPE, E. D.: Catalogue of the Colubridae in the museum of the Academy of Natural Sciences of Philadelphia. Part 3.
Proc. Acad. Nat. Sci. Philadelphia 12, 553–566.
Deutsche Namen: Florida-Bändernatter; Südliche Bändernatter.
Amerikanische Namen: Florida Ribbon Snake; Grass Snake; Garter Snake; Osten-Sacken's Garter Snake; Ribbon Snake; Sacken's Garter Snake; Southeastern Garter Snake; Southern Garter Snake.

Beschreibung: Die Grundfärbung reicht von olivgrün über olivbraun bis braun. Der Rückenstreifen ist cremefarben, grünlich, gelblich oder bräunlich gefärbt. Die Seitenstreifen haben meistens die Färbung des Rückenstreifens, jedoch schwächer. Zwischen Rücken- und Seitenstreifen sind häufig feine weiße, bläuliche und schwarze

Lebensweise: Sie kommt bis in Höhen von 700 m vor und bevorzugt Flüsse, Teiche, Tümpel, Weiher, Sumpfgebiete und Feuchtwiesen als Lebensraum. Ihre Nahrung besteht aus Fischen, Fröschen, Kröten, Salamandern, Mäusen und Insekten.

Ähnliche Arten: *Thamnophis proximus*-Unterarten haben gewöhnlich acht Oberlippenschilder. *Thamnophis sauritus sauritus* wird gelegentlich mit *Thamnophis sirtalis* verwechselt, jedoch hat die erstere einen wesentlich schlankeren Körper und einen sehr langen Schwanz, der bis zu einem Drittel der Gesamtlänge betragen kann.

Pflege im Terrarium: Die Unterarten von *Thamnophis sauritus* sind wie *Thamnophis proximus* häufig sehr scheu und schreckhaft. Daher ist großes Terrarium ratsam. Drei Tiere benötigen ein Terrarium mit den Maßen 150 × 80 × 80 cm (L × B × H). Ein großes Wasserbecken, das durchaus die Hälfte der Terrariengrundfläche einnimmt, ist notwendig. Gefüttert werden die Tiere mit Fischen, Fröschen und jungen Mäusen. Auch Regenwürmer sollte man ihnen bieten. Eine zwei- bis dreimonatige Winterruhe

Bestimmungsschlüssel für _Thamnophis sauritus_-Unterarten (nach ROSSMAN, FORD & SEIGEL, 1996):

1. Gewöhnlich sieben Oberlippenschilder, gelegentlich acht; Rückenstreifen mit gelbem Anflug; Seitenstreifen breiten sich auf mehr als die Hälfte der Schuppen der dritten und vierten Schuppenreihe aus   2
   Gewöhnlich acht Oberlippenschilder, selten sieben; Rückenstreifen lohfarben oder fehlend; Seitenstreifen breiten sich auf weniger als die Hälfte der Schuppen der dritten und/oder vierten Schuppenreihe aus   3
2. Dorsum rötlichbraun; Seitenstreifen im vorderen Körperbereich selten verbreitert; Relative Schwanzlänge bei Männchen >34 % und bei Weibchen >33 %   _Th. s. sauritus_
   Dorsum dunkelbraun bis samtschwarz; Seitenstreifen häufig im vorderen Körperbereich bis auf die vierte Schuppenreihe ausgedehnt; Relative Schwanzlänge bei Männchen selten >33,5 %, bei Weibchen >32,5 %   _Th. s. septentrionalis_
3. Dorsum lohfarben bis braun, selten dunkel; Seitenstreifen gelb, gelegentlich weiß   _Th. s. sackenii_
   Dorsum dunkelbraun bis schwarz; Seitenstreifen weißlichblau bis hellblau, gelegentlich weiß   _Th. s. nitae_

Markierungen. Oft wird der obere Rand der Seitenstreifen von einer schmalen Reihe dunkler Punkte gesäumt, ebenso der Rückenstreifen. Die Färbung der Kopfoberseite entspricht der Grundfärbung, meistens aber etwas dunkler. Ober- und Unterlippenschilder sind weiß bis cremefarben. Das sechste, siebte und achte Oberlippenschild haben am oberen Rand eine schmale schwarze Markierung. Die Iris ist orangebraun, der Pupillenrand gelblich bis hellorange. Kopfunterseite und Bauch sind weiß bis cremefarben. Die Schwanzunterseite ist etwas dunkler.

Verbreitung: Das Verbreitungsgebiet von _Thamnophis sauritus sackenii_ erstreckt sich über weite Teile Floridas und Georgias bis zu Südspitze South Carolinas. In Florida ist diese Unterart geschützt.

Lebensweise: Sie kommt bis in Höhen von 200 m vor und bevorzugt Feuchtwiesen und Sumpfgebiete, Seen und Teiche. Ihre Nahrung besteht aus Fröschen, Kröten, Salamandern, Fischen und Regenwürmern.

Ähnliche Arten: Aufgrund ihres schlanken Körperbaus, des langen Schwanzes und der schlichten Färbung ist sie gut von anderen Strumpfbandnattern zu unterscheiden.

Pflege im Terrarium: _Thamnophis sauritus sackenii_ erwies sich beim Verfasser immer wieder als äußerst scheu und schreckhaft. Deshalb sollten die Terrarienmaße 150 × 80 × 80 cm (L × B × H) nach Möglichkeit nicht unterschreiten. Ein großes Wasserbecken und ausreichend Versteckmöglichkeiten sind erforderlich. Gefüttert werden die Tiere mit Fischen, Fröschen und Regenwürmern. Eine zwei- bis dreimonatige Winterruhe ist je nach Herkunft der Tiere empfehlenswert.

Zucht: 5 bis 20 Junge pro Wurf, die bei der Geburt um die 20 cm lang sind. Sie werden mit kleinen Fischen, Fischstückchen und kleinen Regenwürmern gefüttert.

Thamnophis sauritus septentrionalis

ROSSMAN, 1963

1963 _Thamnophis sauritus septentrionalis_ ROSSMAN, D. A.: The colubrid snake genus _Thamnophis_: a revision of the sauritus group. Bull. Fla. State Mus. 7, 99 –178.

Deutsche Namen: Nördliche Bändernatter.

Amerikanische Namen: Northern Ribbon Snake.

Beschreibung: Sie ähnelt _Thamnophis sauritus sauritus_. Die Grundfärbung ist samtschwarz, gelegentlich auch dunkelbraun bis bräunlich schwarz. Der gelbe Rückenstreifen ist mit Braun durchzogen. Die Seitenstreifen, die auf der dritten und vierten Schuppenreihe liegen, sind grünlich gelb. Grünlich gelb ist auch die Kopfunterseite gefärbt. Die Körperunterseite ist cremefarben mit einem fahlgrünlichen Anflug.

Schuppenmerkmale: Wie oben beschrieben. J. GILHEN (1984) fand jedoch auch ein Exemplar mit 23 Schuppenreihen im Nacken, 21 in der Körpermitte und 19 am Körperende. Im Gegensatz zu den anderen Unterarten treten bei _Thamnophis sauritus sackenii_ gewöhnlich acht Oberlippenschilder auf.

Verbreitung: Ihr Verbreitungsgebiet reicht von Nova Scotia westwärts bis nach Wisconsin.

Lebensweise: _Thamnophis sauritus septentrionalis_ bevorzugt ruhige bewachsene Ufer von Seen, Teichen und Weihern. Ebenso ist sie in Wiesen entlang den Flussläufen zu finden. Ihre Hauptnahrung besteht aus Fischen, Fröschen und Kaulquappen.

93

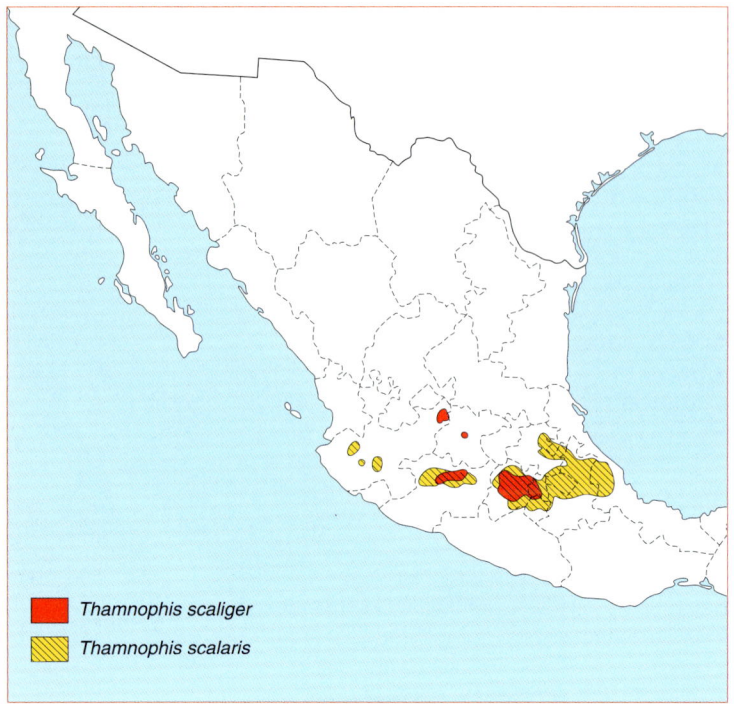

Verbreitungsgebiet von *Thamnophis scalaris* und *Thamnophis scaliger.*

Legende:
- **Thamnophis scaliger** (rot)
- **Thamnophis scalaris** (gelb schraffiert)

Ähnliche Arten: *Thamnophis sauritus sauritus* (siehe Beschreibung).

Pflege im Terrarium: Ein Terrarium von 150 × 80 × 80 cm (L × B × H) sollte als Mindestmaß für drei Tiere betrachtet werden. Ein großes Wasserbecken, sowie reichlich Versteckmöglichkeiten müssen vorhanden sein. Gefüttert werden die Nattern mit Fischen und Fröschen. Auch Regenwürmer sollte man ihnen bieten. Eine zwei- bis dreimonatige Winterruhe ist je nach Herkunft empfehlenswert. Exemplare aus dem nördlichen Verbreitungsgebiet eignen sich für einen ganzjährigen Aufenthalt in Freilandanlagen.

Zucht: Die etwa 10 Jungen pro Wurf sind bei der Geburt 19 bis 21 cm lang und werden mit kleinen Fischen, Fischstreifen und vitaminisiertem Rinderherz gefüttert.

Thamnophis scalaris COPE, 1860

1861 *Thamnophis scalaris*
(datiert 1860) COPE, E. D.: Descriptions of reptiles from tropical America and Asia.
Proc. Acad. Nat. Sci. Philadelphia 12, 368–374.
Deutsche Namen: –
Amerikanische Namen: Mexican Alpine Blotched Garter Snake
Beschreibung: Sie kann eine Länge von 65 cm erreichen. Die Grundfärbung reicht von gelblich grau über graubraun bis dunkelbraun. Im Nackenbereich befinden sich zwei große dunkle Flecken, die durch den schmalen Rückenstreifen, der gelb bis orange gefärbt ist, getrennt sind. Die gräulich weißen Seitenstreifen liegen auf der zweiten und dritten Schuppenreihe und sind mitunter recht undeutlich. Zwischen Rücken- und Seitenstreifen befindet sich eine Reihe dunkelbrauner Flecken, die schwarz umrandet sind. Sie können mitunter unterbrochen sein und somit zwei Fleckenreihen bilden. Die Kopfoberseite ist braun, die Oberlippenschilder sind bräunlich gelb und häufig schwarz gesäumt. Die Kopfunterseite ist weiß bis gelb gefärbt und bildet einen starken Kontrast zum gräulich braunen Bauch. Die Zunge ist einfarbig schwarz.

Schuppenmerkmale: *Thamnophis scalaris* hat gewöhnlich 19 Schuppenreihen am Vorderkörper und in der Körpermitte, am Körperende nur 17. Aber auch 17 Schuppenreihen im vorderen und mittleren Körperbereich, sowie 15 Schuppenreihen am Körperende kommen vor. Sie hat sieben, gelegentlich acht, Ober- und neun bis zehn Unterlippenschilder (gelegentlich auch acht, seltener elf). Sie hat eine Präoculare und drei, gelegentlich zwei Postocularia. Männliche Tiere haben 130 bis 147, Weibchen 134 bis 144 Bauchschilder. Schwanzschilder sind bei den Männchen 66 bis 85, bei den Weibchen 51 bis 69 zu finden.

Verbreitung: Ihr Vorkommen reicht von Jalisco bis Veracruz in Mexiko.

Lebensweise: Eine Hochlandart, die in Höhen von 2100 bis 4300 m Höhe vorkommt. Ihre Lebensweise ist bisher noch unbekannt. Sie scheint eine recht terrestrische Lebensweise zu führen. Weiterhin scheint sie im Vergleich zu anderen Strumpfbandnattern ein Nahrungsspezialist zu sein, bisher ist lediglich bekannt, dass ihre Nahrung aus Echsen der Gattungen *Sceloporus* und *Barisia* besteht.

Pflege im Terrarium: Über Pflege waren keine Angaben zu finden, lediglich dass sie sehr empfindlich auf zu feuchte Haltungsbedingungen reagiert (MUTSCHMANN, 1995).

Zucht: Auch hierüber ist nichts bekannt. Zwei Aufzeichnungen über Wurfgröße und Größe der Neugeborenen liegen vor. Dabei handelte es sich einmal um acht Jungtiere und einmal um 15, die jeweils eine Größe von 168,5 bis 181,5 mm hatten.

Thamnophis scaliger JAN, 1863

1863 *Tropidonotus (Eutaenia) scaliger*
JAN, G.: Elenco sistematico degli ofidi.
A. Lombardi, Mailand.
Deutsche Namen: –
Amerikanische Namen: Mesa Central Blotched Garter Snake

Beschreibung: Diese Art erreicht eine Länge von 57 cm. Die Grundfärbung ist braun. Der fahlgelbe Rückenstreifen ist schmal und auf die Vertebralschuppenreihe beschränkt. Die Seitenstreifen, die auf der zweiten und dritten, selten auch auf der ersten, Schuppenreihe liegen, können mitunter recht undeutlich sein. Zwischen Rücken- und Seitenstreifen liegen eine oder zwei Reihen dunkelbrauner Flecken, die schwarz umrandet sind. Unterhalb des Seitenstreifens befindet sich eine Reihe großer schwarzer Flecken. Die zwei großen Nackenflecken werden durch den Rückenstreifen getrennt. Die meisten Oberlippenschilder sind weiß bis cremefarben und schwarz gesäumt. Die Kopfunterseite setzt sich farblich kaum vom Bauch ab, der gewöhnlich gräulich weiß bis hellgrau gefärbt ist. Der vordere Rand der Bauchschilder ist schwarz gekennzeichnet. Die Zunge ist einfarbig schwarz.

Schuppenmerkmale: *Thamnophis scaliger* hat 19 Schuppenreihen am Vorderkörper und in der Körpermitte, zum Schwanz hin 17. Manchmal kommen auch 17 Schuppenreihen am Vorderkörper und/oder in der Körpermitte vor. Es treten sieben Oberlippenschilder, gelegentlich sechs auf. Sie besitzt gewöhnlich neun Unterlippenschilder, manchmal auch acht. Es treten eine Präoculare und zwei bis drei Postocularia (gelegentlich eine) auf. Die Zahl der Bauchschilder liegt bei Männchen zwischen 135 und 151, bei Weibchen zwischen 130 und 140. Bei den Weibchen sind 40 bis 49 Schwanzschilder zu finden, bei den Männchen 49 bis 58.

Verbreitung: Ihr Verbreitungsgebiet beschränkt sich auf die mexikanische Mesa Central.

Lebensweise: Auch sie ist eine Hochlandart, die in Höhen von 2300 bis 2600 m vorkommt und deren Lebensweise noch unbekannt ist. Sie bewohnt semiaride Täler und Eichenwälder in den Niederungen der Gebirge. Sie wurde beobachtet, wie sie Kaulquappen von *Spea hammondii* fraß.

Ähnliche Arten: Eine Verwechslung mit *Thamnophis scalaris* ist möglich, doch sind bei ihr die schwarzen Säume der Oberlippenschilder sehr schmal, die bei *Thamnophis scaliger* relativ breit. Weiterhin bildet die Kopfunterseite im Gegensatz zu *Thamnophis scalaris* keinen farblichen Kontrast zur Bauchfärbung.

Pflege und Zucht: Über Pflege und Zucht im Terrarium ist nichts bekannt.

Bemerkung: Sie wurde lange Zeit als Unterart von *Thamnophis scalaris* angesehen, bis ROSSMANN und LARA-GONGORA sie 1991 in den Artstatus erhoben.

Thamnophis scaliger.

Thamnophis sirtalis LINNAEUS, 1758

Die bis zu 140 cm lang werdende *Thamnophis sirtalis* mit ihren zwölf Unterarten ist sicherlich die Strumpfbandnatter, die am häufigsten in den Terrarien der Liebhaber anzutreffen ist. Ebenso ist sie wohl auch die Art, die in wissenschaftlichen Kreisen zu den meisten Diskussionen führt. Der Status einiger Unterarten ist noch immer umstritten und wird regelmäßig nach neuen Erkenntnissen geändert. Neue Unterarten tauchen auf und altbekannte verschwinden. Das aktuellste Beispiel ist die wohl bekannteste Natter dieser Gattung, die San Francisco-Strumpfbandnatter, *Thamnophis sirtalis tetrataenia*, die zurecht zu den schönsten, aber leider auch zu den stark bedrohten Schlangen Nordamerikas zählt und *Thamnophis sirtalis infernalis*, die der erstgenannten an Schönheit in nichts nachsteht. 1995 untersuchten BOUNDY & ROSSMAN den 1835 von BLAINVILLE beschriebenen Holotypus *Coluber infernalis*. Dabei stellten sie fest, dass es sich um die San Francisco-Strumpfbandnatter handelte. Da diese Erstbeschreibung vor der Benennung „tetrataenia" erfolgte, erhielt die San Francisco-Strumpfbandnatter korrekterweise den Namen *Thamnophis sirtalis infernalis*. Alle übrigen rotköpfigen Strumpfbandnattern der Westküste (die ehemalige *Thamnophis sirtalis infernalis* und *Thamnophis sirtalis concinnus*) wurden zu *Thamnophis sirtalis concinnus* zusammengefasst. Obwohl BOUNDY & ROSSMAN wissenschaftliche Beweise vorlegten, wurde von der ICZN (International Commission on Zoological Nomenclature)

Rückenzeichnung von *Thamnophis scaliger.*

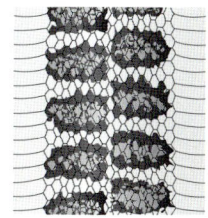

Oben:
Thamnophis sirtalis sirtalis, diese Farbform wurde 1766 von Linnaeus als *Coluber ordinatus* beschrieben. Daher wird sie auch heute noch als „Ordinatus-Variante" bezeichnet.

Unten:
Eine Farbform von *Thamnophis sirtalis sirtalis*, die der Unterart *Thamnophis sirtalis annectens* sehr ähnlich sieht.

in London beschlossen, den Namen „*tetrataenia*" beizubehalten. Begründet wurde diese Entscheidung damit, dass eine Verwirrung in der Populärliteratur vermieden werden sollte. Es sollte aber dem Terrarianer eigentlich gleichgültig sein. Es gibt weiterhin die rotköpfigen Unterarten *Thamnophis sirtalis concinnus*, *Thamnophis sirtalis infernalis* und *Thamnophis sirtalis tetrataenia*. 1988 beschrieb Tanner eine neue Unterart aus Nordwest-Chihuahua, *Thamnophis sirtalis lowei*. Diese wird aber mittlerweile als isoliert lebende Population von *Thamnophis sirtalis dorsalis* angesehen, da die Unterscheidungsmerkmale zu ihr zu gering sind, als das sie als eigene Unterart angesehen werden kann.

Diese häufigen Namensänderungen verwirren den Liebhaber zusätzlich, weil eine Bestimmung der Unterarten aufgrund ihrer Zeichnungs- und Färbungsvariabilität ohnehin recht problematisch sein kann. Das gilt besonders für die Nominatform, die an Zeichnungs- und Fär-

bungsvielfalt von keiner anderen Strumpfbandnatter übertroffen wird. Weiterhin erschwerend kommt der Ehrgeiz einiger Züchter, neue Farbformen durch gezielte Zucht zu erzielen, hinzu. Bestes (oder schlechtestes ?) Beispiel bilden die Gattung *Lampropeltis* und einige *Elaphe*-Arten. Die Zahl der mittlerweile gezüchteten Farbformen dieser Nattern ist nahezu unüberschaubar geworden. Die Zucht solcher Farbformen spaltet die Terrarianer in zwei Lager. Sicherlich ist es ein schönes Gefühl, nach jahrelangen Zuchtbemühungen Tiere zu besitzen, die wunderbare Farben zeigen und von der Norm abweichen. Und nebenbei kann der Verkauf der Nachzuchten einer neuen Farbvariante ein lohnendes Geschäft sein. Die andere Seite jedoch bevorzugt die Zucht der Tiere wie sie die Natur geschaffen hat, streng nach Art, Unterart oder sogar nach Vorkommen und Population getrennt. Dies ist jedem Liebhaber selbst überlassen. Allerdings ist es sicher nicht Sinn der Terraristik, dass vielleicht eines Tages eine Art ausstirbt, obwohl Tausende von Tieren in den Terrarien zu finden sind – aber nur Albinos.

Die wohl bekannteste Farbvariante ist sicherlich die melanistische *Thamnophis sirtalis sirtalis*. Diese Schwärzlinge kommen im gesamten Verbreitungsgebiet vor, verstärkt am Lake Erie. Sie werden mittlerweile regelmäßig von Züchtern auf Börsen angeboten. Allerdings treten bei dieser Farbform bereits die ersten Inzuchterscheinungen auf, da alle Schwärzlinge von wenigen Exemplaren abstammen, die Ende der 80er-Jahre nach Europa eingeführt wurden. Viele Züchter beklagen, dass bis zu 70 % der Jungtiere nicht älter als sechs Monate werden. Beim Verfasser gebar ein Weibchen in drei Würfen insgesamt 27 Jungtiere, davon 26 Totgeburten. Das einzig lebende Jungtier hatte eine Länge von nur 11 cm und wog nicht einmal 1 g. Das Tier verendete nach 13 Stunden. Schwärzlinge sind auch von anderen *Thamnophis sirtalis*-Unterarten bekannt (zum Beispiel von *Thamnophis sirtalis pallidulus* auf Georges Island, Halifax, Kanada).

Ebenso wie Schwärzlinge treten auch Weißlinge (Albinos) in freier Natur auf. Diese sind vor allem von *Thamnophis sirtalis sirtalis*, *Thamnophis sirtalis parietalis* und *Thamnophis sirtalis similis* bekannt.

Tiere mit einem hohen Rotanteil sind ebenfalls recht häufig anzutreffen. Diese werden dann von den Liebhabern gezielt weitergezüchtet. Mittlerweile findet man Tiere mit komplett roten Seitenstreifen und Bauch (Flame-Phase), ebenso wie mit roter Oberseite oder sogar komplett roter Färbung (Crimson-Phase).

Schuppenmerkmale: *Thamnophis sirtalis* besitzt im vorderen und mittleren Körperbereich 19

Schuppenreihen, im hinteren 17. Exemplare aus Nordwest-Chihuahua *(Thamnophis sirtalis dorsalis)* zeigen im vorderen Körperbereich 21 Schuppenreihen. Dies führte 1988 dazu, dass TANNER sie als Unterart *Thamnophis sirtalis lowei* beschrieb (siehe Seite 96). Sieben Oberlippenschilder sind am häufigsten zu finden, im westlichen Gebiet Nordamerikas treten häufig auch acht auf. Seltener sind sechs oder neun zu finden. Unterlippenschilder sind gewöhnlich zehn anzutreffen, gelegentlich neun, seltener acht oder elf. Eine Ausnahme bilden Exemplare aus Manitoba. Bei ihnen sind neun Unterlippenschilder die Regel. Diese Art hat eine Präoculare und drei, gelegentlich vier und in seltenen Fällen zwei Postocularia. Bei den Männchen treten 142 bis 178, bei den Weibchen 134 bis 174 Bauchschilder auf. 61 bis 97 Schwanzschilder sind bei männlichen Tieren zu finden, bei den Weibchen 52 bis 90.

Lebensweise: Diese Strumpfbandnatter kommt in Höhen bis 2500 m NN vor. So vielfältig ihr Äußeres ist, so vielfältig sind auch ihre Lebensräume. Man findet sie an Teichen, Seen, Tümpeln, Bachläufen, Sümpfen, Feuchtwiesen, auf Feldern und Wiesen, in Gärten, Wäldern, auf Viehweiden und Rodungsflächen. Ihr Vorkommen wird von manchen Autoren scherzhaft mit „überall" angegeben. Ihre Nahrung besteht aus Fischen, Fröschen, Kröten, Salamandern, Regenwürmern, Insekten, Mäusen und anderen kleinen Säugetieren und jungen Vögeln. Große Exemplare verschmähen auch Echsen und Schlangen nicht. *Thamnophis sirtalis* wurde auch schon dabei beobachtet, wie sie die Eier aus den Nestern kleiner Singvögel verschlang.

Pflege im Terrarium: Das Terrarium sollte für ein Weibchen und zwei Männchen die Maße 150 × 80 × 80 cm (L × H × B) besitzen. Äste und Wurzel dienen als Kletter- und Versteckmöglichkeit. Ein ausreichend großes Wassergefäß dient als Trink- und Badegelegenheit. Der Verfasser pflegte mehrere Unterarten nach Geschlechtern getrennt. Lediglich zur Fortpflanzung wurden dann jeweils ein Männchen und ein Weibchen in Terrarien mit den Maßen 120 × 80 × 60 cm (L × H × B) zusammengesetzt. Nach spätestens drei bis vier Wochen wurden die Tiere dann wieder getrennt. Gefüttert wurden die Schlangen mit lebenden und toten Fischen, Fischstücken, Fröschen, deren Kaulquappen, Regenwürmern und jungen Mäusen. Mit Vitaminpräparaten angereichertes Rinderherz wurde von den meisten Tieren ebenfalls gefressen. Eine zwei- bis dreimonatige Winterruhe ist für die meisten Unterarten angebracht. Exemplare von *Thamnophis sirtalis sirtalis*, *Thamnophis sirtalis fitchi*, *Thamnophis sirtalis pallidulus*, *Thamnophis sirtalis parietalis* und *Thamnophis sirtalis pickeringii* aus den nörd-

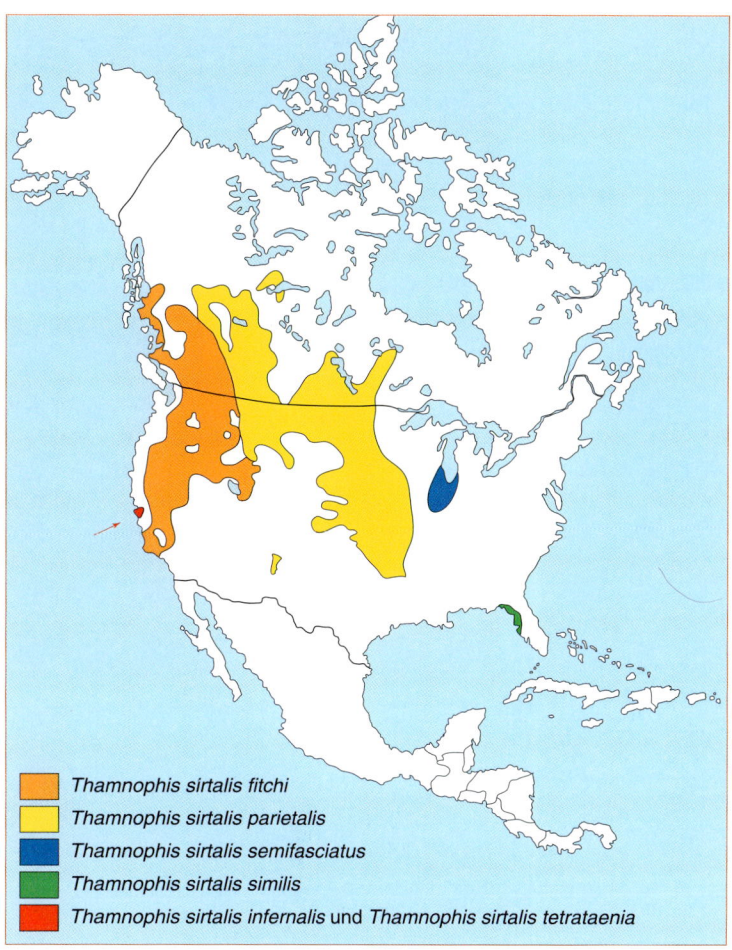

Thamnophis sirtalis fitchi

Thamnophis sirtalis parietalis

Thamnophis sirtalis semifasciatus

Thamnophis sirtalis similis

Thamnophis sirtalis infernalis und *Thamnophis sirtalis tetrataenia*

Verbreitungsgebiet von *Thamnophis sirtalis*.

lichen Verbreitungsgebieten eignen sich für eine ganzjährige Freilandhaltung.

Zucht: *Thamnophis sirtalis* ist eine sehr produktive Art. Bis zu 50 Jungtiere sind bei einigen Unterarten keine Seltenheit, es können auch bis zu 80 pro Wurf sein. Deshalb sollte bei diesen Tieren unkontrolliert nicht gezüchtet werden. Wie oben erwähnt werden beim Verfasser die Geschlechter nur zur gewünschten Nachzucht zusammengesetzt. Sind Männchen und Weibchen die ganze Zeit über zusammen, kann es durchaus sein, dass das Weibchen zweimal im Jahr Junge bekommt. Bedenkt man die enorme Wurfgröße dieser Art, kann man sich vorstellen, dass der Liebhaber bei 100 Jungtieren oder mehr pro Jahr Probleme mit der Unterbringung und der Versorgung der Jungen bekommen kann. Weiterhin sollte berücksichtigt werden, dass der Großteil der Jungtiere einmal abgegeben werden muss. Hier treten dann die nächsten Schwierigkeiten auf, einen Abnehmer solcher Stückzahlen zu finden. Die Jungen sind je nach Wurfgröße bei der Geburt 15 bis 22 cm lang und wiegen 2 bis 4 Gramm. Gefüttert werden die Tiere mit kleinen

Links:
Thamnophis sirtalis sirtalis „Florida Blue"-Variante.

Rechts:
Thamnophis sirtalis sirtalis mit hohem Gelbanteil.

Rechte Seite:
Thamnophis sirtalis sirtalis, „Flame"-Variante. Diese sehr hübsche Farbform wurde in freier Natur gefunden und in Kanada von Dr. Philippe Blais gezielt weitergezüchtet. Daher wird diese Farbform auch gelegentlich „Blais' Flame Garter Snake" bezeichnet

Fischen und Fischstückchen, kleinen oder zerteilten Regenwürmern und Kaulquappen. Rinderherz mit Vitamin- und Mineralpräparaten angereichert, wird ebenfalls von vielen Jungtieren gefressen.

Thamnophis sirtalis sirtalis Linnaeus, 1758

1758 *Coluber sirtalis*
Linnaeus, C.: Systema naturae per regna tria naturae, secundum classes, ordines, genera, species cum characteribus, differentiis, synonymis, locis.
10th ed., L. Salvius, Stockholm.
sensu Harlan, R. 1827, Genera of North American Reptilian and a synopsis of the species.
J. Acad. Nat. Sci. Philadelphia 5, 317–372.
1766 *Coluber ordinatus*
Linnaeus, C.: Systema naturae per regna tria naturae, secundum classes, ordines, genera, species cum characteribus, differentiis, synonymis, locis.
12th ed. L. Salvius, Stockholm.
1788 *Coluber taenia*
Schoepf, J.: Reise durch der mittlern und südlichen vereinigten nord-amerikanischen Staaten.
J. J. Palm, Erlangen.
1803 *Coluber ibibe*
Daudin, F.: Histoire naturelle générale et particulière des reptiles.
Vol. 7. F. Dufart, Paris
1837 *Tropidonotus bipunctatus*
Schlegel, H.: Essai sur la physionomie des serpens.

Vol. 2. Arnz und Co., Leide.
1854 *Tropidonotus jauresi*
Duméril, A. M. C., Bibron, G. & Duméril, A. H. A.: Erpetolgie générale ou histoire naturelle compléte des reptiles.
Vol. 7, Pt. 1. 1–780, Librarie Encyclopedie de Roret, Paris.
1875 *Eutaenia sirtalis obscura*
Cope, E. D. in Yarrow, H. C.: Report upon the collections of batrachians and reptiles made in portions of Nevada, Utah, California, Colorado, New Mexico, and Arizona, during the years 1871, 1872, 1873, and 1874.
Report upon Geographical and Geological Explorations and Surveys West of the One Hundredth Meridian. Vol 5, Chap. 4, 509–633.
1889 *Eutaenia sirtalis melanota*
Higley, W.: Reptilia and Batrachia of Wisconsin.
Trans. Wisconsin Acad. Arts Sci. Letters 7, 155–176.
1889 *Eutaenia sirtalis graminea*
Cope, E. D.: On the Eutaeniae of southeastern Indiana.
Proc. U.S. Natl. Mus. 11, 399–401.
Deutsche Namen: Gemeine Strumpfbandnatter; Gewöhnliche Strumpfbandnatter; Östliche Strumpfbandnatter; Strumpfbandnatter.
Amerikanische Namen: Adder; Blue Spotted Snake; Broad Garter Snake; Brown Snake; Churchill's Garter Snake; Common Garter Snake; Common Streaked Snake; Common Striped Snake; Dusky Garter Snake; Eastern Garter Snake; First And Last; Garden Snake; Grass Gar-

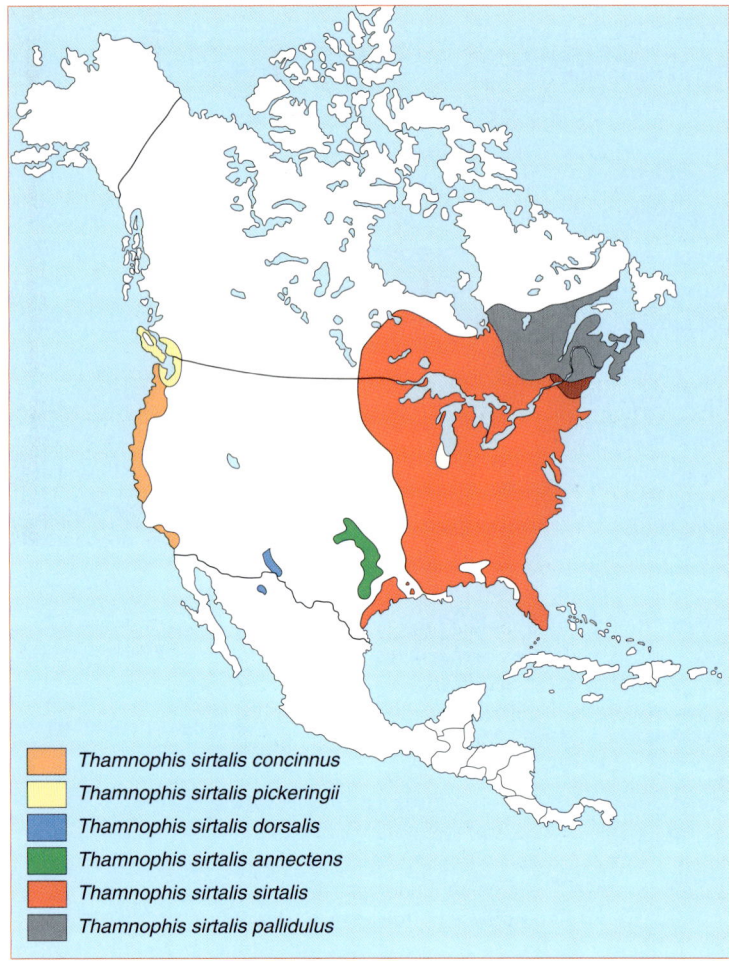

Thamnophis sirtalis concinnus
Thamnophis sirtalis pickeringii
Thamnophis sirtalis dorsalis
Thamnophis sirtalis annectens
Thamnophis sirtalis sirtalis
Thamnophis sirtalis pallidulus

sehr groß sein und in die Rücken- und Seiten-streifen dringen. Auch Exemplare ohne Flecken wurden gefunden. Die Bauchfärbung reicht von cremefarben über gelblich bis grünlich und bläu-lich. Tiere mit roten Bauch treten ebenfalls auf. Gewöhnlich befinden sich zwei Reihen dunkler Flecken auf der Bauchseite. Melanistische Tiere sind vor allem aus den Gebieten um Lake Super-ior, Lake Michigan, Lake Huron, Lake Erie und Lake Ontario bekannt. Ebenso wurden Teil- und Vollalbinos gefunden. S.H. SHIVELY und J.C. MIT-CHELL (1994) berichten von einem leukistischen Weibchen, das in Michigan gefangen wurde. Leu-kistische Tiere sind wie Albinos weiß, besitzen aber eine normale Augenfarbe. Ebenfalls wurden in Michigan und Ontario erythristische Exem-plare gefunden. Die Rotfärbung ist dann nicht, wie es häufig vorkommt, auf die Haut zwischen den Schuppen begrenzt, sondern dehnt sich auf weite Teile der Schuppen aus.

Verbreitung: Ihr Verbreitungsgebiet erstreckt sich von Süd-New England und dem zentralen Süd-Kanada südwärts bis nach Florida und Süd-ost-Texas.

Ähnliche Arten: *Thamnophis brachystoma* hat gewöhnlich sechs Oberlippenschilder und nur selten sieben. Weiterhin sind bei ihr nur 17 Schuppenreihen auf dem vorderen Körper. *Thamnophis butleri* hat im Gegensatz zu *Tham-nophis sirtalis sirtalis* die Seitenstreifen auch auf der vierten Schuppenreihe. *Thamnophis elegans elegans* und *Thamnophis elegans vagrans* besitzen gewöhnlich 21 Schuppenreihen und acht Ober-lippenschilder. Bei *Thamnophis elegans terrestris* treten gelegentlich auch nur sieben Oberlippen-schilder auf, jedoch besitzen alle *Thamnophis ele-gans*-Unterarten eine höhere Anzahl Bauch- und Schwanzschilder. *Thamnophis hammondii* kann gelegentlich auch für eine *Thamnophis sirtalis sirtalis* ohne Rückenstreifen gehalten werden. Sie besitzt jedoch 21 Schuppenreihen und acht Oberlippenschilder. *Thamnophis ordinoides* zeichnet sich durch 17 Schuppenreihen aus, am Körperende meist nur 15. *Thamnophis radix* hat gewöhnlich nur neun Unterlippenschilder. *Tham-nophis sauritus sauritus* und *Thamnophis sauritus septentrionalis* werden ebenfalls gelegentlich mit *Thamnophis sirtalis sirtalis* verwechselt. Sie be-sitzen allerdings einen wesentlich schlankeren Körper und einen längeren Schwanz.

Thamnophis sirtalis annectens BROWN, 1950

1950 *Thamnophis sirtalis annectens*
BROWN, B. C.: An Annotated Check List of the
Reptiles and Amphibians of Texas.
Baylor Univ. Press, Waco, Texas.
Deutsche Namen: –

ter Snake; Garter Snake; Green-Spotted Snake; Hooped Snake; Little Brown Snake; Little Green Snake; North American Garter Snake; North American Striped Snake; Northeastern Garter Snake; Northern Garter Snake; Ordinary Garter Snake; Ordinary Spotted Garter Snake; Plain Garter Snake; Red Garter Snake; Sirtal Snake; Slow Garter Snake; Spotted Garter Snake; Strea-ked Snake; Striped Garter Snake; Striped Grass Snake; Swamp Garter Snake; Three-Striped Ad-der; Water Garter Snake; Yellow Snake.

Beschreibung: Bereits die amerikanischen Na-men lassen erahnen, wie variabel diese Strumpf-bandnatter in Zeichnung und Färbung ist. Die Grundfärbung reicht von oliv über grün bis dun-kelbraun und schwarz. Sowohl Rücken- als auch Seitenstreifen, die auf der zweiten und dritten Schuppenreihe liegen, können gelb, orange, bräunlich, grünlich oder bläulich sein. Auch streifenlose Exemplare treten auf. Zwischen Rücken- und Seitenstreifen sind zwei Reihen dunkler Flecken schachbrettförmig angeordnet. Diese sind ebenfalls höchst variabel. Sie können

Amerikanische Namen: –

Beschreibung: Die Grundfärbung ist dunkelbraun bis schwarz. Besonders auffällig ist der breite Rückenstreifen, der kräftig orange gefärbt ist. Die Seitenstreifen sind weiß bis cremefarben oder hell gelb.

Verbreitung: Ihr Vorkommen reicht vom östlichen Zentral-Texas durch das westliche Zentral-Oklahoma bis in das östliche Texas Panhandle und Südwest-Kansas.

Ähnliche Arten: Es kann zu Verwechslungen mit *Thamnophis radix* kommen. Bei den meisten Exemplaren dieser Art ist die Grundfärbung heller und der schwarze Saum zwischen den Oberlippenschildern wesentlich breiter.

Bemerkung: Diese Unterart wurde in den letzten Jahren recht häufig im Handel angeboten. Alle dem Verfasser bekannten Tiere erwiesen sich jedoch als *Thamnophis radix*.

Thamnophis sirtalis concinnus.

Thamnophis sirtalis concinnus HALLOWELL, 1852

1852 *Thamnophis sirtalis concinnus*
HALLOWELL, E.: Descriptions of new species of reptiles from Oregon.
Proc. Acad. Nat. Sci. Philadelphia 6, 182–183.

Deutsche Namen: Kalifornische Strumpfbandnatter; Rotfleckige Strumpfbandnatter.

Amerikanische Namen: California Garter Snake; Copperhead; Embellished Garter Snake; Northwestern Garter Snake; One-Striped Garter Snake; Pacific Garter Snake; Pacific Red-Barred Garter Snake; Red-Spotted Garter Snake.

Beschreibung: Die Grundfärbung ist schwarz. Der Rückenstreifen hat eine blassgelbe bis schwefelgelbe Farbe. Die Seitenstreifen sind oftmals nur angedeutet oder fehlen ganz. Sind welche vorhanden, dann sind sie cremefarben bis hell gelblich weiß. Auf den Körperseiten befinden sich große, rote, barrenförmige Flecken. Der Kopf ist rot gefärbt, wobei die Kopfoberseite in der Regel dunkler ist als die Seiten. Bei einigen Exemplaren sind lediglich die Kopfseiten rot, während die Kopfoberseite schwarz gefärbt ist. Die Iris ist schwarz, der Pupillenrand gelb bis hellbraun. Die Kopfunterseite hat eine weiße bis beige Färbung. Die Unterseite des Körpers hat im vorderen Bereich oft einen grünlichen, bläulichen oder schieferfarbenen Anflug. Die hintere Hälfte ist häufig ganz schwarz gefärbt.

Verbreitung: Das Vorkommen erstreckt sich von Südwest-Washington südwärts durch Nordwest-Oregon bis nach Südkalifornien. Zwischen Monterey und Santa Barbara in Kalifornien wird *Thamnophis sirtalis concinnus* von *Thamnophis sirtalis fitchi* vertreten.

Ähnliche Arten: *Thamnophis sirtalis concinnus* kann von anderen Strumpfbandnattern mit roter Zeichnung auf den Seiten anhand ihres roten Kopfes unterschieden werden. Eine Ausnahme bildet *Thamnophis sirtalis infernalis*, die ebenfalls einen roten Kopf hat. Bei dieser Unterart ist die Körperunterseite jedoch gewöhnlich heller gefärbt.

Bemerkung: Wegen ihres roten Kopfes wird sie in ihrer Heimat auch „Copperhead" genannt, und obwohl der echte und giftige Kupferkopf (*Agkistrodon contortrix*) in diesem Gebiet gar nicht vorkommt, wird sie wie dieser verfolgt und getötet.

Thamnophis sirtalis dorsalis
BAIRD & GIRARD, 1853

1853 *Eutaenia dorsalis*
BAIRD, S. F. & GIRARD, C.: Catalogue of North American Reptiles in the Museum of the Smithsonian Institution. Part I. Serpents.
Smithsonian Inst., Washington, D.C.
1859 *Eutaenia ornata*
BAIRD, S. F.: Reptiles of the boundary.
U.S. and Mex. Boudary Surv. 2, 1–35.
1988 *Thamnophis sirtalis lowei*
TANNER, W. W.: Status of *Thamnophis sirtalis* in Chihuahua, Mexico (Reptilia: Colubridae).
Great Basin Natur. 48, 499–507.

Deutsche Namen: –

Amerikanische Namen: –

Beschreibung: Die Grundfärbung ist schmutzig olivgrün bis olivbraun. Seiten- und Rückenstreifen sind weiß bis gelblich weiß gefärbt. Zwischen den Streifen liegen zwei Reihen schwarzer Flecken. Die Flecken der oberen Reihen können miteinander verschmelzen und somit ein schwarzes Band entlang des Rückenstreifens bilden.

101

Schuppenreihe und sind ebenfalls ockerfarben, grünlich gelb oder gelb gefärbt. Die Kopfoberseite ist dunkelolivgrau bis schwarz. Die Oberlippenschilder sind dunkelolivgrün und haben gelbgraue Flecken, bei manchen Exemplaren auch rote. Unterlippenschilder, sowie die Kopfunterseite sind von cremefarbener bis fahlgelber Färbung. Die Iris ist schwarz. Der Pupillenrand hat eine ockerfarbene bis hellbraune Färbung. Der Bauch und die Schwanzunterseite sind grünlich, graugrün oder bläulich.

Verbreitung: Ihr Verbeitungsgebiet reicht von Süd-British Columbia (ausgenommen die Südwestküste und Vancouver Island) südwärts durch Idaho und das östliche Washington bis in das zentrale Nord-Utah ostwärts, westwärts durch Teile Oregons bis Zentral-Kalifornien (zwischen Monterey und Santa Barbara erreicht sie die Küste und dringt somit in das Verbreitungsgebiet von *Thamnophis sirtalis concinnus* ein).

Ähnliche Arten: Sie kann mit *Thamnophis sirtalis sirtalis* verwechselt werden. Da sich die Verbreitungsgebiete der beiden Unterarten nicht überschneiden, ist es zur Bestimmung der Tiere sehr hilfreich, wenn die Herkunft bekannt ist.

Thamnophis sirtalis fitchi.

Die rote Färbung ist bei *Thamnophis sirtalis dorsalis* häufig auf die Haut zwischen den Schuppen reduziert. Die Kopfoberseite ist ist ebenfalls schmutzig olivgrün bis olivbraun. Der Bauch ist bläulich bis bräunlich gefärbt und gewöhnlich ohne Zeichnung. Tritt eine Zeichnung auf, ist sie auf die Ränder der Bauchschilder begrenzt. Jungtiere zeigen häufig eine rostfarbene bis rostigorange Färbung.

Verbreitung: Ihr Vorkommen beschränkt sich auf Süd-New Mexico entlang des Rio Grande. Die zweite Population lebt in Mexiko in Nordwest-Chihuahua.

Thamnophis sirtalis fitchi Fox, 1951

1951 *Thamnophis sirtalis fitchi*
Fox, W.: The Status of the garter snake, *Thamnophis sirtalis tetrataenia*.
Copeia 1951, 257–267.
Deutsche Namen: Kalifornische Strumpfbandnatter; Kaskaden-Strumpfbandnatter.
Amerikanische Namen: California Garter Snake; Cascades Garter Snake; Northwestern Garter Snake; Pacific Garter Snake; Red-Barred Garter Snake.
Beschreibung: Die Grundfärbung reicht von dunkelbraun, dunkelgrau bis schwarz. Der Rückenstreifen kann cremefarben, ockerfarben, hellbraun oder grüngelb bis gelb sein. Die Seitenstreifen liegen auf der zweiten und dritten

Thamnophis sirtalis infernalis Blainville, 1835

1835 *Coluber infernalis*
Blainville, H. D. de: Description de quelques espèces de reptiles de la California.
Nouv. Ann. Mus. Hist. Paris 4, 1–64.
Deutsche Namen: Kalifornische Rotbarren-Strumpfbandnatter, Pazifik-Strumpfbandnatter
Amerikanische Namen: California Red-Barred Garter Snake; One-Striped Garter Snake; Pacific Garter Snake; Single-Striped Garter Snake; Western Garter Snake.
Beschreibung: *Thamnophis sirtalis infernalis* soll bis zu 130 cm lang werden können. Die Grundfärbung ist dunkelbraun bis schwarz. Der Rückenstreifen ist blassgelb bis gelb. Die Seitenstreifen liegen auf der dritten und vierten Schuppenreihe und sind blassgelb bis grünlich gelb oder weißlich grün. Bei manchen Exemplaren sind sie nur schwach angedeutet oder fehlen ganz. Zwischen Rücken- und Seitenstreifen befinden sich große rote Flecken. Die Kopfoberseite ist rot. Ober- und Unterlippenschilde sind ebenfalls rot gefärbt, gewöhnlich aber etwas heller als die Kopfoberseite. Die Körperunterseite ist weiß bis grünlichweiß oder hellgrün und ohne Zeichnung.
Verbreitung: Das Vorkommen von *Thamnophis sirtalis infernalis* beschränkt sich auf die Halbinsel von San Francisco.
Ähnliche Arten: Es kann zu Verwechslungen mit anderen *Thamnophis sirtalis*-Unterarten

kommen, die ebenfalls Rotfärbungen aufweisen. *Thamnophis sirtalis dorsalis* und *Thamnophis sirtalis parietalis* besitzen jedoch keinen rot gefärbten Kopf. *Bei Thamnophis sirtalis concinnus* ist die Körperunterseite dunkel gefärbt. Häufig ist die hintere Hälfte völlig schwarz. Besonders hilfreich zur Unterscheidung von *Thamnophis sirtalis infernalis* und *Thamnophis sirtalis concinnus* ist die Kenntnis vom Fundort.

Pflege im Terrarium: Ein Terrarium mit den Maßen 120 × 60 × 80 cm (L × B × H) ist für ein Weibchen und zwei Männchen ausreichend. Gefüttert werden die Tiere mit Fischen, Fröschen und Regenwürmern. Auch junge Mäuse sollte man ihnen anbieten. Oftmals werden diese allerdings nicht angenommen. Eine zwei- bis dreimonatige Winterruhe ist empfehlenswert.

Zucht: Bis zu 25 Jungtiere pro Wurf, gelegentlich auch mehr. Sie sind bei der Geburt 17 bis 25 cm lang und werden mit kleinen Fischen, Fischstreifen, kleinen oder zerteilten Regenwürmern und vitaminisierten Rinderherz gefüttert.

Thamnophis sirtalis pallidulus ALLEN, 1899

1899 *Thamnophis sirtalis pallidula*
ALLEN, G. M.: Notes on the reptiles and amphibians of Intervale, New Hampshire.
Proc. Boston Soc. Nat. Hist. 29, 63–75.
1903 *Tropidonotus obalskii*
MOQUARD, M. F.: Contribution a la faune herpetologique de la Basse-Californie.
Nouv. Arch. Mus. d'Hist. Naturelle, ser. 4, 1, 297–344.
Deutsche Namen: Maritime-Strumpfbandnatter
Amerikanische Namen: Maritime Garter Snake.
Beschreibung: *Thamnophis sirtalis pallidulus* ist äußerst variabel in ihrer Färbung. Die Grundfärbung reicht von gelblich oliv über olivgrau bis zimtbraun. Der Rückenstreifen kann hellgrau, lohfarben oder gelb sein. Mitunter fehlt er auch oder ist auf einige Körperstellen reduziert. Die Seitenstreifen, die auf der zweiten und dritten Schuppenreihe liegen, sind weißlich, gräulich oder lohfarben. Nach unten hin werden sie oft dunkler und verschmelzen mit der Grundfarbe. Zwischen Rücken- und Seitenstreifen liegen zwei Reihen dunkelbrauner bis schwarzer Flecken, die ein schachbrettförmiges Muster bilden. Die Kopfoberseite ist wie die Grundfärbung. Die Kopfseiten sind gewöhnlich cremefarben, haben gelegentlich einen Anflug von bräunlicher Färbung. Kopf- und Körperunterseite sind weißlich bis grau, manchmal mit einem gelblichen oder bräunlichen Anflug. Es wurden in Nova Scotia auch melanistische Tiere gefunden.

Oben:
Thamnophis sirtalis pallidulus.

Links:
Kopfoberseite von *Thamnophis sirtalis parietalis.*

Thamnophis sirtalis parietalis.

103

Thamnophis sirtalis pickeringii mit hohem Rotanteil von Vancouver Island.

Verbreitung: *Thamnophis sirtalis pallidulus* kommt in Nord-New England, in Süd-Quebec und in die kanadische Maritime Provinzen vor.
Ähnliche Arten: *Thamnophis sirtalis pallidulus* kann mit einigen Farbvarianten von *Thamnophis sirtalis sirtalis* verwechselt werden. Zur sicheren Bestimmung ist es hilfreich, die Herkunft der Tiere zu kennen.

Thamnophis sirtalis parietalis SAY, 1823

1823 Coluber parietalis
SAY in JAMES, E.: Account of an Expedition from Pittsburgh to the Rocky Mountains, Performed in the Years 1819, 1820. Vol. 1.
Longman, Hurst, Rees, Orme, and Brown, London.
Deutsche Namen: Rotseitige Strumpfbandnatter (Foto siehe Seite 110)
Amerikanische Namen: Red-Barred Garter Snake; Red-Sided Garter Snake; Garter Snake; Common Garter Snake; Green-Striped Garter Snake; Northern Garter Snake; Ornate Garter Snake; Pacific Garter Snake; Parietal Garter Snake; Prairie Garter Snake; Red-Backed Garter Snake; Red Garter Snake; Red-Spotted Garter Snake; Rocky Mountain Garter Snake; Say's Garter Snake; Western Garter Snake.
Beschreibung: Die Grundfärbung variiert zwischen dunkeloliv, braun und schwarz und erreicht auf beiden Seiten die Ränder der Bauchschuppen. Die Seitenstreifen liegen auf der zweiten und dritten Schuppenreihe und können gelb, orangegelb, bläulich oder grünlich sein, ebenso der Rückenstreifen, der in der Regel aber eine intensivere Färbung aufweist. Zwischen Rücken- und Seitenstreifen befindet sich eine Reihe roter barrenförmiger Flecken. Größe und Intensität der roten Flecken variieren sehr stark. Bei man-

chen Exemplaren dringen die roten Barren in die Seitenstreifen ein. Die Kopfoberseite ist von dunkeloliver Färbung, die sich zu den Oberlippenschildern stark aufhellt. Die Oberlippenschilder sind am hinteren Ende mit einem schwarzen „Komma" gezeichnet. Das Auge hat einen gelben bis gelbbraunen Pupillenrand. Die Pupille selbst ist bräunlich oliv bis braun. Die Unterlippenschilder, die Kopfunterseite, sowie die Bauch- und Schwanzunterseite sind von cremefarben über blassgelb und hellbräunlich bis matt olivgrün gefärbt. Farbvariationen sind bei *Thamnophis sirtalis parietalis* keine Seltenheit. So wurden Tiere gefunden, denen der Rücken- und/oder die Seitenstreifen fehlten. Exemplare ohne Rotfärbung treten ebenfalls auf. Weiterhin sind Populationen mit melanistischen Tieren bekannt.
Verbreitung: Das Verbreitungsgebiet von *Thamnophis sirtalis parietalis* reicht von den Great Plains südwärts bis an die südlichen Grenzen der Northwest-Territorien in Kanada.
Ähnliche Arten: Es kann zu Verwechslungen mit *Thamnophis sirtalis dorsalis* kommen, jedoch ist deren Grundfärbung matter und Seiten- und Rückenstreifen sind gewöhnlich nicht so kräftig gefärbt.

Thamnophis sirtalis pickeringii BAIRD & GIRARD, 1853

1853 Eutaenia pickeringii
BAIRD, S. F. & GIRARD, C.: Catalogue of North American Reptiles in the Museum of the Smithsonian Institution. Part I, Serpents.
Smithsonian Inst., Washington, D.C.
1892 Eutaenia sirtalis trilineata
COPE, E. D.: A critical review of the characters and variations of the snakes of North America.
Proc. U.S. Natl. Mus. 14, 589–694.
Deutsche Namen: Nordwestliche Strumpfbandnatter; Pickering's Strumpfbandnatter.
Amerikanische Namen: Nisqually Garter Snake; Northwestern Garter Snake; Pickering's Garter Snake; Washington Garter Snake.
Beschreibung: Die Grundfärbung ist schwarz. Der relativ schmale Rückenstreifen ist gelbgrün bis grün. Die Seitenstreifen, die auf der zweiten Schuppenreihe liegen und nur selten auch auf der dritten, sind gewöhnlich graugrün. Die Kopfoberseite ist dunkelbraun bis schwarz gefärbt. Die Oberlippenschilder sind cremefarben bis oliv, wobei die hinteren schwarze Markierungen besitzen. Die Iris ist schwarz, der Pupillenrand oliv. Die Kopfunterseite ist weiß bis grünlich oder graugrün und geht zum Bauch hin in grünlich blau über. Die Ränder der Bauchschilder sind oft schwarz gefärbt. Die Schwanzunterseite

ist dunkelgrau bis schwarz. Schiefergraue Exemplare wurden in Nordwest-Oregon gefunden. Auf Vancouver Island leben Tiere mit hohem Rotanteil.

Verbreitung: Sie kommt auf Vancouver Island, an der Südwestküste British Columbias und in West-Washington vor.

Ähnliche Arten: Es kann zu Verwechslungen mit *Thamnophis sirtalis sirtalis* kommen. Auch hier ist das Wissen über die Herkunft der Tiere sehr hilfreich.

Thamnophis sirtalis semifasciatus COPE, 1892

1892 *Eutaenia sirtalis trilineata*
COPE, E. D.: A critical review of the characters and variations of the snakes of North America.
Proc. U.S. Natl. Mus. 14, 589–694.
Deutsche Namen: –
Amerikanische Namen: –
Beschreibung: Die Grundfärbung von *Thamnophis sirtalis semifasciatus* ist nahezu schwarz. Rücken- und Seitenstreifen sind cremefarben bis hellgelb. Der Rückenstreifen ist im Nackenbereich häufig unterbrochen. Zwischen Rücken- und Seitenstreifen liegen zwei Reihen schwarzer Flecken, die aber aufgrund der dunklen Grundfärbung nur sehr undeutlich sind. Die untere Reihe bildet sehr große Flecken aus, die häufig in den Seitenstreifen eindringt und besonders in der vorderen Körperhälfte bis auf die unteren Schuppenreihen reicht und somit den Seitenstreifen völlig unterbricht.

Verbreitung: Diese Art kommt in Nordost-Illinois sowie im angrenzenden Südost-Wisconsin sowie in Nordwest-Indiana vor.

Thamnophis sirtalis similis ROSSMAN, 1965

1965 *Thamnophis sirtalis similis*
ROSSMAN, D. A.: A new subspecies of the common garter snake, *Thamnophis sirtalis*, from the Florida Gulf Coast.
Proc. Louisiana Acad. Sci. 27, 67–73.
Deutsche Namen: Florida-Strumpfbandnatter
Amerikanische Namen: Blue-Striped Garter Snake; Florida Garter Snake
Beschreibung: Die Grundfärbung dieser Strumpfbandnatter ist dunkelbraun bis nahezu schwarz. Der relativ schmale Rückenstreifen ist weiß bis cremefarben, mitunter auch hell gelblich. Die Seitenstreifen sind bläulich weiß bis hellblau gefärbt. Zwischen Rücken- und Seitenstreifen befinden sich zwei Reihen dunkler, fast schwarzer recht großer Flecken. Zwischen den Fleckenreihen ist die Haut zwischen den Schuppen häufig von weißen bis weißlich blauen Markierungen überzogen.

Thamnophis sirtalis semifasciatus.

Verbreitung: Das Verbreitungsgebiet von *Thamnophis sirtalis similis* beschränkt sich auf die Nordwestküste Floridas.

Ähnliche Arten: Sie wird häufig mit der im selben Verbreitungsgebiet vorkommenden Farbform „Florida Blue" von *Thamnophis sirtalis sirtalis* verwechselt.

Thamnophis sirtalis tetrataenia COPE, 1875

1875 *Eutaenia sirtalis tetrataenia*
COPE, E. D. in YARROW, H. C.: Report upon the collections of batrachians and reptiles made in portions of Nevada, Utah, California, Colorado, New Mexico, and Arizona, during the years 1871, 1872, 1873, and 1874.
Report upon Geographical and Geological Explorations and Surveys West of the One Hundredth Meridian. Vol 5, Chap. 4, 509–633.
Deutsche Namen: San Francisco-Strumpfbandnatter
Amerikanische Namen: San Francisco Garter Snake
Beschreibung: Dem gelblich weißen bis gelben Rückenstreifen folgt ein schwarzer Streifen. Darunter befindet sich ein breites rotes Band, dem wiederum ein schwarzes folgt. Manchmal dringt das Schwarz in den roten Streifen ein und löst es in einzelne rote Flecken auf. Unter dem schwarzen Band ist oft noch ein schmaler roter Streifen zu finden. Anschließend folgen die Seitenstreifen, die die gleiche Färbung aufweisen wie der Rückenstreifen. Bei einigen Exemplaren sind Rücken- und Seitenstreifen bläulich weiß gefärbt. Die Kopfoberseite ist rot. Ebenso die hinteren Oberlippenschilder. Die vorderen Oberlippenschilder sind weiß bis cremefarben und haben schmale schwarze, kommaförmige Markierungen an den Rändern. Die Unterlippenschilder

Bestimmungsschlüssel für *Thamnophis sirtalis*-Unterarten (nach Rossman, Ford & Seigel, 1996), vom Verfasser der akuellen Systematik angepasst und geändert:

1. Dorsum gewöhnlich ohne rote Färbung (ausgenommen auf den Streifen) 2
   Dorsum gewöhnlich mit roter Färbung, die Reihen von Punkten, Tupfen oder Flecken bilden, oder Längsstriche 7

2. Ventrolaterale schwarze Streifen dringen ausgedehnt auf die Bauchschilder, Rückenstreifen auf die Vertebralreihe begrenzt, dorsolateraler Bereich schwarz
   Th. s. pickeringii

   Ventrolaterale Streifen gewöhnlich braun, dringen, falls überhaupt, nur wenig in die Bauchschuppen ein,
   falls dorsolateraler Bereich schwarz, ist der Rückenstreifen breiter als die Seitenstreifen 3

3. Seitenstreifen im vorderen Bereich gleichmäßig von einer Reihe senkrechter Barren unterbrochen *Th. s. semifasciatus*
   Seitenstreifen, wenn überhaupt, nur von wenigen schwarzen Barren unterbrochen 4

4. Rückenstreifen kräftig gelb bis orange, mindestens die Hälfte der dorsolateralen Reihe mit einbezogen,
   Seitenstreifen liegen im vorderen Körperbereich auf der zweiten, dritten und vierten Schuppenreihe *Th. s. annectens*
   Rückenstreifen, falls vorhanden, weiß, gelb oder lohfarben, gewöhnlich maximal die Hälfte der dorsolateralen Reihen mit einbezogen,
   Seitenstreifen gewöhnlich auf die zweite und dritte Schuppenreihe begrenzt 5

5. Seitenstreifen bläulich weiß bis hellblau *Th. s. similis*
   Seitenstreifen nicht so gefärbt 6

6. Bauch grün oder mit gelb überzogen,
   Rückenstreifen vorhanden oder fehlend *Th. s. sirtalis*
   Bauch weiß oder fahlgrau,
   Rückenstreifen fahl lohfarben, gewöhnlich nur undeutlich,
   oftmals nur im vorderen Körperbereich vorhanden *Th.s. pallidulus*

7. Kopfoberseite rot bis rötlich braun 8
   Kopfoberseite grau, braun oder schwarz,
   Rotfärbung, falls vorhanden, auf Schläfenschilder reduziert 9

8. Breiter roter dorsolateraler Streifen, gewöhnlich von senkrechten schwarzen Barren unterbrochen *Th. s. tetrataenia*
   Gleichmäßig angeordnete rote Tupfen oder vertikale Streifen, Bauch dunkel gefärbt *Th. s. concinnus*
   Gleichmäßig angeordnete rote Tupfen oder vertikale Streifen, Bauch weißlich bis grünlich gefärbt *Th. s. infernalis*

9. Einzelne Reihe roter Flecken entlang des unteren dorsolateralen Bereiches, Kopfoberseite schwarz,
   Schwarze Flecken auf den Rändern der Bauchschilder stark reduziert oder völlig fehlend *Th. s. fitchi*
   Doppelreihe roter Flecken entlang des unteren dorsolateralen Bereiches, zumindest im vorderen Körperbereich,
   Kopfoberseite grau, braun oder schwarz (falls schwarz, sind auf den Rändern der Bauchschilder ein oder zwei Reihen schwarzer Flecken vorhanden) 10

10. Obere Reihe der roten Flecken nur schwach ausgebildet mit undeutlichen Rändern; Rote Markierungen neigen dazu, miteinander zu verschmelzen und trennen den dorsolateralen Bereich in eine Reihe von schwarzen Flecken oberhalb des Seitenstreifens,
    Die schwarzen Flecken der oberen Reihe verschmelzen oftmals miteinander und bilden einen breiten schwarzen Saum entlang des Rückenstreifens
    Th. s. dorsalis

    Obere Reihe der roten Flecken, falls vorhanden, sehr deutlich,
    Kein deutlicher schwarzer Saum entlang des Rückenstreifens *Th.s. parietalis*

sind ebenfalls weiß bis cremefarben. Die Iris ist zimtfarben. Die Körperunterseite ist bläulich grün.

Verbreitung: Das Vorkommen *Thamnophis sirtalis tetrataenia* beschränkt sich auf den westlichen Teil der San Francisco Halbinsel von San Francisco County die Küste entlang bis nach San Mateo County, Kalifornien.

Bemerkung: *Thamnophis sirtalis tetrataenia* ist streng geschützt. BOUNDY (pers. Mitt., 1998) berichtet, dass sie in ihren vier kleinen Restpopulationen häufiger anzutreffen ist, als man zuerst annehmen könnte. Die Bestandsschätzungen sind sind zwar sehr variabel, aber trotz allem sehr alarmierend.

PRINGLE schätzte den Bestand 1991 auf ungefähr zweihundert Tiere. KAPLAN (1997) geht davon aus, dass es noch etwa 1500 frei lebende Nattern gibt. BOUNDY (pers. Mitt., 1998) berichtete, dass sich die Populationen in den geschützten Gebieten zwar gut entwickeln (BOUNDY & FORD fanden im Ano Nuevo Preserve innerhalb von drei Stunden eine *Thamnophis atratus atratus*, 21 *Thamnophis elegans terrestris* und sieben *Thamnophis sirtalis tetrataenia*. Im Pescardero Marsh fand BOUNDY (pers. Mitt., 1998) in nur eineinhalb Stunden drei *Thamnophis atratus atratus*, zehn *Thamnophis elegans terrestris* und zwei *Thamnophis sirtalis tetrataenia*), aber dennoch dürfte diese Unterart früher oder später ausgestorben sein.

WALLS (1995) vertritt die Meinung, dass die Rettung dieser Unterart zumindest in den Terrarien lediglich in den Händen europäischer Zoos und Liebhaber liegt. Mitte der 80er-Jahre kamen einige wenige Exemplare in europäische Zoos. Die Nachzuchten wurden dann an andere Zoos und gewissenhafte und erfahrene Liebhaber weitergegeben. Aber auch hier treten mittlerweile die ersten Inzuchterscheinungen auf. Grund zur Hoffnung gibt ein Artikel von HALLMEN und FESSER (2000). Dort berichten die beiden Autoren, dass FESSER seit 1995 im Besitz von zwei Männchen und drei Weibchen einer neuen Blutlinie ist, dies wurde aber leider erst 1998 zufällig festgestellt. Diese Tiere, sowie deren Nachkommen scheinen im Moment die einzige Rettung dieser wunderschönen Schlange in europäischen Terrarien zu sein.

Die Chancen, Tiere zur Blutauffrischung aus den USA zu bekommen, sind so gut wie aussichtslos. Hier wäre es sicherlich sinnvoll, wenn sich europäische und amerikanische Institutionen zusammensetzen und die Ausfuhr einiger Tiere genehmigen würden, damit verantwortungsvolle Institutionen und Privatleute diese wunderschöne Unterart erhalten können.

Thamnophis sumichrasti COPE, 1866

1866 *Eutaenia sumichrasti*
COPE, E. D.: On the Reptilia and Batrachia of the Sonoran Province of the Nearctic Region.
Proc. Acad. Nat. Sci Philadelphia 18, 300–314.
1868 *Eutaenia phenax*
COPE, E. D.: Additional descriptions of Neotropical Reptilia and Batrachia not previously known.
Proc. Acad. Nat. Sci Philadelphia 20, 119–140.
1940 *Thamnophis halophilus*
TAYLOR, E. H.: Two new snakes of the genus Thamnophis from Mexico.
Herpetologica 1, 183–189.

Deutsche Namen: Sumichrast's Strumpfbandnatter
Amerikanische Namen: Sumichrast's Garter Snake
Beschreibung: Sie kann eine Länge von 76 cm erreichen. Die Grundfärbung reicht von graubraun bis braun. Im Nackenbereich ist sie heller

Oben:
Thamnophis sirtalis tetrataenia.

Unten:
Thamnophis sirtalis tetrataenia.

Rückenzeichnung von *Thamnophis sumichrasti.*

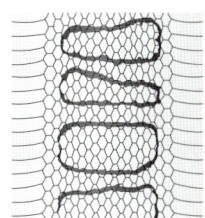

Thamnophis sumichrasti

Verbreitungsgebiet von
Thamnophis sumichrasti.

Thamnophis validus KENNICOTT, 1860

Das Vorkommen von *Thamnophis validus* mit ihren vier Unterarten beschänkt sich auf die Westküste Mexikos und Süd-Baja California. Sie wurde lange Zeit zur Gattung *Nerodia* gestellt. Nach neueren Auffassungen wurde sie der Gattung *Thamnophis* zugeordnet und stellt ein Bindeglied zwischen *Thamnophis* und *Nerodia* dar.

Deutsche Namen: –

Amerikanische Namen: Mexican Pacific Lowlands Garter Snake

Beschreibung: Die Grundfärbung ist grau bis braun. Bei *Thamnophis validus celaeno* treten häufig sehr dunkel gefärbte und auch melanistische Tiere auf. Gewöhnlich haben die Tiere vier Reihen kleiner dunkler Flecken, lediglich bei den dunklen Exemplaren von *Thamnophis validus celaeno* sind die Flecken recht groß. Ein schmaler, hell gefärbter Rückenstreifen ist nur bei *Thamnophis validus thamnophisoides* zu finden. Die Seitenstreifen, die auf den ersten beiden oder den ersten drei Schuppenreihen liegen, sind gräulich bis oliv gefärbt, bei *Thamnophis validus validus* fehlen diese. Die Bauchfärbung ist gewöhnlich

gefärbt. Rücken- und Seitenstreifen fehlen oder sind manchmal nur schwach angedeutet. Im Nacken befinden sich zwei große dunkle Flecken. Die Kopfoberseite ist graubraun und schwarz gefleckt. Es existieren Exemplare mit sattelförmigen Flecken oder breiten Querbändern, die rötlichbraun gefärbt sind. Diese Tiere wurden damals als eigenständige Art *Thamnophis phenax* angesehen, mittlerweile allerdings *Thamnophis sumichrasti* zugeordnet.

Schuppenmerkmale: Diese Art hat gewöhnlich 19 Schuppenreihen im vorderen und mittleren Körperbereich, zum Körperende hin reduzieren sie sich auf 17. Sie hat acht, seltener sieben Oberlippenschilder und neun oder zehn Unterlippenschilder, seltener acht oder elf. Es treten eine Präoculare und drei Postocularia auf. Die Männchen haben 149 bis 161 Bauchschilder, die Weibchen 147 bis 158. Es sind 67 bis 80 Schwanzschilder bei den Männchen und 57 bis 68 bei den Weibchen zu finden.

Verbreitung: *Thamnophis sumichrasti* kommt in Ost-Mexiko entlang der Sierra Madre Oriental von Südost-San Louis Potosí bis nahe Cordoba, Veracruz vor.

Lebensweise: Sie kommt in Höhen von 1300 bis 2300 m NN vor, wo sie in der Nähe von Bächen und kleinen Gewässern in den Bergwäldern zu finden ist. Sonst ist ihre Lebensweise weitgehend unbekannt.

Pflege im Terrarium: Über Pflege und Zucht dieser Art ist nichts bekannt.

Bestimmungsschlüssel für *Thamnophis validus*-Unterarten (nach ROSSMAN, FORD & SEIGEL, 1996):

1. Deutlicher blasser Rückenstreifen vorhanden
   Th. validus thamnophisoides
   Kein Rückenstreifen vorhanden   2
2. Dorsum grau bis braun (seltener dunkelbraun), gewöhnlich mit vier Reihen kleiner schwarzer Flecken (durchschnittlich 70 pro Reihe), Seitenstreifen, falls vorhanden, ohne gezackte Ränder   3
   Dorsum sehr dunkelbraun bis schwarz (falls Fleckenreihe sichtbar, durchschnittlich mehr als 86 Flecken pro Reihe), Seitenstreifen, falls vorhanden, blaß mit gezackten Rändern
   Th. v. celaeno
3. Dorsum gewöhnlich grau bis mattbraun; Seitenstreifen fehlen, Durchschnittlich mehr als 140 Bauchschilder
   Th. v. validus
   Dorsum oftmals kräftig braun, Seitenstreifen vorhanden, Durchschnittlich weniger als 135 Bauchschilder
   Th. v. isabelleae

fahlgelb, jedoch ist die schwarze Bauchzeichnung sehr variabel. Sie kann völlig fehlen oder aber so dicht sein, dass sie einen einfarbig schwarz gefärbten Bauch bildet.

Schuppenmerkmale: Im vorderen und mittleren Körperbereich treten 19 Schuppenreihen auf. Zum Körperende sind es nur 17. Lediglich weibliche *Thamnophis validus celaeno* haben im vorderen Körperbereich häufig 21 Schuppenreihen. Acht Oberlippenschilder sind die Regel, es kommen aber auch neun und seltener sieben vor, sowie zehn Unterlippenschilder, manchmal auch neun oder elf. Eine Präoculare, gelegentlich zwei, sowie drei, gelegentlich zwei und selten vier Postocularia sind bei *Thamnophis validus* zu finden. Die Männchen haben 130 bis 150 Bauch-, sowie 69 bis 86 Schwanzschilder. Die Weibchen 127 bis 147 Bauchschilder und 61 bis 78 Schwanzschilder.

Lebensweise: Diese Art kommt in Höhen von 0 bis 1200 m NN vor. Sie hält sich in der Nähe von Gewässern auf und ernährt sich von kleinen Fischen, Fröschen und Kröten. Kaum etwas ist über ihre Lebensweise bis jetzt bekannt.

Pflege im Terrarium: Über die Pflege und Zucht von *Thamnophis validus* ist nichts bekannt.

Thamnophis validus validus KENNICOTT, 1860

1860 *Regina valida*
KENNICOTT, R.: Descriptions of new species of North American serpents in the museum of the Smithsonian Institution, Washington.
Proc. Acad. Nat. Sci. Philadelphia 12, 328–338.
1879 *Tropidonotus quadriserialis*
FISCHER, J. G.: Neu oder wenig bekannte Reptilien.
Verhandl. Naturwiss. Ver. Hamburg-Altona 1878, 78–103.
Verbreitung: Sie kommt vom Río Yaqui in Süd-Sonora südwärts bis nahe San Blas, Nayarit vor.

Thamnophis validus celaeno COPE, 1860

1860 *Tropidonotus celaeno*
COPE, E. D.: Notes and descriptions of new and little known species of American reptiles. Ophidia.
Proc. Acad. Nat. Sci. Philadelphia 12, 339–345.
1860 *Tropidonotus tephropleura*
COPE, E. D.: Notes and descriptions of new and little known species of American reptiles. Ophidia.
Proc. Acad. Nat. Sci. Philadelphia 12, 339–345.
Verbreitung: Ihr Verbreitungsgebiet beschränkt sich auf die Südspitze Baja Californias.

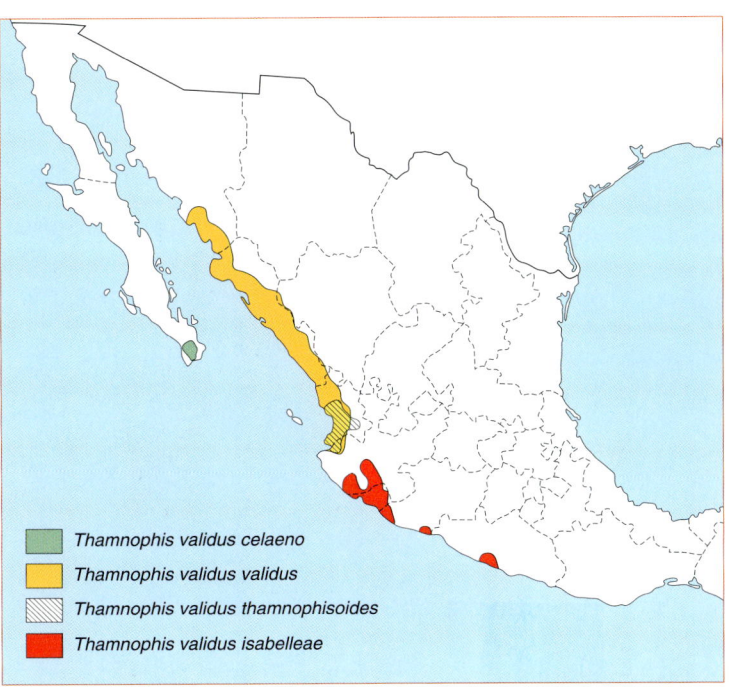

Thamnophis validus celaeno
Thamnophis validus validus
Thamnophis validus thamnophisoides
Thamnophis validus isabelleae

Verbreitungsgebiet von *Thamnophis validus*.

Thamnophis validus isabelleae CONANT, 1953

1953 *Natrix valida isabelleae*
CONANT, R.: Three new water snakes of the genus *Natrix* from Mexico.
Nat. Hist. Misc. 126, 1–9.
Verbreitung: Ihr Verbreitungsgebiet reicht von Südwest-Jalisco bis nahe Acapulco, Guerrero.

Thamnophis validus thamnophisoides
CONANT, 1961

1961 Natrix valida thamnophisoides
CONANT, R.: A new water snake from Mexico, with notes on anal plates and apical pits in Natrix and Thamnophis.
Amer. Mus. Novitates 2060, 1–22.
Verbreitung: Diese Unterart ist nur vom Río San Cayetano in der Nähe von Tepic, Nayarit, bekannt.

Glossar

Der Verfasser hat weitestgehend versucht, auf Fachbegriffe zu verzichten. Aber dies war nicht immer möglich. Deshalb ist hier eine kurze Erläuterung der in diesem und in anderen Büchern häufig verwendeten Begriffe (nach T. Ulber, W. Grossmann, J. & C. Beutelschiess: „Terraristisch/Herpetologisches Fachwörterbuch").

Adultus (Pl. Adulti): Erwachsener, ein geschlechtsreifes, herangewachsenes Exemplar.

Albinismus, Albino, albinotisch: ohne (Grund-)Farbpigmente gefärbtes, somit farbloses, weißes Exemplar einschließlich der Augen, deren roter Augenhintergrund damit sichtbar wird. Angeborene, genetisch bedingte Missbildung.

Amphigonia retardata: verzögerte geschlechtliche Fortpflanzung; Fortpflanzungsstrategie mancher Reptilien. Die Weibchen besitzen die Fähigkeit, den männlichen Samen über lange Zeiträume hinweg zu speichern und befruchtungsfähig zu halten. Mitunter auch für Verzögerung der Embryonalentwicklung gebraucht.

Analschild: siehe Subcaudale, siehe Postabdominale

aquatisch: im Wasser lebend; unterscheidbar in permanent oder periodisch aquatisch.

caudal: -schwanz, den Schwanz betreffend.

Caudale: siehe Subcaudale

Costale: siehe Dorsale

dorsal: Lage anzeigend: oben, auf dem Rücken.

Dorsale: die den Rücken bedeckenden Schuppen.

dorsolateral: Lage anzeigend: oben-seitlich.

dorsoventral: richtungsanzeigend: vom Rücken zum Bauch hin.

Dorsalia: Rückenschuppen

Dorsum: Rücken

Duvernoy'sche Drüse: siehe Parotide

Elektrophorese: biochemische Methode, bei der auf einem Trägermedium im elektrischen Feld Eiweißgemische getrennt werden.

elektrophoretische Enzymuntersuchung: Nachweisreaktionen für die unterschiedlichen Wanderungsgeschwindigkeiten von Enzymen in einem Gewebe, welche artspezifisch sein können.

Frontale (Pl. Frontalia): ein einzelnes, zentral zwischen den Augen, von den Supraocularia seitlich begrenztes Kopfschild.

Hemipenis (Pl. Hemipenes): Begattungsorgan männlicher Squamaten, bestehend aus zwei paarig angelegten Penes, wovon jedoch nur einer zur Kopulation verwendet wird.

Hibernation: Winterschlaf; Überwinterung im Sinne eines zeitweise verminderten Stoffwechsels zur Überbrückung einer klimabedingten Periode lebensungünstiger Umstände.

Holotypus: das zur Zeit der Erstbeschreibung als Typus angegebene Exemplar und damit das Eichmaß für eine Art. Im Gegensatz dazu sind Syntypen und Typusserien nicht eindeutig, aus ihnen muss jedoch gegebenenfalls ein Lectotypus ausgesucht werden.

Hybridisation: Kreuzung zweier miteinander vermehrungsfähiger Arten oder Unterarten unter natürlichen oder erzwungenen Bedingungen. Das Produkt ist ein Hybride.

Infralabiale (Pl. Infralabialia): siehe Sublabiale

Internasale (Pl. Internasalia): ein oder mehrere Schuppen zwischen Supranasalia und Präfrontale/Präfrontalia.

Jacobson'sches Organ: sackartiges, paariges Geruchsorgan im Mundhöhlendach von Reptilien.

juvenil: jung, noch nicht geschlechtsreif.

lateral: seitlich

Laterale: siehe Dorsale

loreal: Lage anzeigend: zwischen Nasenöffnung und Auge gelegen.

Loreale (Pl. Lorealia): ein oder seltener mehrere große Schilder zwischen Nasale und Präoculare.

Melanin: dunkelbrauner bis schwarzer Farbstoff in den Melanophoren (Hautzellen), die für die Färbung verantwortlich sind.

Melanismus: Schwarzfärbung durch massenhafte Ablagerung von Melaninen in der Haut von normalerweise anders gefärbten Tieren.

Mentale: das zentrale vorderste große Schild am Unterrand der Maulspalte gegenüber dem Rostrale.

Nasale (Pl. Nasalia): Nasenschild; das das Nasenloch umgebende Schild.

Neotypus: neuer Typus, ersatzweise zum Typus bestimmtes Exemplar, wenn der ursprüngliche nicht mehr existiert. Er wird in der Regel aus eventuell existierenden Paratypen ausgewählt.

Paratypus: neben dem Holotypus in einer

Sammlung existierende zusätzliche konservierte Belegexemplare zum selben Taxon (wie anderes Geschlecht, Jungtier). Zusammen mit dem Holotypus bilden diese in ihrer Gesamtheit die Typusserie. Systematisch insofern wichtig, weil aus den Paratypen gegebenenfalls Neotypen gewählt werden müssen.

Paravertebral: neben der Wirbelsäule liegend.

Parietale (Pl. Parietalia): Stirnschild; große, mindestens paarig vorhandene Kopfschilder hinter dem Frontale und den Supraocularia.

Parotiden: Lippendrüsen der echten Nattern mit Ausführgang am Boden der Oberkieferzähne. Das hieraus abgesonderte Sekret ist mitunter leicht toxisch.

Pheromon: hormonartiger Stoff, der in bestimmten Drüsen gebildet und (im Gegensatz zu den eigentlichen Hormonen) nach außen abgegeben wird; löst bei Artgenossen Reaktionen aus.

Postabdominale: Analschild; das einzelne oder geteilte die Kloake bedeckende Schild der Schlangen.

Postfrontale: siehe Präfrontale

Postoculare (Pl. Postocularia): eine oder mehrere den hinteren Augenrand berührende Schuppen.

Postorbitale: siehe Postoculare

Präfrontale (Pl. Präfrontalia): die mindestens paarig vorhandenen großen Kopfschilder vor dem Frontale.

Rostrale: Schnauzenschild; das vorderste, meist besonders große Schild der Kopfoberseite über der Maulspalte.

Subadult: halbwüchsig, halb erwachsen.

Subcaudale (Pl. Subcaudalia): Schwanzschild; die Schilder der Schwanzunterseite.

Sublabiale (Pl. Sublabialia): Unterlippenschild; die die Maulspalte unterseits berührenden, meist deutlich erkennbaren Schilder hinter dem Mentale.

Supralabiale (Pl. Supralabialia): Oberlippenschild; die die Maulspalte oberseits berührenden, meist deutlich erkennbaren Schilder hinter dem Rostrale.

Supraoculare (Pl: Supraocularia): die jederseits oberhalb des Auges liegenden Schilder.

Supraorbitale: siehe Supraoculare

Syntypus: Exemplar aus einer Typusserie ohne festgelegten Holotypus. Aus den Syntypen wird später ein Lectotypus festgelegt.

Temporale: Schläfenschild; ein großes Kopfschild hinter dem/den Postoculare/Postocularia liegendes Schild.

Terrestrisch: im weiteren Sinne Land lebend; im engeren Sinne am oder im Boden lebend.

Topotypus: Exemplar(e) von der terra typica, das/die nicht zu den Typen gehört/gehören (also kein Holo- oder Paratypusexemplar). Praktisch jedoch sehr wertvolles Ergänzungsmaterial zum Studium des betreffenden Taxons.

Typus: Belegexemplar, anhand dessen eine Artbeschreibung vorgenommen wurde und welches in einem Museum o. Ä. hinterlegt wurde. Vergleichsstück für alle weiteren Beschreibungen.

Typusserie: wissenschaftliche Sammlung von Belegexemplaren für ein neues Taxon, beinhaltend Holotypus und Paratypen, auf die ein Verfasser seine Erstbeschreibung gründet. Wurde bedauerlicherweise kein Exemplar der Typusserie als Holotypus festgelegt (und die gegebenenfalls weiteren Exemplare als Paratypen), sind alle Exemplare der Typusserie als Syntypen zu bezeichnen. Aus ihnen muss später ein Lectotypus ausgewählt werden.

Ventrale (Pl. Ventralia): Bauchschuppe; die zwischen Kehle und Schwanz liegenden Schuppen der Körperunterseite.

Ventrolateral: Lage anzeigend: seitlich-unten.

Ventrum: Bauch, Unterseite

Vertebral: Lage anzeigend: auf der Rückenmitte liegend.

Literaturverzeichnis

Anton, T. G., 2000: *Thamnophis radix* (Plains garter snake). Predation. Herp. Review 31, 1, 47.

Arnold, S. J., 1977: Polymorphism and geographic variation in the feeding behavior of the garter snake *Thamnophis elegans*. Science 197, 676–678.

Arnold, S. J., 1978: Some effects of early experience on feeding responses in the common garter snake, *Thamnophis sirtalis*. Anim. Behav. 26, 455–462.

Arnold, S. J., 1981: Behavioral variation in natural populations. I. Phenotypic, genetic and environmental correlations between chemoreceptive responses to prey in the garter snake, *Thamnophis elegans*. Evolution 35, 1981, 510–515.

Ashton, K. G., 1999: *Thamnophis elegans vagrans* (Wandering garter snake). Mating. Herp. Review 30, 2, 104.

Behler, J.L. & F.W. King, 1979: The audobon society field guide to North American reptiles and amphibians. Alfred A. Knopf, New York.

Benton, M. J., 1980: Geographic variation in the garter snakes (*Thamnophis sirtalis*) of the north-central United States, a multivariate study. Zool. J. Linnean Soc. 68, 307–323.

Blair, K. B., Chavez, J. E., Chiszar, D. & H. M. Smith, 1996: Geographic distribution. *Thamnophis proximus*. Herp. Review 27, 4, 215.

Blais, P.M.D, 1998: Flame Garters – A variation on an old theme. The Vivarium 9, 6, 10–29.

Blauscheck, R., 1995: Das Paludarium. Tropisches Leben im Wohnzimmer. Landbuch-Verlag, Hannover.

Bleakney, S., 1959: *Thamnophis sirtalis sirtalis* (Linnaeus) in eastern Canada, redescription of *T. s. pallidula* Allen. Copeia 1959, 1, 52–56.

Boback, S. C. M., Hobert, J., Bergman, E., Hill, B. & S. P. Mackessy, 1996: Geographic distribution: *Thamnophis cyrtopsis cyrtopsis*. Herp. Rev. 27, 4, 215.

Boundy, J., 1990: Biogeography and variation in southern populations of the garter snake *Thamnophis atratus*, with a synopsis of the *T. couchii* complex. M. A. Thesis. San Jose State University ix, 105.

Boundy, J., 1994: *Thamnophis rufipunctatus*. Color and size. Natural history notes. Herp. Review 25, 3, 1994: 126–127.

Boundy, J., 1999: Systematics of the garter snake *Thamnophis atratus* at the southern end of it's range. Proc. California Acad. Sci. 51, 6, 311–316.

Boundy, J, & D. A. Rossman, 1995: Allocation and status of the garter snake names *Coluber infernalis* Blainville, *Eutaenia sirtalis tetrataenia* Cope and *Eutaenia imperalis* Coues & Yarrow. Copeia 1995, 236–240.

Brodie, E. D. III., 1989: Behavioral modification as a means of reducing the cost of reproduction. The American Naturalist 134, 2, 225–238.

Brodie, E. D. III., 1989: Genetic correlations between morphology and antipredator behaviour in natural populations of the garter snake *Thamnophis ordinoides*. Nature 342, 542–543.

Brodie, E. D. III., 1990: Genetics of the garters getaway. Natural History 7, 45–51.

Brodie, E. D. III., 1990: Tetrodotoxin resistance in garter snakes: An evolutionary response of predators to dangerous prey. Evolution 44, 3, 1990.

Brodie, E. D. III., 1992: Correlational selection for color pattern and antipredator behaviour in the garter snake *Thamnophis ordinoides*. Evolution 46, 5, 1284–1298.

Brodie, E. D. III., 1993: Consistency of individual differences in antipredator behaviour and colour pattern in the garter snake, *Thamnophis ordinoides*. Anim. Behav. 45, 851–861.

Brodie, E. D. III., 1993: Homogeneity of the genetic variance-covariance matrix for antipredator traits in two natural populations of the garter snake *Thamnophis ordinoides*. Evolution 47, 3, 844–854.

Brodie, E. D. III. & E. D. Brodie Jr., 1991: Evolutionary response of predators to dangerous prey: Reduction of toxicity of newts and resistance of garter snakes in island populations. Evolution 45, 1, 1991.

Brodie, E. D. III. & E. D. Brodie Jr., 1999: Predator – prey arms races. BioScience 49, 7.

Brodie, E. D. III. & E. D. Brodie Jr., 1999: Costs of exploiting poisonous prey: Evolutionary trade-offs in a predator-prey arms race. Evolution 53, 2, 626–631.

Brodie, E. D. III. & N. H. Russell, 1999: The consistency of individual differences in behaviour: temperature effects on antipredator behaviour in garter snakes. Anim. Behav. 57, 445–451.

BRONIKOWSKI, A. M. & S. J. ARNOLD, 2001: Cytochrome by phylogeny does not match subspecific classification in the western terrestrial garter snake, *Thamnophis elegans*. Copeia 2001, 2, 508–513.

BROWN, T. W., 1980: The present status of the garter snake on Santa Catalina Island, California. In: D.M. POWER (ed.): The California Islands: Proceedings of a Multidisciplinary Symposium: 585–595. Santa Barabara Mus. Nat. Hist., Santa Barbara, Kalifornien.

BRUCHMANN, H., 1994: Beobachtungen bei der Haltung und Nachzucht von *Thamnophis fulvus* (Bocourt, 1893). Elaphe (N.F.) 2, 1, 17–19.

BRUCHMANN, H., 1996: Aus dem Norden Mexikos: Die Strumpfbandnatter *Thamnophis eques virgatenuis*. Elaphe (N.F.) 4, 1, 22–23.

BRUCHMANN, H., 1997: Haltung und Zucht von *Thamnophis elegans vagrans*. Elaphe (N.F.) 5, 2, 20–24.

BUCKNER, S. D. & R. FRANZ, 1998a: Geographic distribution. *Thamnophis sauritus sackenii*. Herp. Review 29, 1, 55.

BUCKNER, S. D. & R. FRANZ, 1998b: Geographic distribution. *Thamnophis sirtalis sirtalis*. Herp. Review 29, 1, 55.

BUFALINO, A. P., 1996: Geographic distribution. *Thamnophis sirtalis parietalis*. Herp. Review 27, 2, 89.

CARPENTER, C. C., 1948: An erythristic *Thamnophis sirtalis sirtalis*. Herpetologica 4, 211–212.

CARPENTER, C. C., 1952: Growth and maturity of the three species of *Thamnophis* in Michigan. Copeia 1952, 4, 237–243.

CARPENTER, C. C., 1952: Comparative ecology of the common garter snake (*Thamnophis s. sirtalis*), the ribbon snake (*Thamnophis s. sauritus*), and Butler's garter snake (*Thamnophis butleri*) in mixed populations. Ecological Monographs 22, 235–258.

CARPENTER, C. C., 1954: The presence and variation of lateral red coloration in a population of common garter snakes (*Thamnophis sirtalis sirtalis*). Herpetologica 10, 89–91.

CLARK, D. R. JR., 1974: The western ribbon snake (*Thamnophis proximus*): Ecology of a Texas population. Herpetologica 30, 372–379.

CONANT, R., 1963: Semiaquatic snakes of the genus *Thamnophis* from the isolated drainage system of the Río Nazas and adjacent areas of Mexico. Copeia 1963, 3, 473–499.

CONANT, R., 2000: A new species of garter snake from Western Mexico. Occ. Ppap. Mus. Nat. Sci., Louisiana State Univ., Baton Rouge 76, 1–7.

COOPER, W. E. & K. J. ALFIERI, 1993: Caudal autotomy in the Eastern garter snake, *Thamnophis s. sirtalis*. Amphibia-Reptilia 14.

COOPER, W. E. JR., McDOWELL, S. G. & J. RUFFER, 1989: Strike-induced chemosensory searching in the colubrid snakes *Elaphe g. guttata* and *Thamnophis sirtalis*. Ethology 81, 19–28.

COSTANZO, J. P., 1989: Conspecific scent trailing by garter snakes (*Thamnophis sirtalis*) during autumn: further evidence for use of pheromones in den locations. J. Chem. Ecol. 15, 11, 253.

COSTANZO, J. P., 1989: Effects of humidity, temperature, and submergence behavior and energy use in hibernating garter snakes, *Thamnophis sirtalis*. Can. J. Zool. 67, 2486–2492.

CREWS, D. & W. R. GARSTKA, 1983: Der Lockstoff der Rotseitigen Strumpfbandnatter. Spektrum der Wissenschaft 1.

DE QUEIROZ, A. & R. LAWSON, 1994: Phylogenetic relationships of the garter snakes based on DNA sequence and allozyme variation. Biol. J. Linnean Soc. 53, 209–229.

DE QUEIROZ, A. & H. M. SMITH, 1996: Geographic distribution. *Thamnophis eques*. Herp. Review 27, 3, 155.

DIXON, J.R., 1987: Amphibians and reptiles of Texas. Texas A & M University Press.

DRUMMOND, H. & G. M. BURGHARDT, 1982: Geographic variation in the foraging behavior of the garter snake, *Thamnophis elegans*. Behav. Ecol. Sociobiol. 43–48.

FARR, D.R. & P.T. GREGORY, 1991: Sources of variation in estimating litter characteristics of the Garter Snake, *Thamnophis elegans*. Journal of Herp. 25, 261–267.

FELDMAN, C. R. & J. A. WILKINSON, 2000: *Thamnophis sirtalis fitchii* (Valley Garter Snake). Diet. Herpetological Review. 31, 4, 248.

FIBIGER, H. C. & A. G. PHILLIPS, 1981: Female sex pheromone in the skin and circulation of a garter snake. Science 214, 681–684.

FITCH, H. S., 1941: Geographic variation in the garter snakes of the species *Thamnophis sirtalis* in the Pacific Coast region of North America. Amer. Midl. Nat. 26, 570–592.

FITCH, H. S., 1948: Further remarks concerning *Thamnophis ordinoides* and ist relatives. Copeia 1948, 2, 121–126.

FITCH, H. S., 1965: An ecological study of the garter snake, *Thamnophis sirtalis*. Univ. of Kansas Publ. Mus. of Nat. Hist. 15, 493–564.

FORD, N. B., 1977: Clutch size and size of young in the Mexican garter snake, *Thamnophis melanogaster* (Reptilia, Serpentes, Colubridae). Herp. Review 8, 4, 118.

FORD, N. B. & J. P. KARGES, 1987: Reproduction in the checkered garter snake, *Thamnophis marcianus*, from southern Texas and northeastern Mexico: Seasonality and evidence for multiple clutches. The Southwestern Naturalist 32, 1, 93–102.

FORD, N. B. & D. W. KILLEBREW, 1983: Reproductive tactics and female body size in Butler's garter snake, *Thamnophis butleri*. Journal of Herp. 17, 271–275.

FORD, N. B. & M. L. O'BLENESS, 1986: Species and sexual specificy of pheromone trails of the garter snake, *Thamnophis marcianus*. Journal of Herp. 20, 259–262.

FOUQUETTE, M. J. JR., 1954: Food competition among four sympatric species of garter snakes, genus *Thamnophis*. The Texas Journal of Science 6, 2, 172–188.

FOX, W., 1951: Relationships among the garter snakes of the *Thamnophis elegans* rassenkreis. Univ. California Publ. Zool. 50, 485–530.

FOX, W., 1951: The status of the garter snake, *Thamnophis sirtalis tetrataenia*. Copeia 1951, 257–267.

GIBSON, A. R. & J. B. FALLS, 1979: Thermal biology of the common garter snake, *Thamnophis sirtalis*. Oecologia 43, 79–97.

GILHEN, J., 1984: Amphibians and reptiles of Nova Scotia. Nova Scotia Museum, Halifax.

GONELLA, H., 1995: Ratgeber Paludarium. Der Tropenwald im Wohnzimmer. Bede-Verlag, Ruhmannsfelden.

GONELLA, H., 1998: Ihr Hobby, Paludarium. Bede-Verlag, Ruhmannsfelden.

GREGORY, P. T., 1978: Feeding habits and diet overlap of three species of garter snakes (*Thamnophis*) on Vancouver Island. Can. J. Zool. 56, 1967–1974.

GREGORY, P. T., 1990: Temperature differences between head and body in garter snakes (*Thamnophis*) at a den in central British Columbia. Journal of Herp. 24, 241–245.

GREGORY, P. T., 2001: Feeding, thermoregulation, and offspring viability in gravid garter snakes (*Thamnophis sirtalis*): what makes laboratory results believable? Copeia 2001, 2, 365–371.

GREGORY, P.T. & K. W. LARSEN, 1993: Geographic variation in reproductive characteristics among canadian populations of the common garter snake (*Thamnophis sirtalis*). Copeia 1993, 946–958.

GREGORY, P.T. & K. W. LARSEN, 1996: Are there any meaningful correlates of geographic life-history variation in the garter snake, *Thamnophis sirtalis*? Copeia 1996, 183–186.

GREGORY, T. G., MACARTNEY, J. M. & D. H. RIVARD, 1980: Small mammal predation and prey handling behavior by the garter snake *Thamnophis elegans*. Herpetologica 36, 1, 87–93.

GREGORY, P.T. & C.J. PRELYPCHAN, 1994: Analysis of variance of first-year growth in captive garter snakes. (*Thamnophis elegans*) by family

and sex. J. Zool., London 232, 313–332.

GREGORY, T. G., GREGORY, L. A. & J. M. MACARTNEY, 1983: Color pattern variation in *Thamnophis melanogaster*. Copeia 1983, 530–534

GRISMER, J. L., 2000: *Thamnophis validus celaeno* (Baja California Garter Snake). Diet. Herpetological Review. 31, 2, 106.

HACKBARTH, R., 1985: Krankheiten der Reptilien: Vermeiden – Erkennen – Behandeln. Franckh-Kosmos, Stuttgart.

HALLMEN, M. & R. FESSER, 2000: Neue Blutlinie der San Francisco Strumpfbandnatter (*Thamnophis sirtalis tetrataenia*) in Europa. The Garter Snake 1, 6–9.

HAMMERSON, G. A. & H. M. SMITH, 1993: Geographic Distribution: *Thamnophis sirtalis*. Herp. Rev. 24, 4, 157.

HAYES, F. E., 1989: Antipredator behavior of recently metamorphosed toads (*Bufo a americanus*) during encounters with garter snakes (*Thamnophis s. sirtalis*). Copeia 1989, 4, 1011–1015.

HEBARD, W. B., 1950: A dimorphic color pattern of the garter snake *Thamnopis elegans vagrans* in the Puget Sound region. Copeia 1950, 3, 217–219.

HEBARD, W. B., 1950: Relationships and variation in the garter snakes, genus *Thamnophis*, of the Puget Sound region of Washington state. Herpetologica 6, 4, 97–108.

HECKROTTE; C., 1967: Relations of body temperature, size and crawling speed of the common garter snake, *Thamnophis s. sirtalis*. Copeia 1967, 4, 759–763.

HENDRICKS, P., 1996: Geographic distribution. *Thamnophis elegans vagrans*. Herp. Review 27, 2, 89.

HOFER, 1993: Der Regenwurm. Elaphe (N.F.) 1, 4.

HOLLINGSWORTH, B. D. & T. R. PROSSER, 1997: Geographic distribution. *Thamnophis marcianus marcianus*. Herp. Review 28, 4, 211.

IRWIN, K. J. & J. T. COLLINS, 2000: Geographic distribution. *Thamnophis radix*. Herp. Review 31, 1, 58.

JANSEN, D. W., 1983: A possible function of the secretion of Duvernoy's gland. Copeia 1983, 262–264.

JAROFKE, D. & J. LANGE, 1993: Reptilien: Krankheiten und Haltung. Tierärztliche Heimtierpraxis Bd. 3. Berlin, Hamburg, Parey.

JENNINGS, W.B., BRADFORD, D. F. & D.F. JOHNSON, 1992: Dependence of the Garter Snake *Thamnophis elegans* on amphibians in the Sierra Nevada of California. Journal of Herp. 26, 503–505.

KABISCH, K., 1990: Wörterbuch der Herpetologie. VEB Gustav Fischer Verlag, Jena.

KAPLAN, M., 1997: Not-So-Common Garters. The Garter Snake 1, 2–8.

KÖHLER, 1994: Buchbesprechung. Sauria, Juni 1994.

LANNUTTI, D. I., LADUC, T. J. & J. D. JOHNSON, 1996: Geographic distribution. *Thamnophis marcianus marcianus*. Herp. Review 27, 4, 215.

LARSEN, K. W., 1987: Movements and behavior of migratory garter snakes, *Thamnophis sirtalis*. Can. J. Zool. 65, 2241–2247.

LARSEN, K. W. & P. T. GREGORY, 1993: Reproductive ecology of the common garter snake, *Thamnophis sirtalis*, at the northern limit of ist range. Am. Midl. Nat. 129, 336–345.

LARSEN, K. W. & J. F. HARE, 1992: Criddle's Riddle: Where do young garter snakes hibernate? Herp. Review 23, 2, 1992.

LAWSON, R. & R. B. KING, 1996: Gene flow and melanism in Lake Erie garter snake populations. Biol. J. Linnean Soc. 59, 1–19.

LEFCORT, H., HOKIT, D. G., BEATTY, J. J. & C. HAKELER, 1991: *Thamnophis sirtalis fitchi*. Feeding behavior. Life history notes. Herp. Review 22, 3, 1991.

LEMOS-ESPINAL, J. A., RAMÍREZ-BAUTISTA, A., WOOLRICH PINA, G. & J. E. GONZÁLEZ ESPINOZA, 2000: *Thamnophis sumichrasti* (Sumichrast's Garter Snake). Prey. Herpetological Review. 31, 4, 248–249.

LEONARD, W. P. & N. P. LEONARD, 1996: *Thamnophis sirtalis pickeringii*. Foraging and arboreality. Herp. Review 27, 2, 84.

LIND, A. J., 1990: Ontogenetic changes in the foragingbehavior, habitat use, and food habitat of the western aquatic garter snake, *Thamnophis couchi*, at Hurdygurdy Creek, Del Norte County, California. Arcata, CA: Humboldt State Hurdygurdy Creek, Del Norte C.

LIND, A. J. & H. H. WELSH JR., 1990: Predation by *Thamnophis couchii* on *Dicamtodon ensatus*. Journal of Herp. 24, 104–106.

LIND, A. J. & H. H. WELSH JR., 1990: *Thamnophis ordinoides*. Reproduction. Herp. Rev. 21, 64.

LIND, A. J. & H. H. WELSH JR., 1994: Ontogenetic changes in foraging behaviour and habitat use by the Oregon garter snake, *Thamnophis atratus hydrophilus*. Anim. Behav. 48, 1261–1273.

MANJARREZ, J., 1998: Ecology of the Mexican garter snake (*Thamnophis eques*) in Toluca, Mexico. Journal of Herp. 32, 3, 464–468.

MANJARREZ, J. & C. MACIAS-GARCIA, 1992: *Thamnophis proximus rutiloris*. Natural history. Life history notes. Herp. Review 23, 2, 1992.

MANJARREZ, J. & C., MACÍAS GARCIA, 1993: Variación morfológica intrapoblacional en la culebra de agua *Thamnophis eques*. Boletín de la Sociedad Herpetológica Mexicana 5, 1, 1–5.

MANJARREZ-SILVA, F.J., 1989: Ecologia alimentica de las colubras semiacuaticas *Nerodia rhombifera werleri* y *Thamnophis proximus rutiloris* en Alvarado, Veracruz. Boletín de la Sociedad Herpetológica Mexicana 1, 1, 12–14.

MASON, R.T., MACMILLAN, S., WHITTIER, J.M., KROHMER, R. W. & W. H. KOONZ, 1991: *Thamnophis sirtalis parietalis*. Population morph variation. Life history notes. Herp. Review 22, 2, 1991.

MATTISON, C., 1986: Snakes of the world. New York (Facts on File Publications).

McCOY, C. J., 1961: *Thamnophis marcianus* in Central Oklahoma. Journal of the Ohio Herpetological Society 3, 2, 23–24.

McGUIRE, J. A. & L. L. GRISMER, 1993: The taxonomy and biogeography of *Thamnophis hammondii* and *T. digueti* (*Reptilia, Squamata, Colubridae*) in Baja California, Mexico. Herpetologica 49, 3, 354–365.

MEHRTENS, J.M., 1987: Living snakes of the world in color. Sterling Publishing, New York.

MILSTEAD, W. W., 1953: Geographic variation in the garter snake, *Thamnophis cyrtopsis*. Texas Journal of Science 5, 3, 348–379.

MITTLEMAN, M. B., 1949: Geographic variation in Marcy's garter snake, *Thamnophis marcianus* (Baird and Girard). Bull. Chicago Acad. Sci. 8, 10, 235–249.

MOTYCHAK, J. E., BRODIE JR., E. D. & E. D. BRODIE III, 1999: Evolutionary response of predators to dangerous prey: predaptation and the evolution of tetrodotoxin resistance in garter snakes. Evolution 53, 5.

MUTSCHMANN, F.,1995: Die Strumpfbandnattern. Die Neue Brehm-Bücherei Band 620, 172 S. Westarp Wissenschaften, Magdeburg.

MUTSCHMANN, F., 1999: Beobachtungen zur natürlichen Lebensweise der Mexikanischen Bändernatter *Thamnophis proximus alpinus* Rossman, 1963. Sauria, Dezember 1999.

NEILL, W. T. & A. ROSS, 1959: The rediscovery of *Thamnophis praeocularis* (Bocourt) in British Honduras. Herpetologica 15, 4, 223–227.

NELSON, K. J. & P. T. GREGORY, 2000: Activity patterns of garter snakes, *Thamnophis sirtalis*, in relation to weather conditions at a fish hatchery on Vancouver Island, British Columbia. Journal of Herp. 34, 1, 32–40.

NORMAN, B. R., 1997: A partially albinistic northwestern garter snake, *Thamnophis ordinoides* (Reptilia, Serpentes, Colubridae), from Washington State. Bull. Chicago Herp. Soc. 32, 5, 107–109.

NUSSBAUM, A.R., BRODIE, E. D. & R.M. STORM, 1983: Amphibians and reptiles of the pacific northwest. University of Idaho Press, Moscow, Idaho.

OSYPKA, N. M. & S, J, ARNOLD, 2000: The developmental effect of sex ratio on a sexually dimorphic scale count in the garter snake *Thamnophis elegans.* Journal of Herp. 34, 1, 1–5.

PAINTER, C. W. & T. J. HIBBITTS, 1996: *Thamnophis rufipunctatus* (Narrow-headed garter snake). Maximum size. Herp. Review 27, 3, 147.

PAINTER, C. W., SCOTT JR., N. J. & M. J. ALTENBACH, 1999: *Thamnophis elegans vagrans* (Wandering garter snake). Diet. Herp. Review 30, 1, 48.

PAINTER, C. W., WARRICK, G. L. & W. R. RADKE, 1998: Geographic distribution. *Thamnophis sirtalis.* Herp. Review 29, 4, 249–250.

PFRENDER, M., MASON, R. T., WILMSLOW, J. T. & R. SHINE, 2001: *Thamnophis sirtalis parietalis* (Red-sided Gartersnake) – Male-male copulation. Herpetological Review. 32, 1, 52.

POTEET, M. F. & C. J. BELL, 1999: *Thamnophis sirtalis concinnus* (Red-spotted garter snake). Diet. Herp. Review 30, 3, 170–171.

PRICE, A. H., 1978: New locality records and range extensions for *Thamnophis brachystoma* (Reptilia, Serpentes) in Pennsylvania. Bull. Maryland Herpetol. Soc. 14, 4, 260–263.

PRINGLE, R.; 1991: Notes on the endangered San Francisco Garter Snake (*Thamnophis sirtalis tetrataenia*). Captive Breeding 3, 2, 22–25.

QUINTERO-DÍAZ, G, VÁZQUEZ-DÍAZ, J. & H. M. SMITH, 1999: Geographic distribution. *Thamnophis scaliger.* Herp. Review 30, 4, 237.

RAMÍREZ-BAUTISTA, A., HERNÁNDEZ-IBARRA, ×., TORRES-CERVANTES, R. & H. Hernández-MACIÁS, 2000: *Thamnophis cyrtopsis cyrtopsis* (Western Blackneck Garter Snake). Brood size. Herpetological Review. 31, 3, 180.

RIDENHOUR, B. J., BRODIE JR., E. D. & E. D. BRODIE III., 1999: Repeated injections of TTX do not affect TTX resistance or growth in the garter snake *Thamnophis sirtalis.* Copeia 1999, 2, 531–535.

ROSEN, P.C., 1991: Comparative field study of thermal preferenda in Garter Snakes (*Thamnophis*). Journal of Herp. 25, 1991, 301–312.

ROSSI, J.V., 1992: Snakes of the United States and Canada – keeping them healthy in captivity. Vol. 1 Eastern area, 231 S. Krieger Publishing, Malabar, Florida.

ROSSI, J.V. & R. ROSSI, 1993: Earthworms: A balanced diet for small snakes? Herp. Review 24, 2, 1993.

ROSSMAN, D. A., 1962: *Thamnophis proximus* (Say), a valid species of garter snake. Copeia 1962, 741–748.

ROSSMAN, D. A., 1963: The colubrid snake genus *Thamnophis*: a revision of the *sauritus* group. Bull. Fla. State Mus. 7, 3, 99–178.

ROSSMAN, D. A., 1965: Identity and relationships of the Mexican garter snake *Thamnophis sumichrasti* (Cope). Copeia 1965, 242–244.

ROSSMAN, D. A., 1966: Evidence for conspecificity of the Maexican garter snakes *Thamnophis phenax* (Cope) and *Thamnophis sumichrasti* (Cope). Herpetologica, 22, 303–305.

ROSSMAN, D.A., 1971: Systematics of the neotropical populations of *Thamnophis marcianus* (Serpentes: Colubridae). Occasional papers of the Museum of Zoology 41, 1–13.

ROSSMAN, D. A., 1972: An unusual specimen of *Thamnophis marcianus* from Veracruz, Mexico. Herp. Review 4, 169.

ROSSMAN, D.A., 1991: Identity of the Garter Snake *Thamnophis sumichrasti cerebrosus* Smith. Herp. Review 22, 3, 1991, 80–81.

ROSSMAN, D.A., 1992: The black-necked garter snake (*Thamnophis cyrtopsis*): Polytypic species or cryptic species complex? Abstracts Ann. Meet. Amer. Soc. Ichthy. Herpetol., Urbana, Illinois.

ROSSMAN, D.A., FORD, N.B. & R. A. SEIGEL, 1996: The Garter Snakes – Evolution and Ecology. 332 S. University of Oklahoma Press, Norman and London, 1996.

ROSSMAN, D. A. & G. LARA-GONGORA, 1991: Taxonomic status of the Mexican garter snake *Thamnophis scaliger* (Jan). Abstracts Ann. Meet. Herpetol. League, Soc. Study Amphib. Reptiles, State College, Pennsylvania.

SAVAGE, J. M. & R. JAIME VILLA, 1986: Introduction to the herpetofauna of Costa Rica. Society for the study of amphibians and reptiles, Athens, Idaho

SCHAEFFEL, F. & A. DE QUEIROZ, 1990: Alternative mechanisms of enhanced underwater vision in the garter snakes *Thamnophis melanogaster* and *T. couchii.* Copeia 1990, 50–58.

SCHMIDT, D., 1989: Schlangen. Urania-Verlag, Leipzig, Jena, Berlin.

SHINE, R., ELPHICK, M. J., HARLOW, P. S., MOORE, I. T., LEMASTER, M. P. & R. T. MASON, 2001: Movements, mating, and dispersal of Red-sided garter snakes (*Thamnophis sirtalis parietalis*) from a communal den in Manitoba. Copeia 2001, 1, 82–91.

SHIPLEY, B., HENKE C., MORRIS, T., CHISZAR, D. & H.M. SMITH, 1996: Geographic distribution: *Thamnophis cyrtopsis cyrtopsis.* Herp. Rev. 27, 4, 215.

SHIVELY, S.H. & J.C. MITCHELL, 1994: *Thamnophis sirtalis sirtalis.* Albinism. Natural history life. Herp. Review 25, 1, 30.

SMITH, H.M. & R.B. SMITH, 1993: Synopsis of the

117

herpetofauna of Mexico, Vol. VII. University Press of Colorado.

SOBOTA, M., 1990: Geographic distribution: *Thamnophis sirtalis*. Herp. Review 21, 1, 24.

STEBBINS, R. C., 1985: A field guide to western reptiles and amphibians. Houghton Mifflin Company, Boston.

TANNER, W. W., 1949: Food of the wandering garter snake, *Thamnophis elegans vagrans* (Baird & Girard), in Utah. Herpetologica 5, 85–86.

TANNER, W. W., 1959: A new *Thamnophis* from western Chihuahua with notes on four other species. Herpetologica 15, 165–172.

TANNER, W. W., 1986 (datiert 1985): Snakes of western Chihuahua. Great Basin Natur. 45, 615–676.

TANNER, W. W., 1988: Status of *Thamnophis sirtalis* (Reptilia: *Columbridae*) in Chihuahua Mexico. Great Basin Natur. 48, 4, 554–555.

TANNER, W. W., 1989: Variations in *Thamnophis elegans* with descriptions of new subspecies. Great Basin Natur. 49, 4, 511–516.

TAYLOR, S. J., KREJCA, J. K. & B. CHURCHWELL, 1998: Geographic distribution. *Thamnophis sirtalis sirtalis*. Herp. Review 29, 2, 116.

THORNTON JR., O. W. & J. R. SMITH, 1996: *Thamnophis proximus rubrilineatus* (Redstripe ribbon snake). Reproduction. Herp. Review 27, 4, 206.

THORNTON JR., O. W. & J. R. SMITH, 1996: Geographic distribution. *Thamnophis proximus rubrilineatus*. Herp. Review 27, 4, 206.

TRUTNAU, L., 1979: Schlangen 1. Verlag Eugen Ulmer, Stuttgart.

ULBER, T., GROSSMANN, W., BEUTELSCHIESS, J. & C. BEUTELSCHIESS, 1989: Terraristisch/Herpetologisches Fachwörterbuch. Terrariengemeinschaft Berlin.

VINCENT, T., 1975: Body temperatures of *Thamnophis sirtalis parietalis* at the den site. Journal of Herp. 9, 2, 252–254.

WALKER, C. F., 1955: A new garter snake (*Thamnophis*) from Tamaulipas. Copeia 1955, 2, 110–113.

WALLS; J. G., 1995: The Problematical San Francisco Garter Snake. Reptile Hobbyist 1, 4, 88–91.

WAYE, H.L., 1999: Size and age structure of a population of western terrestrial garter snakes (*Thamnophis elegans*). Copeia 39, 819–823.

WAYE, H.L. & P.T. GREGORY, 1993: Choices of neonate *Thamnophis elegans vagrans* between conspecific, congeneric and heterogeneric odors. Journal of Herp. 27, 435–441.

WEBB, R.G., 1966: Resurrected names for mexican populations of Black-Necked Garter Snakes, *Thamnophis cyrtopsis* (Kennicott). Tulane Stud. Zool. 13, 2, 55–70.

WEBB, R.G., 1978: A review of the mexican Garter Snake *Thamnophis cyrtopsis postremus* Smith with comments on *Thamnophis vicinus* Smith. Milwaukee Public Museum Contrib. Biol. Geol. 19, 1–13.

WEBB, R.G., 1982: Taxonomic status of some neotropical garter snakes (Genus *Thamnophis*). Bull. So. California Acad. Sci. 81, 26–40.

WHITE, M. & J. A. KOLB, 1974: A preliminary study of *Thamnophis* near Sagehen Creek, California. Copeia 1974, 126–136.

WHITTIER, J. M. & D. CREWS, 1990: Body mass and reproduction in female red-sided garter snake *(Thamnophis sirtalis parietalis)*. Herpetologica 46, 2, 215–222.

WHITTIER, J. M., MASON, R. T. & D. CREWS, 1987: Role of light and temperature in the regulation of reproduction in the red-sided garter snake, *Thamnophis sirtalis parietalis*. Can. J. Zool. 65, 2090–2096.

WRIGHT, A.H. & A.A. WRIGHT, 1957: Handbook of snakes of the United States and Canada. Comstock Publ., Ithaca, New York,.

WRIGHT, D. L., KARDONG, K. V. & D. L. BENTLEY, 1979: The functional anatomy of the teeth of the western terrestrial garter snake, *Thamnophis elegans*. Herpetologica 35, 223–228.

Adressen

DGHT e. V. = Deutsche Gesellschaft für Herpetologie und Terrarienkunde; Geschäftsstelle: Postfach 1421, Wormersdorfer Str. 46–48, D-53351 Rheinbach, Tel.: 0 22 25 / 70 33 33, Fax: 0 22 25 / 70 33 38, E-Mail: gs@dght.de.
Internet: http://www.dght.de

EGSA, European Garter Snake Association
Kontaktadresse:
R. Jansen
Soevereinhof 14
5551 TS Valkenswaard NL
Tel. & Fax: (00 31)- 0 40 2 04 64 20
E-Mail: egsa@hummel.pfalz.de
Internet: http://www.student.uni-kl.de/ ~knaup/egsa/egsa.html

Register

119

123

Bildquellen

Jeff Boundy, Baton Rouge, Louisiana, USA: Seite 3, 7, 8, 13, 25, 31, 37, 46, 49, 52, 55 (2), 57, 58 (2), 62, 65, 68 unten, 70, 84 (2), 90, 96 (2), 103 oben.

Thomas Bourguignon, Dinslaken: Umschlagrückseite Mitte und rechts, Buchrücken, Seite 10, 11, 14 (2), 18, 19, 20 (4), 21 (2), 26 (2), 27, 32, 35 oben, 38 (2), 44, 71, 74 unten, 98 rechts, 102, 103 Mitte und unten, 107 unten.

Herbert Bruchmann, Brilon: Titelfoto, Seite 33 oben, 34 (4), 66 (2), 82, 104, 105.

Dr. Alan Francis, Bridlington, East Yorkshire, England: Seite 5, 15, 33 unten, 47, 61, 74 oben und Mitte, 87 (2), 98 links, 99, 101.

Dr. Alan de Queiroz, Boulder, Colorado, USA: Seite 51, 68 oben, 77, 86, 95.

Hans Reinhard, Heiligkreuzsteinach: Umschlagrückseite links, Seite 1.

Darlene Rigg, Lowell, Indiana, USA: Seite 35 unten.

Ferry van Stralen, Brielle, Niederlande: Seite 107 oben.

Die Zeichnungen fertigte Hellmuth Flubacher, Waiblingen, nach Vorlagen des Autors und aus der Literatur.

Impressum

**Die Deutsche Bibliothek –
CIP-Einheitsaufnahme**

Ein Titeldatensatz für diese Publikation ist bei
Der Deutschen Bibliothek erhältlich.
  ISBN 3-8001-3591-4

© 2002 Verlag Eugen Ulmer GmbH & Co.,
Wollgrasweg 41, 70599 Stuttgart (Hohenheim),
internet: www.ulmer.de
Printed in Germany
Lektorat: Dr. Eva-Maria Götz, Gabi Franz
Herstellung & DTP: Thomas Eisele
Druck und Bindung: Appl, Wemding

Hier erfahren Sie mehr zum Thema.

Schlangen erfreuen sich bei Terrarianern großer Beliebtheit. Die Zahl der wegen des geringeren Gefahrenpotenzials öfter gepflegten ungiftigen Schlangen übertrifft die der giftigen bei weitem. Der erste Band des Standardwerkes „Schlangen im Terrarium" liegt hier in der vierten, vollkommen überarbeiteten Auflage vor. Wegen der starken Erweiterung des Umfangs erscheint der Band „Ungiftige Schlangen" jetzt in zwei Teilen. Auf diese Weise werden nahezu alle für den Terrarianer interessanten Arten ausführlich dargestellt.

Die Bände umfassen eine allgemeine Einführung in die Pflege von Schlangen und die umfassende Vorstellung der ungiftigen Arten.

Teil 1:
Schlangen in der Natur und menschlicher Obhut.
Rechtliche Fragen der Schlangenhaltung (von Rechtsanwalt Dietrich Rössel).
Krankheiten der Schlangen.
Familie Xenopeltidae (Regenbogenschlangen).
Familie Boidae (Riesenschlangen).
Familie Acrochordidae (Warzenschlangen).
Familie Colubridae (Nattern), erster Teil.
Teil 2:
Familie Colubridae (Nattern), zweiter Teil.

Ungiftige Schlangen - Schlangen im Terrarium. (Band 1) Ludwig Trutnau. 2 Bücher im Set, Band 1/1 und 1/2. 4. Auflage 2002. 632 Seiten, 248 Farbfotos. ISBN 3-8001-3223-0.

Dieses Buch erscheint jetzt in der bereits vierten Auflage. Ein Standardwerk, denn Terrarianer sagen nur noch „Der Trutnau", wenn sie seine beiden Werke meinen. Höchste Anerkennung also auch für diesen Titel, der die Schlangen der Familien Elapidae (Giftnattern), Viperidae (Vipern) und Crotalidae (Grubenottern) vorstellt. Das Buch wird genüber der Vorauflage um die Beschreibung von etwa 40 Arten erweitert. Zahlreiche zusätzliche Farbfotos sowie eine vollkommen neue Gestaltung machen es noch attraktiver. Neu ist auch das Kapitel über die juristischen Hintergründe der Giftschlangenpflege, die in den einzelnen Bundesländern durchaus verschieden sein können. Es wurde von dem auf Tierhaltungsrecht spezialisierten Rechtsanwalt Dietrich Rössel verfaßt.

Aus dem Inhalt: Merkmale der Giftschlangen. Schlangengifte. Maßnahmen bei Schlangenbissen. Die Einrichtung von Terrarien für Giftschlangen. Juristische Aspekte der Giftschlangenhaltung. Etwa 170 Artbeschreibungen der Schlangen der Familien Elapidae, Viperidae und Crotalidae mit ausführlichen Hinweisen zu Lebensweise, Pflege und Vermehrung.

Ludwig Trutnau ist Diplombiologe, Biologie- und Chemielehrer und seit nahezu 50 Jahren aktiver und erfolgreicher Terrarianer.

Giftschlangen - Schlangen im Terrarium. (Band 2) Ludwig Trutnau. 4. Auflage 1998. 367 Seiten, 125 Farbfotos, 12 Zeichn. ISBN 3-8001-7371-9.

Alles über Terrarientiere.

Diese umfassenden Fachbücher sind spezifisch für alle Terrarianer zur optimalen Haltung und Pflege von Amphibien und Reptilien geschrieben. Sie enthalten die neuesten Literaturhinweise und ein Gesamtverzeichnis weiterführender Fachliteratur. Nahezu jede Art ist mit Foto abgebildet.

Im Band 1 werden die Entwicklungsgeschichte und die Lebensräume der Amphibien und Reptilien beschrieben. Der Einfluß des Groß- und Kleinklimas wird erläutert. Die Artenbeschreibungen in diesem Band umfassen die Blindwühlen, Schwanzlurche und Froschlurche.

Die Terrarientiere Band 1. Natürlicher Lebensraum und Klimabedingungen, Bau und technische Einrichtung der Terrarien, Ernährung und Fütterung der Terrarientiere. Schwanzlurche und Froschlurche. Günther Nietzke. 4. Aufl. 1989. 276 S., 101 Farb- und 16 sw-Fotos, 82 Zeichnungen. ISBN 3-8001-7178-3.

Der Band 2 ist das umfassende Fachbuch für alle Terrarianer zur optimalen Haltung und Pflege. Es ist wesentlich erweitert und neugestaltet und bietet die neuesten Erkenntnisse des letzten Jahrzehnts. Es beschreibt ausführlich fast 400 Arten von Schildkröten und Echsen. Nahezu jede Art ist farbig abgebildet.

Die Terrarientiere Band 2. Schildkröten, Brückenechsen und Echsen. 4. Auflage 1998. 366 Seiten, 196 Farbfotos, 39 Zeichn. ISBN 3-8001-7179-1.

Lange erwartet: Der Nietzke-Band 3 Krokodile und Schlangen.

Das Buch vermittelt sowohl dem Anfänger als auch dem fortgeschrittenen Terrarianer fundiertes und umfassendes Wissen über Verbreitung, Lebensraum, Biologie und Ökologie der Krokodile und Schlangen. Es informiert über die rechtlichen Probleme bei der Haltung von Terrarientieren und hilft, eine richtige Diagnose bei der Erkrankung dieser Tiere zu stellen. Zahlreiche Farbfotos und Tabellen, eine umfangreiche Bibliografie, Sach- und Tiernamenregister und Glossar vervollständigen dieses kompakte Werk.

Aus dem Inhalt:
Die rechtliche Seite der Terrarientierhaltung. Entwicklungsgeschichte, Verbreitung und Biologie. Fortpflanzung und Ernährung. Artenbeschreibungen mit Fotos. Herpetopathologie. Präparieren. Die Apotheke des Terrarianers.

Günther Nietzke hat sich als Zoologe intensiv mit Amphibien und Reptilien befaßt. Bekannt ist auch sein Engagement als Naturschützer.

Die Terrarientiere Band 3. Krokodile und Schlangen. Günther Nietzke. 4. Auflage 2002. 375 S., 129 Farbfotos, 29 Zeichn., 6 Verbreitungskarten. ISBN 3-8001-7459-6.

Ratgeber aus dem Verlag Eugen Ulmer.

Das Buch bietet Terrarianern die Möglichkeit, sich ein solides Grundwissen über diagnostische Untersuchungsmethoden, Therapieverfahren und Krankheitsbehandlungen anzueignen.

Aus dem Inhalt: Arten- und tierschutzrechtliche Grundlagen. Diagnostische Methoden. Therapie. Anomalien. Tumoren. Euthanasie. Amphibien und Reptilien als Zoonoseüberträger. Spezielle Krankheiten der Amphibien. Spezielle Krankheiten der Reptilien. Verzeichnisse.

Krankheiten der Amphibien und Reptilien. Gunther Köhler. 1996. 168 Seiten, 134 Farbfotos, 57 sw-Abbildungen, 13 Tab. ISBN 3-8001-7340-9.

Das Buch zeigt, wie man mit Heimwerker-Mitteln Terrarien anfertigt und diese mit der nötigen Einrichtung und Bepflanzung versieht. Von den Ansprüchen der Tiere ausgehend, stellt es verschiedene Terrarientypen vor und geht auf Gewächshaus- und Freilandterrarien ein.

Aus dem Inhalt: Ansprüche der Amphibien und Reptilien. Das Terrarium als Lebensraum. Das Aquarium. Das Aquaterrarium. Das Feuchtterrarium. Das Wüstenterrarium. Das Regenwaldterrarium. Das Freilandterrarium. Der Wintergarten.Verschiedene Baumaterialien und ihre Verarbeitung. Heizung. Beleuchtung. Brutapparat.

Terrarien. Bau und Einrichtung. Friedrich W. Henkel, Wolfgang Schmidt. 2. Aufl. 1999. 168 S., 44 Farbf., 49 sw-F. u. Zeichn. ISBN 3-8001-7430-8.

Viele Amphibien, Reptilien, Vögel, Kleinsäuger, Fische oder Niedere Tiere brauchen lebendes Futter, um gesund und kräftig zu bleiben oder sich fortzupflanzen. Die Zucht geeigneter Futtertiere ist für Vivarianer deshalb von großer Bedeutung. Die Autoren dieses Buches, zwei erfahrene Praktiker, geben dazu fundierte Ratschläge und Anleitungen, wie mit preiswerten und allgemein zugänglichen Mitteln Futtertiere gezüchtet werden können. Das Buch zählt inzwischen zum Grundbestand des vivarienkundlichen Schrifttums. Die vorliegende Neuausgabe wurde überarbeitet, aktualisiert und teilweise erweitert.

Aus dem Inhalt: Lebendfutter in der Vivaristik. Die Futtertiere und ihre Zucht: Plankton, Fadenwürmer, Ringelwürmer, Weichtiere, Krebstiere, Insekten, Säugetiere. Bezugsquellen für Zuchtansätze, technischen Bedarf und Futterpräparate.

Futtertierzucht. Lebendfutter für Vivarientiere. Ursula Friederich, Werner Volland. 3. Aufl. 1998. 192 S., 63 sw-F. u. Zeichn. ISBN 3-8001-7382-4.

Ein Bestimmungsführer und zugleich ein Nachschlagewerk mit allen notwendigen Informationen zur Haltung und Zucht von den Amphibien und Reptilien eines der begehrtesten Reiseziele.

Amphibien und Reptilien Madagaskars, der Maskarenen, Seychellen und Komoren. Friedrich-Wilhelm Henkel, Wolfgang Schmidt. 1995. 311 S., 275 Farbfotos. ISBN 3-8001-7323-9.